بسم الله الرحمن الرحيم

الريادة وإدارة الأعمال الصغيرة
Entrepreneurship
And
Small Business Management
1431هـ - 2010 م

الريادة وإدارة الأعمال الصغيرة

Entrepreneurship
And
Small Business Management

د. فايـز جمعه صـالح النجـار
دكتوراه الفلسفة في الإدارة/ نظم المعلومات الإدارية
ماجستير التخطيط الاستراتيجي في الأعمال الصغيرة

جامعة جدارا
كلية الدراسات الاقتصادية والإدارية
قسم نظم المعلومات الإدارية

أ.د. عبد السـتار محمـد العـلي
أسـتاذ إدارة العمليـات والإنتاج/
أسـتاذ مُميّز

جامعة عمان العربية للدراسات العليا
كلية الدراسات الإدارية والمالية العليا
قسم الإدارة

طبعة مزيدة ومُنقّحة ومحكّمة تحكيماً علمياً ومنهجياً

الطبعة الثانية
1431هـ - 2010م

محفوظة
جميع الحقوق

المملكة الأردنية الهاشمية
رقم الإيداع لدى دائرة المكتبة الوطنية
(2009 / 6 / 2643)

658

النجار، فايز
الريادة وإدارة الأعمال الصغيرة / فايز جمعة النجار، عبد الستار محمد العلي.
ط2 _ عمان : دار الحامد ، 2009 .
( ) ص .
ر. أ. : (2643 / 6 / 2009) .
الواصفات : /إدارة الأعمال/

❖ أعدت دائرة المكتبة الوطنية بيانات الفهرسة والتصنيف الأولية .

❖ يتحمل المؤلف كامل المسؤولية القانونية عن محتوى مصنفه ولا يعبّر هذا المصنف عن رأي دائرة المكتبة الوطنية أو أي جهة حكومية أخرى.

* (ردمك) ISBN 978-9957-32-456-8

دار الحامد للنشر والتوزيع

شفا بدران - شارع العرب مقابل جامعة العلوم التطبيقية
هاتف: 5231081 -00962 فاكس : 5235594 -00962
ص.ب . (366) الرمز البريدي : (11941) عمان – الأردن

Site : www.daralhamed.net
E-mail : info@daralhamed.net
E-mail : daralhamed@yahoo.com
E-mail : dar_alhamed@hotmail.com

المقدمة

بسم الله الرحمن الرحيم

الحمد لله رب العالمين الذي أعاننا على إنجاز هـذا الكتـاب الموسوم بالريادة وإدارة والأعمال الصغيرة.

رغم انتشار المؤسسات العملاقة ذات الفروع المتعـددة علـى مستوى العـالم والتي تعمل بمليارات الـدولارات، إلا أن التـوازن الاقتصادي والاجتماعـي في الـدول يحتم عليها الاهتمام بالرياديين الذين يغامرون وينشئون أعمالا صغيرة ترفد الاقتصاد الـوطني بالقدرات الإدارية والفنية، وتعمل على توازن المجتمع من الناحية الاقتصادية والاجتماعية.

لقد حاول المؤلفان في هذا الكتاب الجمع بين الريادة وإدارة الأعمال الصغيرة بشكل متكامـل، وبمـا يتناسـب مـع البيئـة الأردنيـة خاصـة، وبيئـة المجتمعـات الناميـة بشـكل عـام مستفيدين من امتزاج الخبرة العملية لديهم في قطاع الأعمال الصغيرة ولسـنوات طويلـة مـع الخبرة الأكاديمية في هذا المجال.

لقد تم إعداد هذا الكتاب بعناية ليرفد المكتبة العربية بشكل عام والمكتبـة الأردنيـة بشكل خاص بمرجع يغطّـي حاجـة المهتمـين والباحثين في إدارة الأعمال الصغيرة، ومرجعيـة مفيدة للمؤسسات التنموية المختلفة المعنية بالمؤسسـات الصغيرة في الأردن والـوطن العـربي الكبير، ومتوائما مع متطلبات مادة إدارة الأعمال الصغيرة علـى مستوى الجامعـات والكليـات المتوسطة الأردنية، علماً أن الكتاب يحتـوي علـى العديد مـن الفصول والتي تمكّـن مـدرس المساق من الاختيار فيما بينها، وبما يتناسب ومتطلبات جامعته.

لقد جاء هذا الكتاب في ثلاثة عشر فصلاً تناول **الفصل الأول** منها الريادة بمفهومها وخصائصها، والريادة والإبداع في الأردن.

أما **الفصل الثاني** فتناول الريادة الدولية وأنماطها المختلفـة، وفي **الفصـل الثالـث** تـم إلقاء الضوء بنظرة عامة إلى الأعمال الصغيرة والمفاهيم المختلفة التي تندرج تحت ذلك، ثـم تناول **الفصل الرابع** تأسيس الأعمال الصغيرة من حيث شراءها وطرق تقدير قيمتها.

وفي **الفصل الخامس** تـم مناقشـة موقـع المشروع الصغير والعوامـل المختلفـة التـي تحكمه، بالإضافة إلى مناقشة بعض الأساليب في اختيار موقع المشروع.

وقد تناول **الفصل السادس** إدارة المشتريات والمخزون في المشروعات الصغيرة حيث تناول إدارة المشتريات وإدارة المخزون.

وفي **الفصل السابع والثامن والتاسع** تناول المؤلفان التسويق والتمويل والمحاسبة في الأعمال الصغيرة، وفي **الفصل العاشر** تـم مناقشـة الائتمان بأنواعـه المختلفـة والتحصيل في الأعمال الصغيرة.

أما **الفصل الحادي عشر** فتناول المؤلفان من خلاله التأمين بأنواعه المختلفة في الأعمال الصغيرة، وفي **الفصل الثاني عشر** تناولا الطبيعة القانونية للمنظمات.

وأخيرا تناول المؤلفان في **الفصل الثالث عشر** خطة العمل في الأعمال الصغيرة والريادية سواء من حيث مفهوم الخطة ومكوناتها الأساسية، وكذلك تصميم الخطة وأولويات ترتيبها.

وجدير بالملاحظة أنه تم وضع أسئلة مختارة في نهاية كل فصل من فصول الكتاب لتكون معيناً للطالب في قياس مدى تمكّنه من المادة.

وفي الختام نقدم عذرنا عن أي نقص محتمل، كما نقدم شكرنا لكل من يتقدم بالملاحظات حول هذا الكتاب؛ حتى يتسنى لنا أخذها بعين الاعتبار في الطبعات القادمة.

والله الموفق.

د. فايز جمعه صالح النجار
جامعـــة جـــدارا
fayez_najjar@Yahoo.com

أ.د. عبد الستار محمد العلي
جامعة عمان العربية للدراسات العليا
A_alali@hotmail.com

التقديم

يقاس تقدم الدول بمدى التقدم في نوعية مخرجات مؤسسات التعليم العالي الموجودة فيها، وإن كان هذا المقياس صحيح بشكل عام، ولكنه أكثر صحة في الدول النامية التي تعاني الكثير من الهموم والمشاكل المشتركة، والتي نذكر منها ارتفاع نسبة البطالة وصعوبة الحصول على التمويل اللازم للمشروعات والأفكار الجديدة واستمراريتها. وليس أقدر على حل مثل هذه المشاكل من المؤسسات الريادية أو الصغيرة أو المتوسطة الحجم، إذ نجد في أكبر اقتصاديات العالم أن المؤسسات صغيرة الحجم توظف (52%) من العاملين في القطاع الخاص، وتشكل حوالي (51 %) من مخرجات هذا القطاع.

ترى إدارة المؤسسات الصغيرة في الولايات المتحدة الأمريكية (Small Business Administration) أن المؤسسات الصغيرة هي المؤسسات التي يعمل بها أقل من (500) شخص، ولا تسيطر على القطاع أو الصناعة الذي تنافس فيها، إضافة إلى كونها مملوكة ومدارة بشكل مستقل، إلا أن هذا التعريف يختلف من دولة إلى أخرى ومن قطاع إلى آخر، فنجد في الأردن مثلاً بأن العمل الصغير هو العمل الذي يعمل به من (5 - 19) عاملاً، بينما الأعمال الصغرى هي الأعمال التي يعمل بها أقل من خمسة عمال.

ومن هنا تبرز أهمية هذا الكتاب بالحديث عن موضوع الريادة وإدارة الأعمال الصغيرة في الأردن بشكل خاص، وعن برامج تطوير الإنتاجية ودعم وتنمية المشروعات الصغيرة في البيئة الأردنية التي قد تتمايز عن غيرها من البيئات الأخرى. ويعتبر ذلك محاولة جريئة من المؤلفين لوضع مفهوم محدد للريادة، والأعمال الصغيرة يصلح في الدول النامية عموماً، وفي الأردن خصوصاً.

لقد قدم المؤلفان في هذا الكتاب محاولة مدروسة بعناية لتوضيح وإغناء الأفكار الموجودة عن الريادة والإبداع في مؤسسات الأعمال الصغيرة، والآثار التنموية لهذه المؤسسات في الاقتصاد الوطني للبلدان النامية بشكل خاص، إضافة إلى تأثير الريادة

دولياً عن طريق تناول الريادة الدولية وتحليل البيئات المختلفة سواء الاقتصادية أو التكنولوجية أو القانونية أو غيرها تمهيداً لمعرفة الأنماط المختلفة للدخول إلى العمل الريادي الدولي.

كما أفرد المؤلفان مساحة جيدة في الكتاب تناولا فيها المؤسسات التمويلية والدّاعمة للأعمال الصغيرة في الأردن، سواء المحلية منها أو الدولية، مما يزيد من مدى الفائدة المرجوّة من الكتاب سواء من قبل الطلبة الدارسين في الجامعات، أو الكليات المتوسطة، أو من قبل الرياديين الذين يفكرون في المغامرة والبدء بمشروع صغير. ويمثل ذلك إضافة واضحة للمؤلفين في القضايا التي تعالج الريادة والأعمال الصغيرة، يضاف كمرجع مُميّز إلى المكتبة الأردنية والعربية لخدمة الباحثين والمهتمين بالأعمال الصغيرة.

وإضافة إلى ما سبق فقد عالج المؤلفان في الكتاب المواضيع المختلفة التي تخص المؤسسات الصغيرة والريادية مثل: موقع المشروع الصغير، وتسويق المشروعات الصغيرة وتمويلها، والتأمين عليها، وأخيراً وضع خطة عمل متكاملة لها.

إن هذه المواضيع بمجملها تشكّل نواة جيدة وبذرة ممتازة لتطوير وتحليل بيئة المشروعات الصغيرة والمتوسطة الحجم، ويعتبر هذا الكتاب عملاً مميّزاً وثمرة جهد كبير وموصول لتحقيق هذا الهدف.

د. هايل يعقوب فاخوري
أستاذ إدارة الأعمال المشارك
الجامعة العربية المفتوحة

المحتويات

قائمة الجداول

قائمة الأشكال

الفصل الأول

الريـــــادة

Entrepreneurship

الفصل الأول

الريادة Entrepreneurship

الفصل الأول

الريــادة

Entrepreneurship

1.1. الريادة: المفهوم والطبيعة

Entrepreneurship: The Concept and Nature

تعتبر الريادة من الحقول الهامة والواعدة في اقتصاديات الدول الصناعية المتقدمة والدول النامية على حد سواء، إذ تساهم المشاريع الريادية مساهمة فاعلة في تطور التنمية الاقتصادية الشاملة في جميع البلدان. كما تعتبر مثل هذه المشروعات النواة الأولى في بناء منظمات الأعمال الصغيرة والكبيرة.

فعلى الصعيد الفردي يؤمن المشروع الريادي الدخل الكافي، والرضا الشخصي، وتحقيق الذات بالنسبة للشخص الريادي وعائلته، كما يساهم المشروع الريادي في تطوير وظائف جديدة وتقليل مستويات البطالة في المجتمع. بالإضافة إلى إطلاق أنماط جديدة من السلع والمنتجات وكذلك الخدمات مما يؤدي إلى ظهور أسواق جديدة ويساهم في تقليل الفجوات الموجودة في اقتصاديات البلدان.

ويعتبر أيضاً المشروع الريادي اللبنة الأولى في تأسيس منظمات الأعمال على مختلف مستوياتها وأحجامها مما يجعل مثل هذه المنظمات قادرة على الدخول إلى أسواق العالم الأخرى، وفي ضوء ذلك، سوف يتم التركيز في هذا الفصل على الريادة والعلاقة بينها وبين منظمات الأعمال الصغيرة.

1.1.1. مفهوم الريادة.

تعددت التعاريف ذات العلاقة بمفهوم وطبيعة الريادة في الآونة الأخيرة وبالرغم من وجود الكثير من التقارب فيما بينها من حيث المعنى العام والمحتوى، فقد جاءت بعض هذه التعاريف على أن الريادة هي القدرة والرغبة في تنظيم وإدارة الأعمال ذات الصلة بها، بالإضافة إلى شمول مثل هذه التعاريف على بعض المفاهيم الجديدة مثل: الابتكار والقدرة على تحمل المخاطرة.

فالريادة هي عملية إنشاء شيء جديد ذو قيمة، وتخصيص الوقت والجهد والمال اللازم للمشروع، وتحمل المخاطر المصاحبة، واستقبال المكافئة الناتجة، إنها عملية ديناميكية لتأمين تراكم الثروة، وهذه الثروة تقدم عن طريق الأفراد الذين يتخذون المخاطر في رؤوس أموالهم، والالتزام بالتطبيق لكي يضيفوا قيمة (Providing Value) إلى بعض المنتجات أو الخدمات. وهذه المنتجات أو الخدمات قد تكون أو لا تكون جديدة أو فريدة (Unique)، ولكن يجب أن يضيف الريادي لها قيمة من خلال تخصيص الموارد والمهارات الضرورية[1]

ومن هنا نصل إلى أربعة جوانب رئيسة من تعريف الريادة هي:[2]

1. عملية إنشاء شيئاً جديداً ذا قيمة.
2. تخصيص الوقت والجهد والمال.
3. تقبل المخاطر المختلفة.
4. استقبال المكافآت الناتجة مثل: الاعتماديه، الاستقلال، والمال.

ويمكن تأمين القيمة من خلال عملية تحول الموارد إلى مخرجات حيث أن الريادي من خلال عملية التحول يبتكر شيئاً مفيداً.

ويمكن النظر إلى تأمين القيمة أيضاً من خلال التبادل المالي مثل: شراء المستهلكين لمنتجات وخدمات الريادي، كما يرى آخرون أن الريادة هي تأمين شيء مختلف مع إعطاء قيمة، وإعطاء الوقت والجهد الضروري مع اخذ المخاطر وتلقي المكافآت[3]، كما يمكن تأمين قيمة جديدة عن طريق بناء هياكل مناسبة تؤدي إلى تعاون الأنشطة مع المنظمات الأخرى [4].

وأخيرا يمكن القول بأن الريادة هي التفرد، فالريادة بشكل رئيس تعتمد على الاختلاف والتنويع (Variation)، والتوافقات الجديدة، والطرق الجديدة. وليس على النماذج والعادات المتبعة، إذ نستطيع من خلال الريادة الوصول إلى تأمين منتجات، وطرق فريدة لعمل الأشياء، فهي ليست النسخ المطابق، أو اتباع ما يفعله الآخرون، إنه عمل شيء جديد وفريد.

فالريادة هي العملية التي من خلالها فرد، أو مجموعة من الأفراد يستخدمون جهداً منظماً، ووسائل للسعي وراء الفرص لتأمين قيمة، والنمو للمشروع بالتجاوب مع الرغبات والحاجات من خلال الإبداع (Innovations) والتفرد (Uniqueness). ولا بد للريادي/ الريادية من أن ينظر إلى تنظيم مشروعه ويتضمن اختيار الريادي للشكل القانوني للأعمال. وإدراك تصميم هيكل التنظيم المناسب لعمله حتى يضمن أن يسير العمل في التنفيذ على خير وجه؛ لأنه بدون اختيار الهيكل التنظيمي المناسب فان الريادي قد يجد مشروعه في حالة فوضى (Chaotic Situation) لأن نمو المشروع سيؤدي إلى تعدد وظائفه ولا بد من تسليم بعض الأعمال إلى الآخرين، وهي من أصعب الأشياء على نفس الريادي [5]

وأخيراً نستطيع القول بأن مفهوم الريادة قد تطور مع تطور نظرة الدول المختلفة للأهداف الاقتصادية والاجتماعية التي تسعى لتحقيقها.

لذا فإننا يمكن أن ننظر إلى المفهوم ببعض المرونة عند التعامل معه، إذ يكون في الدول المتطورة مرتبط بالاختراعات والتفرد.

أما في الدول النامية فإن من يأخذ روح المبادرة والتحرك، ويخاطر وينشئ عملاً جديداً، يعمل من خلاله على المساهمة في أهداف التنمية الاقتصادية والاجتماعية بأنه ريادياً.

وفي البعد الاجتماعي فان المجموعات المختلفة التي تتعامل مع الريادي خلال فترة حياة المشروع الذي يقوده تتوقع المكافأة من نجاح المشروع [6] وكل ذلك يعكس آثاراً اقتصادية واجتماعية على المجتمع. لذا فان المجتمعات المختلفة تستطيع أن تأخذ مفهوم الريادي الذي يناسب درجة التطور الاقتصادي والاجتماعي الذي تمر به.

ومما سبق فإن الدول النامية عموماً، والأردن بشكل خاص تستطيع أن تعتمد مفهوم الريادة على أنه عملية إنشاء شيء جديد ذو قيمة، وتخصيص الوقت والجهد والمال اللازم للمشروع، وتحمل المخاطر المصاحبة، واستقبال المكافئة الناتجة. إنها عملية ديناميكية لتأمين تراكم الثروة التي تقدم عن طريق الأفراد، والذين يتخذون المخاطرة في رؤوس أموالهم، والالتزام بالتطبيق لكي يزودوا قيمة إلى بعض المنتجات أو الخدمات. علماً بأن المنتج أو الخدمة قد تكون أو لا تكون جديدة أو فريدة لكن يجب، وبطريقة ما تأمين قيمة بتخصيص الموارد والمهارات الضرورية [7].

إن الريادي يسهم في تحقيق أهداف التنمية الاقتصادية والاجتماعية من خلال الأعمال التي يتبناها ويباشرها، إذ أن الريادي يملك طرقاً جديدة في ردم الهوة بين المعرفة وحاجات السوق والمجتمع المختلفة. لذا فان الريادي هو من يأخذ روح المبادرة والتحرك، ويخاطر وينشئ عملاً جديداً، يضيف من خلاله قيمة، ويسهم في تحقيق أهداف التنمية الاقتصادية والاجتماعية.

2.1.1. صفات ومزايا مفهوم الريادة.

أ.   الريادة هي أحد مدخلات عملية اتخاذ القرار المتعلق بالاستخدام الأفضل للموارد المتاحة للوصول إلى إطلاق المنتج أو الخدمة الجديدة وكذلك الوصول إلى تطوير طرق وأساليب جديدة للعمليات.

ب.   الريادة هي الجهد الموجه نحو التنسيق الكامل بين عمليات الإنتاج والبيع.

ج.   الريادية هي مجموعة المهارات الإدارية الإبداعية المستندة على المبادرة الفردية والموجهة نحو الاستخدام الأفضل للموارد المتاحة والتي تتسم قراراتها بمستوى معين من المخاطرة.

د.   الريادة تعني الإدراك الكامل للفرص المتمثلة بالحاجات والرغبات والمشاكل والتحديات والاستخدام الأفضل للموارد نحو تطبيق الأفكار الجديدة في المشروعات التي يتم التخطيط لها بكفاءة عالية.

هـ   الريادة هي المحور الإنتاجي للسلع والخدمات والتي تعود للقرارات الفردية الهادفة إلى تحقيق الربح من جراء اختيار النشاط الاقتصادي الملائم.

و.   الريادة تعني العمل الذي يقوم به الفرد تلقائياً حيث يشتري بسعر معين في الوقت الحاضر، ليبيع بسعر غير مؤكد في المستقبل مما يجعله عرضة لحالات عدم التأكد.

3.1.1. مفهوم الريادي.

لقد تطور مفهوم الريادي بدءاً من القرن السابع عشر وحتى أوائل القرن الحالي، إذ بدأت الريادة تأخذ بعداً اقتصادياً واجتماعياً.

فالريادي هو الشخص الذي يجلب الموارد، والعمالة، والمواد، والأصول الأخرى بتوافق لجعل قيمتها أكبر من ذي قبل. كما وإنه الشخص الذي يكون مسروراً بتأمين الثروة للآخرين بإيجاد طرق جديدة للانتفاع من الموارد، وتقليل الفاقد، وإنتاج الوظائف للآخرين[8]، كما يرى بيتر دركر (Peter Druker) بأن الريادي هو الذي ينظم وينفذ الفرص[9].

ويتضمن مفهوم الريادي المستكشف في هذا القرن نوع من السلوك يشمل:

1. أخذ روح المبادرة والتحرك.
2. قبول المخاطر والفشل.
3. تنظيم وإعادة تنظيم الآلية الاقتصادية والاجتماعية.

وعموماً فإن الريادي هو:

1. الوكيل (Agent) الذي يقوم بتوحيد وسائل الإنتاج من أجل تقديم القيمة الجديدة التي تؤهله لإعادة تأسيس موارده المالية بالإضافة إلى تحديد الأجور والفوائد والأرباح.

2. الشخص المجدد الذي يزاول التغيير في الأسواق من خلال تقديم المنتجات والخدمات بأنماط جديدة، وقد تأخذ هذه الأنماط الأشكال التالية:

   ● تقديم منتج جديد، أو إضافة جديدة على منتج قائم.

   ● تقديم طريقة إنتاج جديدة.

   ● المساهمة في فتح أسواق جديدة.

   ● الحصول على مورد (أو موردين) جدد.

   ● تأسيس منظمة جديدة في أحد قطاعات الأعمال.

3. الشخص الذي يحاول سد النقص أو الثغرات في الأسواق من خلال أنشطته المختلفة، وهذه الأنشطة تعني القيام بمشروع في أسواق غير كاملة بعد، أو أسواق لا زالت متطلبات الإنتاج فيها غير متوفرة بالكامل.

4. الفرد الذي يدرك فرص السوق ويستجيب لها.

5. الشخص الذي يقوم بعملية تحديد وتطوير وصياغة الرؤيا الجديدة للأعمال من خلال فكرة جديدة أو فرصة جديدة أو طريقة جديدة لأداء الأعمال.

وغالباً ما ينظر إلى مفهوم الريادة على أنه الوظيفة التي تتضمن استثمار الفرص المتاحة في السوق، إذ يشمل هذا الاستثمار توحيد وتوجيه مدخلات الإنتاج بصورة فاعلة، وعادة ما يخوض الرياديين في المخاطر من أجل اقتناص مثل هذه الفرص، بحيث تشمل تجربتهم على أعمال ونشاطات جديدة وإبداعية (Creative)، كما يقوم الريادي بأداء دوراً إدارياً في العملية الريادية.

4.1.1. الخصائص الشخصية للرياديين وأصحاب المشروعات الصغيرة.

Characteristics of Entrepreneurship and Business Owners

إن من يريد أن يكون ريادياً أو يمتلك عملاً صغيراً لا بد أن تتوافر فيه العديد من الخصائص الشخصية، والتي تميزه عن غيره من الأفراد. ولا بد أن يمتلك الشجاعة والرغبة في أن يبدأ ذلك العمل، ويكون لديه الاندفاع والثقة في الاستمرار فيه متفائلاً بالنجاح على الرغم من الصعوبات التي يمكن أن تواجهه مستقبلاً.

ومن أهم تلك الخصائص الشخصية:

1. الاستعداد، والميل نحو المخاطرة   Willingness to take Risks

تطالب الإدارة العليا في المنظمات الكبيرة بنجاح أكبر كلما زادت كمية الأصول اللازمة، وكلما زادت فترة ربط هذه الأصول بالمشروع المقترح، وقد يكون هذا أحد الأسباب التي تشرح ظاهرة حدوث الابتكارات بتكرار أكبر في المنظمات الصغيرة مقارنة بالمنظمات الكبيرة التقليدية. إذ تتقبل المنظمات الصغيرة التي يديرها رجل واحد هو صاحب الفكرة الأساسية مخاطرة أكبر مما تقبله منظمات كبرى متعددة الملكية[10].

يعتقد البعض بأن الرياديين هم الناس الذين تستند أعمالهم على إبداع منتج جديد أو خدمة جديدة، ولكننا نعتقد أن أي شخص لديه الشجاعة أن يبدأ عملاً جديداً أو فريداً، هو رجل ريادي حيث يحمل هذا المشروع، والعمل نوعاً من المخاطرة، والمخاطرة متنوعة سواء عند بدء المشروع، أو تشغيله، فالمدير/المالك يعمل غالباً بأمواله الخاصة حتى إن هذه المخاطرة قد تمتد للعائلة أيضاً، وتتضخم هذه المخاطرة، وتزداد عادة مع زيادة احتمالية فشل المشروع[11,12]، ونلاحظ أنه كلما زادت درجة الرغبة في النجاح يزداد الميل والاستعداد نحو المخاطرة.

إن أهم ما يجب أن يتمتع به رجل الأعمال المبادر هو الشجاعة والمخاطرة، ولكن المخاطرة غير المقامرة، حيث تقوم الأولى على العمل الشاق، وانتهاز الفرص السانحة، بينما تقوم المقامرة على الحظ، والمصادفة، إنها لعبة التحدي والإثارة، ومتعة العمل من أجل النجاح.

2. الرغبة في النجاح Willingness to Success

يعرف الرياديين أهدافهم جيداً، ويعملون بمثابرة لتحقيق تلك الأهداف، إنهم منظمون فسيولوجياً على أنهم يختلفون في درجة الرغبة في النجاح، ويملكون درجات أكبر من الأشخاص العاديين حيث يقدمون مسؤولية ذاتية لأعمالهم ووظائفهم[13، 14].

فالنجاح في عالم الأعمال ليس سهلاً وليس مستحيلاً. فالسهولة والصعوبة أمور نسبية تتوقف بدرجة كبيرة على إرادتنا، لأنك يمكن أن تقوم بكل ما هو مطلوب منك على أكمل وجه، ويبقى النجاح صورة بلا إطار، وبالمقابل قد تحقق نجاحاً باهراً في عملك، فهناك معوقات قد تواجهك في كل الأحوال، ولكن يمكنك القفز فوق حواجزها إذا ما ثابرت على النجاح، وذلك بالتشبث بهويتك، وأن لا يغرنك النجاح[15].

3. الثقة بالنفس Self Confidence

إن الناس الذين يملكون الثقة بالنفس يشعرون بأنهم يمكن أن يقابلوا التحديات، وعن طريق الثقة بالنفس يستطيع أصحاب الأعمال الصغيرة والرياديون أن يجعلوا من أعمالهم أعمالاً ناجحة، إنهم يملكون شعوراً متفوقاً، وإحساساً بأنواع المشاكل المختلفة بدرجات أعلى، إذ أظهرت أغلب الدراسات أن الرياديين يملكون الثقة بالنفس، وقدرة على ترتيب المشاكل المختلفة، وتصنيفها، والتعامل معها بطريقة أفضل من الآخرين[16].

إن ميزة الإحساس بالأمان التي يبحث عنها الناس عادة لا تحد من قدرة رجال الأعمال على الحركة وحريتهم في السيطرة على الأمور، وذلك لأنهم لا يخافون ارتكاب الأخطاء، فهم يعلمون أن الخطأ جزء من ضريبة العمل الحر والإرادة المستقلة. وإن حصل الخطأ فلا يكون مضطراً لإخفائه، وبدلاً من ذلك سيعمل على الإبداع والتطوير وإضافة قيم وخدمات جديدة للمجتمع.

4. الاندفاع للعمل   Passion for the Business

عادة ما يظهر الرياديون مستوى من الاندفاع نحو العمل أعلى من الآخرين حتى إن هذا الاندفاع والحماس يأخذ شكل العناد والرغبة في العمل الصعب أو الشاق [17]. إن مالكي المنظمات الصغيرة يمتلكون دافعاً ذاتياً للتميز، ويزدهرون ويتألقون في مواجهة التحديات. إذ يشكل الرواد في المنظمات الصغيرة مجالاً حيوياً لروح المبادرة في مجال الإنتاج، والنواة التي تبدأ منها أفكار الصناعات الكبيرة.

5. الاستعداد الطوعي للعمل ساعات طويلة   Willing to Work Long Hours

إن أي شخص يرغب في أن يملك عملاً صغيراً لا يمكن أن يتوقع أنه سيعمل ثمان ساعات يومياً، وخمسة أيام في الأسبوع، فهم أول القادمين صباحاً إلى العمل وآخر المغادرين يومياً، وهم في الغالب يداومون أيام الأسبوع كاملة حتى يحققوا المنافسة مع المنظمات الكبرى. إن من يعمل ساعات طويلة، ومن يسهر لا بد أن يمتلك إرادة قوية تمكنه من ذلك، ومن يلاحظهم عن قرب يجد أنهم حتى في أسوأ حالات مرضهم يمتنعون عن مغادرة العمل، ولا يقدمون إجازات مرضية، أثناء عملهم لأنهم يرون النشاط في العمل، والابتعاد عنه هو المرض بعينه [18].

6. الالتزام   Commitment

لا بد لأصحاب الأعمال الصغيرة من إدامة تركيزهم على أهدافهم، وعدم تخليهم عن تخطيط أنشطتهم المختلفة [19]، ويمكن لكل إنسان أن ينجح في العمل الحر بشرط ألا يتراجع، وأن يتعلم من أخطائه وأخطاء الآخرين، وتؤكد الدراسات وجود علاقة إيجابية بين مدى الالتزام ومستوى نجاح العمل [34]، لأن بقاء ونمو الأعمال لا يبنى فقط على بعض الخصائص مثل الوضوح، والتنظيم، والتخطيط الجيد، بل أن نموها يتغذى أساساً من قدرتنا على الابتكار، والتضحية، والالتزام.

7. التفاؤل   Optimistic

يمتلك أصحاب الأعمال الصغيرة خاصية التفاؤلية، فهم غير متشائمين، إنهم متفائلون أكثر من غيرهم. صحيح أن الناس قد يفشلون في تحقيق شيء ما، أو في مرحلة

ما من مراحل الحياة، وهذا أمر لا يمكن تفاديه، ولكننا يجب أن نتعلم من ذلك الفشل، حيث نعتبر الفشل حلقة في سلسلة النجاح، بشرط أن لا تكون هذه هي الخطوة الأخيرة في المرحلة.

إن تحويل الفشل إلى نجاح، والخسارة إلى فوز، يشبه تحويل الطاقة السلبية إلى طاقة إيجابية، والتفكير السلبي إلى تفكير إيجابي، فهناك بالفعل قوة وطاقة وراء التفكير الإيجابي. إذ أن التفاؤل يمكن أن يساعد على النجاح[20].

8. منهجي ونظمي Orderly and Methodology

إن الرياديين وأصحاب الأعمال الصغيرة لديهم القدرة على ترتيب وتنظيم وقتهم بشكل جيد، وهم قادرون على رؤية الصورة الكبيرة وبشكل واقعي، ومدركين في نفس الوقت للتفاصيل الدقيقة داخل تلك الصورة. وهذا يحتاج إلى قدرات متميزة في مجال التحليل والربط بين المتغيرات البيئية قد لا يملكها الآخرون[21]. ولا نرى المدير/المالك مثالياً باحثاً عن الكمال، فالمشكلات هي جزء من حياته، ولا بد له من التعايش معها. فوجود المشاكل في العمل لا يعني أنك مدير غير فعال، بل هي دليل على أنك تكافح، وأن الصراع من أجل النجاح مستمر[22].

2.1. الريادة والإبداع Entrepreneurship and Innovation

تأخذ الريادة أبعاداً اقتصادية واجتماعية، إذ أن قيمة جديدة تنتج عن إنشاء المشروع. وفي هذه النظرة الاقتصادية ينظر إلى الإبداع (Innovation) على أنه إيجاد توافق جديد (New Combinations) للعوامل الاقتصادية.

يركز المشروع الريادي عادة على الإبداع، والذي قد يكون إبداع تكنولوجي، أو منتج جديد، أو طريقة جديدة في تقديم منتج، أو تقديم خدمة جديدة، وقد يكون الإبداع في التسويق، أو التوزيع وقد يكون في إعادة هيكلية التنظيم أو إدارته، فالمشروع الريادي يرتكز معنوياً على طريقة جديدة في عمل الأشياء[23].

ومن الناحية الاجتماعية فإن الريادي لا يعمل في فراغ حيث يتلقى الدعم من مجموعات مختلفة ويتعامل مع مجموعات عديدة مثل العمال، المستخدمون المزودين،

المستهلكين، المجتمع المحلي، والحكومة، وهي المجموعات التـي تتوقـع المكافـأة مـن نجاح المشروع [24].

ويبين الشكل (1/ 1) تأمين قيمة جديدة من خلال الإبداع في توافق الموارد.

شكل (1/ 1)

الريادي وتوافق الموارد

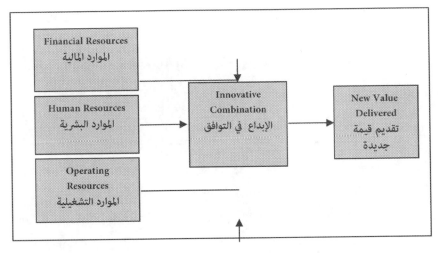

Source: Wickham, Philip A. (2001). ***Strategic Entrepreneurssship*: *A Decision-Making Approach to New Venture Creation and Management*** (2nd ed.). Harlow: Pearson Education Limited. p.92.

و يعتبر الريادي اليـوم مختـرع (Innovator) أو مطـور (Developer)، فهـو الـذي ينظم، ويعظم الفرص، ويستطيع أن يحول هذه الفكرة إلى تسويق، ويضيف إليهـا قيمـة مـن خلال الوقت، والجهد، والمهـارات، متحملاً المخـاطر مـن المنافسـة في الأسـواق لتنفيـذ فكرتـه ومدركاً للمكافآت من جهوده. إنه خلاقاً يسعى إلى الحداثة، التنظيم، وأخذ المخاطرة.

1.2.1. مصادر تطوير الأفكار ذات الصلة بالمشروعات الريادية.

لقد تعددت الطرق والوسائل المستخدمة في تطـوير الأفكـار الجديـدة للمشـروعات الرياديـة حيـث يتركـز أهمهـا بالمسـتهلك والمـنظمات القائمـة وقنـوات التوزيـع بالإضـافة إلى الحكومات.

أهم المصادر الرئيسة لتطوير الأفكار ذات الصلة بالمشروعات الريادية الجديدة.

1. المستهلك Consumer

يعتبر المستهلك من أهم المصادر الرئيسة لتطوير الأفكار ذات الصلة بالمشروعات الريادية الجديدة حيث تأتي هذه الأفكار على هيئة الحاجات والمتطلبات التي يعبر عنها المستهلك بطرق مباشرة أو غير مباشرة، إذ تعكس هذه الأفكار مقداراً جيداً من حاجة السوق لضمان نجاح المشروع الريادي الجديد.

ولتحقيق ذلك، يتوجب على الفرد الريادي القيام دوماً بمراقبة الأسواق وتحديد حاجاتها ذات الطلب المتزايد والمستمر، وتقييم المنتجات والخدمات الرائدة في سوق المنافسة من أجل الوصول إلى تطوير منتجات جديدة وجذابة.

2. قنوات التوزيع Distribution Channels

تعتبر قنوات التوزيع مصدراً مهماً من مصادر تطوير الأفكار الجديدة وذلك لمعرفة الموزعين بأحوال السوق واحتياجاته ومتطلباته. ومما يؤكد الدور الفاعل لقنوات التوزيع في دعم وإنجاح المشروع الريادي هو مساهمة الموزعين في تقديم المقترحات الجديدة التي تساعد الرياديين في تطوير وتسويق المنتجات والخدمات الجديدة.

3. الحكومات Governments

تسهم الحكومات أيضاً في توجيه الرياديين وتقديم المشورة لهم نحو الأفكار الريادية الجديدة، وذلك من خلال بناء قاعدة معرفية متكاملة للاختراعات والابتكارات الجديدة وتنظيم التشريعات والتعليمات التي تساهم من جانبها في فتح المجال أمام الإبداعات الريادية في تطوير الأعمال الجديدة من سلع وخدمات.

4. مراكز البحث والتطوير Research and Development

تلعب مراكز البحث والتطوير دوراً بارزاً في عمليات البحث والدراسات المتعلقة بالفرد الريادي، وذلك من خلال البحوث المختلفة التي يمكن أن تقدمها سواء عن المنتجات أو الأسواق أو الحاجات المختلفة للمستهلك.

وبالرغم من تعدد مصادر تطوير الأفكار الريادية الجديدة، فإن جميع طرق تطوير هذه الأفكار يلزمها اختيار الفكرة الأفضل وهي من الأمور البالغة الأهمية، ويبين

الشكل (1/ 2) واحدة من الآليات المستخدمة في تطوير الأفكار الجديدة وتنفيذها حيث تتكون هذه الآلية من ست مراحل قبل العودة إلى المرحلة الأولى الهادفة إلى إعادة التقييم والاستفادة من المعلومات الراجعة بهدف إجراء التعديلات والتصحيح الضروري.

وفي هذه الحالة، يمكن للفرد الريادي استخدام عدة طرق في تطوير اختيار الأفكار الجديدة مثل حلقات النقاش والعصف الذهني بالإضافة إلى الطرق المختلفة المستخدمة في حل المشاكل.

الشكل (1/ 2)

دورة مراحل تطوير الأفكار

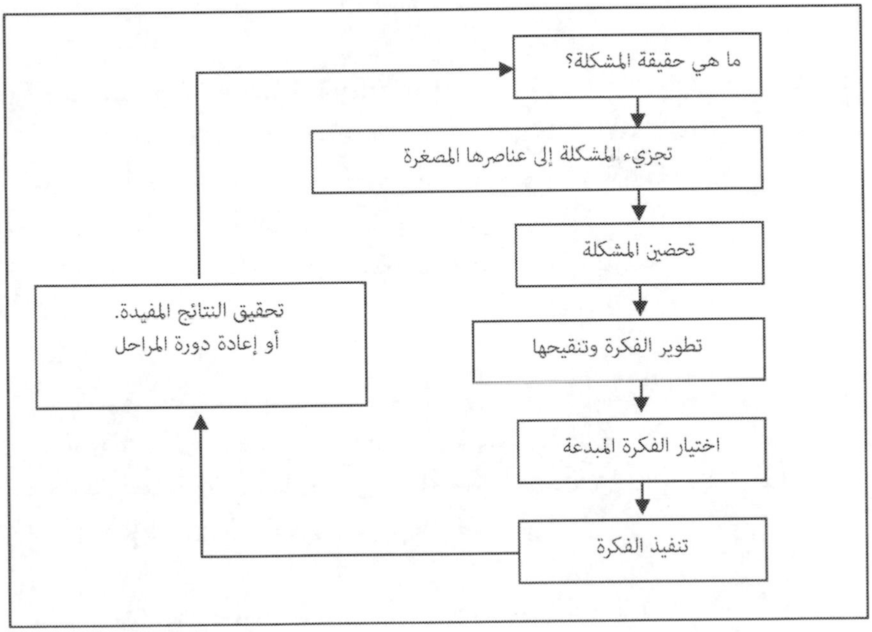

2.2.1. طرق تطوير اختيار الأفكار الجديدة.

1. **حلقات النقاش Focus Group**

تستخدم حلقات النقاش في العديد من الأغراض، حيث يجري تعيين المدير الوسيط (Mediator) للجلسة التي تتكون عادة من مجموعة من الأفراد يبلغ تعدادها ما بين (8-14) مشاركاً، وتتم المناقشة من خلالها بعمق وبحرية وانفتاح كامل ويجري عادة

في مثل هـذا النـوع مـن الجلسـات، طـرح الأفكـار ومناقشـتها وتقييمهـا بهـدف الوصـول إلى القرارات التي تتعلق بالمنتجات والخدمات الجديدة، أو المفاهيم الجديدة مـن خـلال تحليـل النتائج باستخدام الأساليب والطرق الكمية وغير الكمية المختلفة.

2. العصف الذهني Brainstorming

يساعد العصف الذهني عـلى تقـديم الأفكـار الجديـدة بصـورة جماعيـة في محاولـة للوصول إلى حلول جديدة أو أنماط جديدة من المنتجـات والخـدمات، ويـتم هـذا مـن خـلال جلسة مفتوحة يشارك فيها مجموعة من الأفراد في طرح الأفكار بكل حرية وتجـرد مـن أجـل تطوير مجموعة من الأفكار الجديدة.

ويعتمد هذا الأسلوب على اتباع القواعد التالية:

أ- لا يجوز تأييد أو نقد الأفكار المطروحة.

ب- طرح الأفكار بكل حرية وبساطة، ولا يجوز استخدام لغة الهيمنة.

ج- كلما كثرت الأفكار كانت الفرصة للوصول إلى نتيجة أفضل.

د- يجوز تطوير الأفكار المطروحة أو البناء على أفكار الآخرين.

3. أسلوب تحليل المشاكل Problems Analysis

يعتبر أسلوب تحليل المشاكل من الأساليب الناجحة للحصول عـلى الأفكـار والحلـول الجديدة من خلال التركيز على المشاكل القائمة، خاصة عندما تحلل المشاكل التي تتعلق بمنتج أو خدمة معروفين مما يسهل محاولـة الوصـول إلى الأفكـار الجديـدة التـي تقـود إلى تطـوير المنتج الجديد.

4. أسلوب الحل الإبداعي للمشاكل Creative Problem Solving

يركز أسلوب الحل الإبداعي للمشاكل على الجماعة في تطوير المعـايير المعتمـدة مـن أجل الحصول على الأفكار الجديدة، إذ أن الإبداع والابتكـار مـن أهـم سـمات الفـرد الريـادي الناجح.

وعندما تنشأ الفكرة من أحد المصادر السابقة فلا لها من أن تمر بمرحلة من التطـوير والتنقيح قبل تحويلها إلى منـتج أو خدمـة جـاهزتين للانطـلاق، وتسـمى مثـل هـذه العمليـة بعملية تصفية أو تنقيح الفكرة (Refining Process).

وتقسم هذه العملية عادة إلى خمس خطوات هي: تطوير الفكرة والمفهوم، وتطوير المنتج أو الخدمة، والتسويق التجريبي وأخيراً التجارة، وتعتبر جميع هذه الخطوات المرحلة الأولى من دورة حياة المنتج التي تشمل:

- التقديم Introduction
- النمو Growth
- النضوج Maturity
- الانحدار Declining

3.2.1. معايير التقييم.

يعتمد المنتج (أو الخدمة) القابل للتسويق أو البيع على وظيفتي التجديد أو الابتكار وتحسين العمليات كما مبين في أدناه:

المنتج القابل للتسويق = ابتكار المنتج + عملية التحسين/ الابتكار.

ولتحقيق هذا الغرض لا بد من اعتماد معايير محددة للتقييم في كل مرحلة من مراحل تطوير وتعميم المنتج (أو الخدمة) الجديدة، بحيث تكون هذه المعايير شاملة وقابلة للقياس مما يسهل عملية تقييم الفرصة السوقية المتوقعة للمجتمع وكذلك المنافسة والنظام التسويقي والعوامل المالية، إضافة إلى عوامل العمليات الأخرى المختلفة كما ولا بد من أن يساهم المنتج الجديد في تطوير الهيكلة المالية (الموقف المالي) للمنظمة، إضافة إلى ذلك، لا بد من أن يتناسب المنتج الجديد مع القدرات والإمكانيات الإدارية في المنظمة ويكون ذلك ضمن الاستراتيجية التسويقية للمنظمة.

4.2.1. مراحل تسويق المنتج تبعاً للمدخل التسويقي.

استناداً للمدخل التسويقي (Marketing Approach) توجد ثلاث مراحل ذات الصلة بتسويق المنتج هي:

1. **مرحلة تطوير الفكرة (أو الأفكار)** إذ يجري الاحتفاظ بالأفكار الواعدة أو الطموحة، وتعتبر طريقة القوائم من أنسب الآليات المستخدمة في هذه العملية ويجري في هذه المرحلة تقييم الحاجة إلى المنتج الجديد بالإضافة إلى القيمة المضافة التي يمكن أن يضيفها المنتج للمنظمة مثل العوائد المالية المتوقعة من إطلاق المنتج الجديد.

2. **مرحلة تحديد المفهوم (Concept Specifying)** حيث يتم التأكد من مستوى قبول المنتج (أو الخدمة) الجديدة من قبل المستهلك وذلك من خلال إجراء المقابلات مع عينة من المستهلكين والموزعين على حد سواء كما ويتوجب تقييم خصائص المنتج (أو الخدمة) وطرق ترويجه بالإضافة إلى معالجة المشاكل أو التوافق التي تظهر في هذه المرحلة بالاستعانة بوحدة البحث والتطوير.
3. **مرحلة تطوير المنتج** حيث يتم قياس وتقييم انطباعات المستهلك بحقوق المنتج الجديد من خلال توزيع عينات للمنتج على مجموعة من المستهلكين ودراسة المعلومات الراجعة والملاحظات وما يرغب المستهلك من وظائف للمنتج أو الخدمة الجديدة.
4. **مرحلة التسويق التجريبي (أو مرحلة اختبار السوق)** حيث يجري التنبؤ بمقدار المبيعات المتوقعة أو الحصة السوقية التي يمكن الوصول إليها من إطلاق المنتج (أو الخدمة) الجديدة والتي تعكس مستوى القبول لدى المستهلك وتدل النتائج الإيجابية على نجاح إطلاق المنتج الجديد في الأسواق بكميات تجارية والعكس صحيح.

3.1. الريادة في الأردن[25] Entrepreneurship in Jordan

1.3.1. برنامج تطوير الإنتاجية/ ريادة.

من القضايا المهمة لتعزيز العمل الريادي في الأردن هو مشروع برنامج تطوير الإنتاجية المسمى مشروع (ريادة)، حيث يهدف المشروع إلى زيادة وتحسين مؤشرات الإنتاجية في الأردن مع التركيز على المناطق الأقل حظاً وذلك من خلال الآتي:

1. توفير كافة المتطلبات المالية والفنية والإدارية الضرورية لتشجيع تأسيس المشروعات الإنتاجية الريادية الجديدة وتوسيع المشروعات القائمة بهدف إيجاد فرص العمل والحد من معدلات البطالة في المحافظات.
2. توفير البنية التحتية اللازمة لدعم الاستثمار وتعزيز القدرة التنافسية للمنتجات الوطنية.
3. تشجيع القطاع الخاص الأردني، وكذلك المنظمات غير الحكومية من أجل توفير فرص العمل وتنمية المجتمعات المحلية.

أما عن أهداف البرنامج (ريادة)، فقد جاءت انطلاقية في بدايات العام (2002) لتمثل الآلية والمنهجية الجديدة والمتكاملة التي تسعى إلى تحقيق الزيادة في استفادة المواطن من المشاريع التي يوفرها برنامج التحول الاقتصادي والاجتماعي، وذلك عن طريق تحديد مفهوم الإنتاجية لدى المواطن بالتركيز على المناطق الأقل تطوراً وإيجاد فرص العمل المستدامة فيها، ويعمل برنامج تعزيز الإنتاجية الاقتصادية والاجتماعية بمبدأ توحيد الجهود ما بين الحكومة وبين كل من القطاع الخاص المحلي والمنظمات الدولية الحكومية وغير الحكومية.

ويهتم برنامج (ريادة) بتزويد المستفيدين بالمعرفة والتمويل والتدريب والإدارة منذ المراحل الأولى لتأسيس المشروعات وذلك لضمان نجاح وديمومة هذه المشروعات. كما ويساعد البرنامج أيضا على توفير البنية التحتية التي ستدعم وتساعد على تنمية وتطوير أعمال هذه المشروعات واستمرارية بقاءها.

برنامج دعم وتطوير المشروعات الصغيرة.

يهدف هذا البرنامج إلى تنمية وتطوير قطاع المشروعات الصغيرة من خلال:

- استيعاب الأعداد المتزايدة من العاطلين القادرين على الإنتاج.
- تنمية مفهوم الريادة لدى الفئات المستهدفة من المجتمع.
- تشجيع الاعتماد على الذات وتحسين مؤشرات الإنتاجية.

3.3.1. منهجية دعم قطاع تنمية المشروعات الصغيرة.

1. إتاحة الفرصة للراغبين في إقامة المشروعات الصغيرة الناجحة للحصول على التمويل الضروري.
2. منح القروض على أساس الجدوى الاقتصادية للمشروعات المقترحة.
3. أصحاب المشروعات الصغيرة هم العملاء وليسوا متلقين للمعونة.
4. المساعدة على إيجاد "صناعة" مستدامة من المشروعات الصغيرة.
5. اعتماد منهجية الإقراض صغير الحجم والمستدام.
6. العمل من خلال المؤسسات الوسيطة ذات العلاقة المباشرة مع الفئة المستهدفة.
7. التفاعل المباشر مع القطاع الخاص واحتياجات السوق.

8. تقديم التمويل الصغير لأصحاب المشروعات الصغيرة من صغار المستثمرين.

9. تقديم خدمات التدريب والإدارة الضرورية والفصل التام بين الخدمات المالية وغير المالية.

أهم الإنجازات التي حققها برنامج دعم وتطوير المشروعات الصغيرة حتى نهاية العام (2001) في الأردن هي:

● منح اكثر من (72) ألف قرض صغير لحوالي (35) ألف مستفيد من خلال إطار برنامج تنمية المشروعات الصغيرة.

● بلغت القيمة الإجمالية للقروض حوالي (14) مليون دينار أردني، وقد بلغت نسبة السداد للقروض الممنوحة (98%).

● بلغت نسبة النساء من المقترضين حوالي (60%).

● إجراء العديد من الدراسات والأبحاث حول المشروعات الصغيرة بهدف تحديد احتياجات ومتطلبات تفعيل هذا القطاع الحيوي.

● تطوير وتنفيذ البرامج والمواد التدريبية لأصحاب المشروعات الصغيرة.

4.1. التمايز بين الريادة والأعمال الصغيرة.

Entrepreneurship and Small Business Distinction

إن كلاً من الأعمال الصغيرة، والريادية تملك أهمية معيارية للأداء الاقتصادي ومن المفيد رسم العلاقة الفارقه بينهما؛ لأن كل من الأعمال الصغيرة والريادية تخدم مختلف الوظائف الاقتصادية وتؤمن فرصاً مختلفة.

وعموما فإن هناك ثلاث خصائص تشكل علامة فارقة بين الريادة والأعمال الصغيرة تتمثل في الآتي:

1.4.1. الإبداع Innovation

يرتكز نجاح المشروع الريادي على الإبداع بشكل معنوي، وقد يكون إبداع تكنولوجي مثل: منتج جديد، طريقة جديدة في تقديم المنتج، تقديم خدمة جديدة، أو في

التسويق والتوزيع، أو في سلسلة القيمة بين المنظمات المختلفة. إنه يركز معنوياً عـلى طريقـة جديدة في عمل الأشياء.

أما المنظمات الصغيرة فتؤسس وتقدم المنتج أو الخدمة وتميـل إلى الإنتـاج بالطريقـة التي تؤسسها، وهذا لا يعني أنها لا تعمل شيئاً جديداً. ولكنها تميل في الغالـب إلى المحليـة في توجهها، ولا تعمل على تأسيس شيء جديد بشعور وتوجه عالمي.

2.4.1. إمكانيات النمو Potential Growth

إن حجم الأعمال دليل ضعيف فيما إذا كان العمل رياديا أم لا، فالتعريف الحقيقـي هو في التوجه الذي يأخذه المشروع، فالمشروع الريادي عادة يملك علاقـة قويـة مـن إمكانـات النمو أكثر من الأعمال الصغيرة، وهذه النتائج تنبـع مـن حقيقـة أن المشـروع الريـادي يرتكـز معنوياً على الإبداع. بينما الأعمال الصغيرة تعمل في كافة الصناعات المؤسسة أصلاً، وقد تكون فريدة فقط من الناحية المحلية، لذلك فهي في الغالب محدودة في إمكانات النمو.

إن الأعـمال الصـغيرة تعمـل داخـل صـورة السـوق المحـدد (Given Market) أمـا الريادي فيكون في مركز لتأمين سوقه الخاص. فالمشروع الريادي يبدأ ويـدار بمهـارة للمنافسـة بكفاءة في سوق جديدة أكثر من المنافسة داخل سوق موجودة.

3.4.1. الأهداف الاستراتيجية Strategic Objectives

إن الأهداف مكون عام في الحياة الإدارية، وتأخذ عدة أشكال فقد تكـون رسـمية، أو غير رسمية، وقد تكون باتجاه مباشر للأفراد أو للمشروع ككل. ولكن أغلب الأعمال تملك على الأقـل بعـض الأهـداف، وحتـى الأعـمال الصـغرى لا بـد لهـا مـن أهـداف تحـدد لهـا أسـواق مستهدفة للمبيعات، أو بعض الأهداف المالية.

أما المشروع الريادي فإنه عادة يذهب إلى أبعد من الأعمال الصغيرة في الأهداف، حيث نراه يملك أهداف استراتيجية ترتبط بالنمو المستهدف، تطوير السوق، الحصة السوقية، المركز السوقي. إن هذه الأهداف الاستراتيجية قد تكون كمية وبطرق عديدة، ولا بد أن تكون مستمدة من الرسالة الرسمية للمشروع.

الآثار التنموية للريادة والأعمال الصغيرة في الاقتصاد الوطني.

تلعب الريادة والأعمال الصغيرة دوراً كبيراً في الاقتصاد الوطني؛ لأنها القادرة على أن تساهم وبشكل فعال في إعادة تقويم وهيكلية الإنتاج في العديد من الدول النامية والتي يعد الأردن إحداها. فهي تمثل الأساس الذي تقوم عليه التنمية الشاملة حيث تقوم بتشغيل العديد من الأيدي العاملة، وتساهم في الحد من تفاقم ظاهرة البطالة مما يحقق التوازن الإقليمي للتنمية التي تسعى الدولة إلى تحقيقها في خططها المختلفة للتنمية الشاملة. لذا فإن المنظمات الصغيرة والريادية أكثر أهميه لاقتصادنا لتحقيق التنمية الشاملة. ولها العديد من الآثار الاقتصادية والاجتماعية إذ تلعب دوراً رئيساً في الاقتصاد الوطني والتنمية المحلية.

1.5.1. الآثار الاقتصادية للريادة والمنظمات الصغيرة. (26، 27، 28، 29)

1. زيادة متوسط دخل الفرد، والتغيير في هياكل الأعمال والمجتمع.

تعمل الريادة على زيادة متوسط الدخل الفردي، والتغيير في هياكل الأعمال والمجتمع حيث تكون الريادة في مواقع متعددة، وهذا التغيير يكون مصحوب بنمو وزيادة في المخرجات، وهذه تسمح بتشكل الثروة للإفراد عن طريق زيادة عدد المشاركين في مكاسب التنمية، مما يحقق العدالة في توزيع مكاسب التنمية.

2. الزيادة في جانبي العرض والطلب.

إن تأمين رأسمال جديد يوسع جانب النمو في العرض، كما أن الانتفاع من المخرجات والطاقات الجديدة في المشروع تؤدي إلى نمو في جانب الطلب حيث تعمل على زيادة كلاً من جانبي العرض والطلب.

3. التجديد والابتكار والقدرة على ردم الهوة بين المعرفة وحاجات السوق.

يعتمد التطوير على الإبداع، ليس فقط بتطوير منتج أو خدمة جديدة للأسواق، ولكن أيضا الاهتمام بالاستثمار المتزامن في تأمين مشاريع جديدة.

ومن هنا فإن الرياديين والمنظمات الصغيرة مصدر من مصادر التجديد والابتكار والمخاطرة أكثر من المؤسسات العامة الكبيرة؛ لأن الأشخاص البارعين الذين

يعملون على ابتكار أفكار جديدة تؤثر على أرباحهم يجدون في ذلك حوافز تدفعهم بشكل مباشر للعمل، لذا فهم يقدمون الكثير من الإبداعات والتجديد في عالم الأعمال، إن المشاريع الريادية هي القادرة على ردم الهوة بين المعرفة وحاجات السوق وهي النقطة المعيارية في عملية تطوير المنتج لتزويد المجتمع بمنتجات إبداعية جديدة.

إن المشروعات الأكبر حجماً غالباً ما تركز على إنتاج السلع التي تتمتع بطلب مستمر يمكن التنبؤ به. بينما تترك للرياديين إنتاج السلع التي ينطوي إنتاجها على مجازفة أكبر. إن عصر التطور السريع يؤدي إلى أن تصبح المنافسة أداة التغيير من خلال الابتكار والتحسين، وعندها تظهر المنافسة في صور عديدة منها السعر وشروط الائتمان والخدمة وتحسين جودة الإنتاج مما يوفر في النهاية سيلاً مستمراً من الابتكارات والأفكار الجديدة.

4. توجيه الأنشطة للمناطق التنموية المستهدفة.

تستطيع الدولة إن تشجع الاتجاه نحو الريادة في أعمال معينة مثل: الأعمال التكنولوجية، أو تشجيع التوجه نحو مناطق معينة وذلك عن طريق بعض الحوافز التشجيعية للرياديين لإقامة مشاريعهم في تلك التخصصات أو تلك المناطق.

5. تنمية الصادرات والمحافظة على استمرارية المنافسة.

تستطيع هذه المنظمات المساهمة في تنمية الصادرات سواء من خلال الإنتاج المباشر أو غير المباشر، ومن خلال تغذيتها للمنظمات الكبيرة المختلفة بالمواد الوسيطة التي تحتاج إليها حيث يمكن أن تعتمد عليها المنظمات الكبيرة في إنتاج جزء من إنتاجها؛ مما يؤدي إلى خفض تكاليف الإنتاج في المنظمات الكبيرة، وإعطائها القدرة على استمرارية المنافسة في الأسواق العالمية. لذا ولتنمية الصادرات والمحافظة على قدرة المنظمات الكبيرة في الاستمرار في المنافسة عالمياً لا بد من تشجيع وتنمية قدرات وإمكانات الرياديين والمشروعات الصغيرة من خلال الأسواق الحرة المتكاملة، والحرية في إنشاء المشروعات والفرص والمبادرات الشخصية ونموها.

وفي الولايات المتحدة نلاحظ أن الحكومة الفيدرالية أولت الاهتمام بالمشروعات الصغيرة من خلال تشكيل عدة نشاطات منها "لجنة البيت الأبيض للمشروعات الصغيرة"،

"أسبوع المشروعات الصغيرة الوطنية"، كما تقوم إدارة المشروعات الصغيرة في الولايات المتحدة باختيار رجل الأعمال الصغيرة سنوياً.

أما في الأردن فقد تم اعتماد جائزة الملك عبد الله الثاني للتميز؛ لتشجيع المنافسة بين المشروعات ولتقديم الأفضل وقد خصص جزءاً منها للأعمال الريادية خاصة الصغيرة والمتوسطة الصناعية والخدمية.

كما تم اعتماد جائزة الملك عبد الله الثاني للتميّز والريادة؛ لتشجيع المنافسة بين الأعمال الصغيرة التي تتعامل مع صندوق التنمية والتشغيل خاصة الريادية منها؛ لتشجيعها على تقديم الأفضل.

6. رواج الامتيازات.

تزداد أهمية الرياديين والمنظمات الصغيرة في الاقتصاد القومي في الدول المختلفة مع زيادة رواج الامتيازات، فالامتياز في الحقيقة كان المنقذ لكثير من تجار الجملة والتجزئة المستقلين من المنافسة المتزايدة من قبل المؤسسات متعددة الفروع خاصة في عالم الانفتاح الاقتصادي، إن حصول العديد من الرياديين على امتيازات مختلفة سواء في الخدمات أو التجارة أو الصناعة والاعتماد عليها من قبل المنظمات الكبيرة مكّنها من الاستمرار في العمل وهذا يؤكد أهمية الرياديين والمنظمات الصغيرة في دعم الاقتصاد الوطني.

إن تطور مفهوم الامتياز في السنوات الأخيرة خاصة بعد التأكيد على حقوق الملكية في الدول المختلفة يشكل ظاهرة كبيرة مهمة. إذ تشكل مبيعات حقوق الامتياز في الوقت الحاضر ما نسبته (15%) تقريباً من الإنتاج القومي الإجمالي.

7. التكامل مع المنظمات الكبيرة وترابط الأعمال التجارية.

إن الرياديين والمنظمات الصغيرة والمتوسطة هي التي تعطي دم الحياة للاقتصاد الحديث وتبقى الحاجة إليها ضرورية على مستوى الاقتصاد القومي، لأن العمل التجاري الحديث ليس وحدة قائمة بذاته، فصاحب هذا العمل يشتري ويبيع من المشروعات الأخرى مما يؤكد أن الفرصة متاحة للريادي أن يقدم شيئاً يحمل قيمة وبأسلوب فعال. إذ يعمل الرياديين على تزويد المنظمات الكبيرة بالمواد والأجزاء التكوينية التي تحتاج إليها مما

يخفف من كلفة الإنتاج لتمكين عدد قليل من المشروعات الكبيرة من التركيز على تلك النشاطات التي تكون جهودهم فيها أكثر فاعلية. كما يقوم الريادي بدور الوسيط في توزيع إنتاجها كوكلاء للمنظمات العابرة للقارات، ومن هنا فإن الريادة تعمل على ترابط المشروعات المختلفة. وعلى سبيل المثال فإن أكثر من (37) ألف عمل من الأعمال الصغيرة تزود شركة جنرال موتورز بالبضائع والخدمات المختلفة.

8. العمل على تطور الاقتصاد.

إن المشروعات الريادية الصغيرة في الغالب هي الأصل في تطور الاقتصاد وهي النواة التي ترفد الاقتصاد القومي فيما بعد بالمشروعات الكبيرة العملاقة سواء بتطورها أو بالأفكار التي تقدمها، فمشروعات اليوم الصغيرة هي مشروعات الغد الكبيرة.

وبنظرة سريعة على تطور الاقتصاد الأمريكي نلاحظ أن أكبر خمسمـاية شركة صناعية أسسها رياديون برؤوس أموال محدودة جداً، فقد كان سوفت جزارا، بينما فورد ميكانيكي، أما كرايسلر فقد كان ميكانيكي أيضاً في مصنع للسكك الحديدية قبل أن يصبح مهندس محركات. أما جيلمان مؤسس شركة الأطلسي والباسفيك للشاي فقد كان يبيع الشاي بجانب وظيفته.

9. تعظيم العائد الاقتصادي.

على الرغم من أن إنتاجية العامل في المنظمات الكبيرة أعلى منها في المنظمات الصغيرة، وقد يعود ذلك إلى اعتماد المنظمات الصغيرة على تقنيات إنتاج غير متقدمة وكثيفة الاستعمال للعمل، ورغم ذلك لو إننا ربطنا راس المال المستثمر للعامل والفائض الاقتصادي سيظهر أن المنظمات الصغيرة والريادية هي الأكفأ من حيث تعظيم الفائض الاقتصادي لوحدة راس المال، وراس المال المستثمر.

2.5.1. الآثار الاجتماعية للريادة والمنظمات الصغيرة.

1. عدالة التنمية الاجتماعية وتوزيع الثروة.

تهدف أغلب خطط التنمية الاقتصادية والاجتماعية في العادة إلى إعادة توزيع الثروة والعدالة في توزيع مكاسب التنمية الاقتصادية والاجتماعية على المحافظات

المختلفة ذات الكثافة السكانية المختلفة بحيث لا تكون المكاسب مركزة في المحافظات الأكثر كثافة، والتي تعتبر في العادة موطناً للمشروعات الكبيرة.

ومن هنا فإن الرياديين وفي مشروعاتهم المختلفة سواء كانت صغيرة أم متوسطة (ومن خلال انتشارها جغرافياً، وعلى نطاق واسع)، قادرون على تهيئة تنمية إقليمية شاملة كفؤة ومتوازنة يساعدها في ذلك استغلال الموارد والإمكانيات المحلية المتاحة، وعدم حاجتها إلى بنية تحتية كبيرة مما يجعلها تساهم في تحقيق العدالة الاجتماعية بين مناطق المملكة المختلفة[30، 31، 32].

2. امتصاص البطالة وتأمين فرص عمل جديدة.

يلعب الرياديون في المنظمات الصغيرة والمتوسطة دوراً مهماً في الاقتصاد الحديث في جميع الأقطار بسبب المرونة والقدرة على الا بداع التي تتمتع بها، حيث يلعبون دوراً رئيساً في تزويد فرص العمل. وامتصاص البطالة، إذ أن تكلفة فرص العمل فيها تقل عن متوسط تكلفة العمل في المنظمات الكبيرة، ونلاحظ أن معدل كثافة رأس المال للعامل الواحد ما يقارب (1100) دينار/عامل لدى المنظمات الريادية والصغيرة، بينما نجد أن هذا المعدل في المنظمات الكبيرة هو (11000) دينار/عامل، أي أن تكلفة فرصة العمل في المنظمات الكبيرة هي عشرة أضعاف التكلفة في المنظمات الصغيرة، الأمر الذي يعكس الدور الإيجابي لها، ويعزز قدرتها على توظيف الأيدي العاملة، وبموارد مالية محدودة نسبياً مع تجنب الهدر في الموارد المتاحة.

3. المساهمة في تشغيل المرأة.

تلعب الريادة والأعمال الصغيرة دوراً كبيراً في الاهتمام بالمرأة العاملة من خلال دورها الفاعل في إدخال العديد من الأشغال التي تتناسب مع عمل المرأة كالعمل على الحاسب، ومشاغل الخياطة، والتريكو، والألبسة مما يؤثر في دور المرأة في تكوين الدخل، وكذلك تساعد الريادة على تشجيع المرأة على البدء بإعمال ريادية تقودها بنفسها لتسهم بذلك مساهمة فاعلة في بناء الاقتصاد الوطني.

4. الحد من هجرة السكان من الريف إلى المدن.

يعد وجود الرياديين والمنظمات الصغيرة في الاقتصاد الوطني إحدى الدعائم الأساسية في تثبيت السكان، وعدم الهجرة من الأرياف إلى المدن، والتي تتركز فيها عادة المنظمات الكبيرة، لذا لا بد من وجود برامج تنموية تساعد على التخفيف من الفقر والبطالة، وتعمل على بناء طبقة متوسطة في الأرياف بدلاً من الهجرة إلى المدن حيث التلوث، والضغط على خدمات البنية التحتية، ولا يكون ذلك إلا عن طريق الاهتمام برعاية الرياديين والمنظمات الصغيرة، والتعاون مع الهيئات والمؤسسات الدولية المختلفة.

6.1. الريادة الداخلية Intrapreneurship

1.6.1. مفهوم الريادة الداخلية.

تمثل الريادة الداخلية الريادي الموجود داخل التنظيم. وقد ظهرت نتيجة اشتداد المنافسة الحادة بين المنظمات، وظهور بعض الثقافات الخاصة بين العاملين أدت إلى ظهور ثورة في التفكير الإداري الأمريكي، وهي العمل على خلق الروح الريادية Entrepreneurship (Spirit داخل التنظيم.

2.6.1. أسباب الاهتمام بالريادة الداخلية

Causes for Interest in Intrapreneurship

1. ظهور ثقافة اجتماعية تنادي "أعمل لنفسك شيء خاص بك".
2. اشتداد المنافسة الحادة والحاجة إلى تطوير تكنولوجيا داخلية، وتأمين منتجات جديدة وتطويرها.
3. العمل على عدم خسارة العمال الخلاّقين خاصة في التكنولوجيا والحاسب.
4. تأمين المرونة في العمل من خلال الحرية في هياكل التنظيم (التنظيم المسطح)، وإلا أصبح الأفراد أقل إنتاجية، أو يغادرون الموقع.
5. تأمين أشياء جديدة بواسطة العمال الموجودين داخل التنظيم من خلال إيجاد أنشطة مختلفة يمكن أن تؤمن قيمة مضافة.

3.6.1. بيئة الريادة الداخلية[33] Intrapreneurship Environment

يمكن للمنظمات أن تؤمن المناخ الملائم لنمو الريادة الداخلية من خلال:

- تشجيع الأفكار الجديدة.
- تشجيع المحاولة والخطأ، والسماح بالفشل.
- اعتماد مبدأ عدم وجود حد ثابت للفرص.
- توفير الموارد.
- استخدام طريقة مجموعات العمل.
- النظر إلى الأفق البعيد.
- اتباع برامج المتطوعين.
- اتباع نظم مكافآت مناسبة.
- تأمين ممول الاقتراح (Sponsors) والنصير (Champion).
- تأمين دعم الإدارة العليا.

4.6.1. تأسيس وإيجاد الريادة الداخلية في المنظمات
Establishing Intrapreneurship in the Organization

على المنظمات التي ترغب في تأسيس وإيجاد الريادة الداخلية فيها أن تؤسس للعديد من الإجراءات والمعالجة التي تؤمن ذلك وهي:

1. تشجيع الالتزام بالريادة الداخلية فيها بواسطة المديرين وعلى كافة المستويات الإدارية.

2. تحديد وتعريف الأفكار ومناطق العمل المستهدفة التي تقع تحت اهتمام دعم المديرين، وتقييمها بالطرق المختلفة.

3. استخدام التكنولوجيا بنجاح في المنظمات الصغيرة والكبيرة وبمرونة أكبر.

4. تستطيع المنظمة أن تؤسس ثقافة الريادة الداخلية باستخدام المجموعات وباهتمام المديرين لتدريب العمال كما لو يشاركونهم في خبراتهم.

5. تطوير طرق تكون فيها قريبة من المستهلكين، ويساعد في حدوث ذلك توفر قاعدة بيانات في المنظمة، ومساعدة التجار المتعاملين مع المنظمة بالوصول إلى المستهلك والاقتراب منه.

6. إن المنظمة ذات التوجه الريادي لا بد أن تكون أكثر إنتاجية وبأقل الموارد.

7. تأسيس هياكل داعمة قوية للرياديين الداخليين، إذ أن نتاج نشاط الريادة الداخلية لا ينعكس حالاً بنتائجه على الخط الأسفل من العمال، ولذلك لا بد من نظرة عامة لهم وتأمينهم ببعض المال والدعم ليكونوا داعمين للرياديين الداخليين.

7.1. أسئلة للمراجعة/ الفصل الأول.

أولاً: أجب عن الأسئلة التالية:

1. عرف الريادة؟ وحدد الجوانب الرئيسة الأربعة في تعريف الريادة؟
2. ما هو الفرق بين الريادة (Entrepreneurship) والريادة الداخلية (Intrapreneurship)؟
3. ناقش الخصائص الشخصية الرئيسة للرياديين وأصحاب المشروعات الصغيرة؟
4. كيف يمكن تأمين قيمة جديدة من خلال الإبداع في توافق الموارد؟
5. ناقش الآثار التنموية للريادة والأعمال الصغيرة في الاقتصاد الوطني؟

ثانياً: أكمل الجمل التالية:

1. يتضمن مفهوم الريادي المستكشف في القرن الجديد نوع من السلوك يشمل:

أ. ....

ب. ....

ج. ....

2. من أهم المصادر الرئيسة لتطوير الأفكار ذات الصلة بالمشروعات الريادية:

أ. ....

ب. ....

ج. ....

د. ....

3. يتمثل التمايز بين الريادة والأعمال الصغيرة في الآتي:

أ. ....

ب. ....

ج. ....

د. ....

4. الأسباب التي أدت زيادة الاهتمام بالريادة الداخلية في المنظمات هي:

أ. ....

ب. ....

ج. ....

د. ....

5. يمكن للمنظمات أن تؤمن المناخ الملائم لنمـو الريـادة الداخليـة في المنـظمات   مـن خلال:

أ. ....

ب. ....

ج. ....

د. ....

هـ ....

و. ....

8.1. مراجع الفصل الأول.

1. Kuratko, Danald F.; Hodgetts, Richard M. (2001). ***Entrepreneurship A contemporary Approach*** (5th ed.). Harcourt College Publishers. p. 29.
2. Hisrich, Robert D., and Peters, Michael P. (2002). ***Entrepreneursship*** (5th ed.). Irwin: McGraw- Hill Companies, Inc. p. 10.
3. Coulter, Mary (2001). ***Entrepreneursship in Action***. Upper Saddle River, New Jersey: Prentice- Hall, Inc., p. 5, 9.
4. Wickham, Philip A. (2001). ***Strategic Entrepreneursship: A Decision - Making Approuch to New Venture Creation and Management*** (2nd ed.). Harlow: Pearson Education Limited. p.117.
5. Coulter, Mary (2001). Op. Cit., p. 6, 21,154.
6. Wickham, Philip A. (2001). Op. Cit. p. 7.
7. Kuratko, Danald F.; Hodgetts, Richard M. (2001). Op. Cit. p. 29.
8. Hisrich, Robert D., and Peters, Michael P. (2002). Op. Cit. p. 10.
9. Coulter, Mary (2001). Op. Cit., p. 7.
10. Whleen, Thomas L., and Hunger, J. David (2004). ***Strategic Management Business Policy*** (9th ed.). Upper Saddle River, New Jersey: Pearson Education, Inc.
11. Pickle Hal B., & Abrahamson, Roycy L. (1990). ***Small Business Management*** (5th ed.). New York: John Wiley and Sons.
12. Longenecker, Justin G.; Moore, Carlos. W., & Petty, J. William (2000). ***Small Business Management an: Entrepreneurial Emphasis***. South - Western College: Publishing an International Thomson Publishing company, p. 9.
13. Longenecker, Justin G.; Moore, Carlos. W., and Petty, J. William (2000). Op. Cit. p. 8.
14. Anderson, Robert. L., & Dunkelberg, Joh S. (1993). ***Managing Small Businesses***. Minneapolis: West Publishing company .p. 6.
15. تاركنتون، فران (1998). ترجمة: هيئة الترجمة شعاع، ماذا علمني الفشل عن النجاح دليل جديد لإدارة المشروعات الصغيرة. **خلاصات كتب المدير ورجل الأعمال**، السنة السادسة، العدد الثاني، يناير، الشركة العربية للإعلام العربي (شعاع)، القاهرة، ص. 7.
16. Anderson, Robert. L., and Dunkelberg, Joh S.(1993).Op.Cit.P. 6
17. Longenecker, Justin G.; Moore, Carlos. W., and Petty, J. William (2000). Op. Cit., p. 10.
18. Pickle Hal B., and Abrahamson, Roycy L. (1990). Op. Cit.
19. Anderson, Robert. L., and Dunkelberg, Joh S. (1993). Op.Cit. p. 6

20. تاركنتون، فران (1998). مرجع سابق. ص. 7.

21. Anderson, Robert. L., & Dunkelberg, Joh S. (1993). Op. Cit. p. 6

22. تاركنتون، فران (1998). مرجع سابق ص. 7.

23. Wickham, Philip A. (2001). Op. Cit., p. 7, 11, 24.

24. Wickham, Philip A. (2001). Op. Cit., p. 82.

25. وزارة التخطيط الدولي (2005). زيارة موقع الانترنت بتاريخ 2005/5/30.
www.mop.gov.jo/project_detouts_ar.php?

26. Hisrich, Robert D., and Peters, Michael P. (2002). Op. Cit., p. 10

27. Gunasekaran, A.; Forker, L., and Kobu, B. (2000). Improving Operation Performance in A small Company: A Case Study. *International Journal of Operations and Production Management*, 20(3). ISSN 0144-3577.

28. خطاطبه، جميل محمد سليمان (1992). **التمويل اللاربوي للمؤسسات الصغيرة في الأردن**. رسالة ماجستير غير منشورة، جامعة اليرموك، كلية الشريعة والدراسات الإسلامية قسم الاقتصاد الإسلامي، اربد، الأردن. ص ص.11-15

29. صيام، وليد زكريا، وسلمان، طلال جيجان (1999). **محاسبة الشركات الصغيرة وأثرها في تنمية الريف والبادية الأردنية**. ورقة بحثية مقدمة إلى مؤتمر آفاق التنمية الاقتصادية والاجتماعيـة في الريف والبادية الأردنية، جامعـة آل البيت، المفـرق، الأردن. ص ص. 474 - 489.

30. صيام، وليد زكريا، وسلمان، طلال جيجان (1999). مرجع سابق. ص 431.

31. خطاطبه، جميل محمد سليمان (1992). مرجع سابق، ص. 11.

32. علي، عبد المنعم السيد (1999). **التمويل المصرفي للمشاريع الصناعية الصغيرة في الأردن: مع إشارة خاصة إلى محافظة المفرق**. ورقة بحثية مقدمة إلى مؤتمر آفاق التنمية الاقتصادية والاجتماعية في الريف والبادية الأردنية، جامعة آل البيت، المفرق، الأردن. ص 325.

33. Hisrich, Robert D., and Peters, Michael P. (2002). Op. Cit., p.50.

الفصل الثاني

الريـــــادة الدوليـــــة
International Entrepreneurship

الفصل الثاني

الريادة الدولية

International Entrepreneurship

الفصل الثاني
الريادة الدولية
International Entrepreneurship

1.2. مفهوم الريادة الدولية.
The Concept of International Entrepreneurship

تعرف الرياديـة الدوليـة عـلى أنهـا العمليـة التـي تتضـمن القيـام بأنشـطة الأعـمال المختلفـة خـارج الحـدود الوطنيـة أو بمعنـى آخـر، الرياديـة الدوليـة عبـارة عـن تركيبـة مـن السلوكيات المتجددة دوماً، والتي تتسم بالمخاطرة العالية التي تـتم خـارج الحـدود الوطنيـة لغايات تحقيق قيمـة مقبولـة. لـذا فهـي تشـمل أنشـطة التصـدير، والترخـيص (Licensing) وتأسيس مراكز البيع والتسويق في البلدان الأجنبية بالإضافة إلى الإعـلان والـترويج عـن المنـتج الجديد أو الخدمة عبر وسائل الإعلام المختلفة داخل تلك البلدان. وتشير الكثير من الدراسات بأن العمل الدولي ليس حكراً على منظمات الأعـمال الكبـيرة، إذ تشـكل المشرـوعات الرياديـة والأعمال الصغيرة والمتوسطة نسبة ملحوظة في مختلف المجالات ذات البعد الدولي.

ويعتقد الكثيرون بأن مستقبل التجارة الخارجيـة يعتمـد اعـتماداً كبـيراً عـلى كفـاءة المشروعات الريادية في الدخول إلى الأسواق العالمية والاستفادة منها.

1.1.2. الأهداف التي تسعى الريادة الدولية إلى تحقيقها هي:

1. السعي نحو التوسع في حجم المبيعات من خلال الاستفادة من القدرة الشرائية الدوليـة التي تفوق في كثير من الأحيان القدرة الشرائية المحلية.
2. اكتساب الموارد مثل: الأموال والقوى العاملة والتكنولوجيـا والاسـتفادة منهـا في خفـض الكلف وتحسين مؤشرات الجودة لتحقيق المزايا التنافسية.
3. تقليـل المخـاطرة إلى أقـل مـا يمكـن للوقايـة مـن تذبـذب الأسـعار وحـالات الانكـماش الاقتصادي، وكذلك لغايات الدفاع عن موقع المنظمـة في السـوق، بالإضـافة إلى الإفـادة من خصائص دورة حياة المنتج الـدولي(International Product Life Cycle) لإطالـة عمر المنتجات في سوق المنافسة.

2.1.2. الريادة المحلية مقابل الريادة الدولية[1]

International Versus Domestic Entrepreneurship

تتشابه الأعمال المحلية والدولية في اهتماماتها سواء بالبيع والشراء، فما هي الاختلافات الجوهرية بين الريادة المحلية والريادة الدولية التي تستحق العناية؟ يكمن الاختلاف في الأهمية النسبية للعوامل التي يمكن تضمينها في اتخاذ القرار، حيث تكون في الريادة الدولية أكثر تعقيداً لشمولها على بعض العوامل التي لا تكون تحت السيطرة مثل: الاقتصاد، السياسة والقانون، الثقافة، والتكنولوجيا.

2.2. العوامل التي تجعل الريادة الدولية أكثر تعقيداً من الريادة المحلية.

1.2.2. القضايا الاستراتيجية في الريادة الدولية.

هناك أربعة قضايا استراتيجية تواجه الريادي عند التفكير في العمل دولياً وهي:

أ. تحديد المسؤولية بين المركز الرئيسي (داخل بلد الفرد الريادي) وبين الفرد (أو الفروع) في البلدان الأخرى.

ب. اعتماد نمط ملائم في التخطيط والمتابعة بالإضافة إلى أنظمة الرقابة على العمليات ما بين البلدان المختلفة.

ج. اختيار الهيكل التنظيمي الملائم لممارسة العمليات بين البلدان المختلفة.

د. العمل على تحقيق درجة حقيقية من النمطية الممكنة(Degree of Standardization) لكي تتلاءم مع حاجات ومتطلبات المستهلكين ذوي الثقافات المختلفة دولياً.

وما يميز الريادية الدولية عن الريادية المحلية كون الأولى أكثر تعقيداً، وذلك بسبب اختلاف البيئات والثقافات في البلدان المختلفة بالإضافة إلى العوامل البنائية فيها مما يجعل السيطرة عليها مسألة بالغة الصعوبة.

ومن بين هذه العوامل الاقتصادية والسياسية والاجتماعية والقانونية والثقافية والتكنولوجية والجغرافية التي تختلف من بلد لآخر. وعليه فإن عملية اتخاذ القرار بالعمل في الريادية الدولية هو أكثر صعوبة وخطورة وغموضاً مقارنة مع القرار بالعمل بالريادية محلياً.

2.2.2. البيئة الاقتصادية في الريادة الدولية
Economics Environment at International Entrepreneurship

تتعامل عادة المشروعات الريادية الوطنية مع النظام الاقتصادي المحلي الواحد، حيث يتمتع هذا النظام باستخدام العملة الموحدة الوطنية بالإضافة إلى المعايير المحلية المألوفة والمتغيرات التي يسهل فهمها والتعامل معها. أما التعامل في بيئة الأعمال الدولية فالمسألة تختلف كثيراً حيث يتطلب التعامل مع أنظمة اقتصادية مختلفة وباستخدام العملات المختلفة بالإضافة إلى اختلاف التشريعات والقوانين الحكومية والأنظمة المصرفية والمالية والتسويقية المتباينة فعلى صعيد مستوى التطور الاقتصادي هناك التباين والفرق الكبيرين ما بين الدول الصناعية المتقدمة من جهة وبين الدول النامية من جهة أخرى. حيث تفتقر الكثير من البلدان النامية لوجود البنى التحتية الضرورية التي تؤهلها لجذب الاستثارات الأجنبية كما هو الحال في الدول المتقدمة، وكثيراً ما تظهر مثل هذه الفروقات والمستويات المتباينة في أنظمة النقل والمواصلات والاتصالات والتعليم والصحة وخدمات الطاقة والمياه وغيرها.

أهم القضايا الاقتصادية التي يتوجب على الفرد الريادي أن يقوم بدراسة تحليلية شاملة لها عند العمل في البلدان الأخرى:

1. النظام الاقتصادي السائد في تلك البلدان مثل: اقتصاد السوق أو الاقتصاد الموجه أو الاقتصاد المختلط.

2. حجم السوق وطاقته الاستيعابية، بالإضافة إلى معدلات النمو، ومستوى الاستقرار في الأسواق ومعدلات التضخم وميزان المدفوعات ومستويات العجز أو الفائض في الاقتصاد الكلي.

3. طبيعة العلاقة بين القطاعين العام والخاص، ودور الحكومات في تطوير العلاقة القائمة من حيث السماح للوافدين بالتنافس على الصعيد المحلي.

4. نظرة الحكومات المحلية للاستثمارات الأجنبية من حيث اعتبارها منافسة للمنظمات المحلية أو مشاركة لها في السوق المحلي.

5. وجهة نظر الحكومات في عمليات التخاصية.

6. مستوى الرقابة الحكومية من حيث تطوير التشريعات والأنظمة والقوانين التي تخدم العمل الدولي.
7. مدى توافر الأسواق المالية والاستقرار الاقتصادي.
8. مدى توافر موارد الإنتاج المختلفة بالإضافة إلى البنية التحتية.

3.2.2. البيئة التكنولوجية في الريادة الدولية

Technological Environment at International Entrepreneurship

تتباين البيئة التكنولوجية - حالها بذلك حال البيئة الاقتصادية ما بين البلدان وبخاصة الدول المتقدمة صناعياً وبين البلدان النامية، مما يتطلب الاطلاع والمعرفة المسبقة عن المستوى التكنولوجي للبلد الآخر عند إقرار الشروع بالعمل الريادي الدولي، كما يتوجب أيضا فهم دور التكنولوجيا وقدرتها على تحقيق مجموعة من الميزات التنافسية كتلك المبنية على الكلف والجودة والتوريد والمرونة والابتكار، كما ويتوجب على الفرد الريادي أن يدرك أهمية العامل التكنولوجي وإدارة التكنولوجيا ودورهما في عملية الصراع والمنافسة ما بين منظمات الأعمال الكبيرة ذاتها ودورها في تحقيق المرونة والتغيير والتجديد.

العوامل التكنولوجية المؤثرة على العمل الريادي دولياً.

1. نقل التكنولوجيا من البلد الأم إلى البلد الآخر لتحقيق الميزة التنافسية والنجاح.
2. نقل عملية البحث والتطوير إلى البلد الأجنبي لكي تكون قريبة من السوق والمستهلك خارج الحدود.
3. التطورات الجديدة المتسارعة في البيئة التكنولوجية بحيث أصبحت البيئة التكنولوجية عالمية وانتقال مواقع الإنتاج من البلدان الصناعية المتقدمة إلى البلدان النامية وتأسيس الشركات متعددة الجنسيات.

وقد تنتج عن مثل هذه التطورات الأبعاد التالية:

أ. تقليل الزمن الكلي لتصميم وتطوير المنتج وإطلاقه إلى السوق (الأسواق) مما قصر فترة دورة حياة المنتج.

ب. اختصار الزمن اللازم لتحقيق العوائد على الاستثمار.

ج. التكامل التكنولوجي الموجه نحو تطوير المنتجات الجديدة أو تسويق المنتجات القائمة في السوق.

4.2.2. البيئة القانونية والسياسية في الريادة الدولية.
Political - Legal Environment at International Entrepreneurship

قد تتسبب اختلاف البيئة القانونية والسياسية بين الدول للريادي بالعديد من المشاكل.
فما هو المدى المسموح به للريادي في العمل؟
هل تتعامل الدولة مع الريادي الدولي كما تتعامل مع الريادي الوطني من الداخل؟
هل ترتبط الدولة باتفاقيات مع الدول الأخرى؟
هل الدولة موقعة على اتفاقيات التجارة الدولية؟
هل تشترك الدولة في تكتلات اقتصادية معينة؟

تختلف أشكال الملكية والتنظيم اختلافا كبيراً بين دول العالم، إذ نجد أكثر من (150) نظاماً من النظم والقوانين الوطنية.

5.2.2. البيئة الثقافية في الريادة الدولية
Cultural Environment at International Entrepreneurship

إن فهم الثقافة المحلية مكون أساسي في نجاح الريادي لدخول العمل الدولي وهو أساس في تطوير الاستراتيجيات المناسبة للدخول إلى الريادة الدولية. لذلك لا بد من دراسة هذه الأمور مثل:

1. التعرف على طريقة البيع والشراء في تلك الدولة.

2. الميل إلى المركزية أو اللامركزية في العمل.

3. السلوك الأخلاقي ومدى انتشار الرشوة والفساد في تلك الدولة.

4. القيم والثقافة والمعتقدات السائدة في تلك الدولة.

3.2. الأنماط المختلفة للدخول إلى العمل الريادي على المستوى الدولي.[2]
Entrepreneurial Entry into International Business

1.3.2. التصدير Exporting: هي العملية التي تتعلق بالأنشطة التجارية مثل: تسويق وتوزيع السلع والخدمات إلى البلدان الأجنبية. ويمكن أن يكون التصدير:

- تصدير غير مباشر Indirect Exporting حيث يجد الريادي مشتري أجنبي في بلده يأخذ سلعته إلى بلده أو يصدرها إلى بلد آخر.

- تصدير مباشر Direct Exporting ويكون ذلك من خلال بيع وتسويق مباشر إلى الأقطار الأخرى عن طريق الصفقات التجارية الخارجية.

2.3.2. الاستثمار الأجنبي المباشر Direct Foreign Investment هو استخدام الريادي الاستثمار المباشر للأموال المادية مثل: المعدات والمصانع في أسواق البلد الأجنبي، ويعتمد ذلك على الخبرات الأجنبية، وطبيعة الصناعة، وقوانين الحكومات المضيفة. ويكون ذلك من خلال:

- المشاريع المشتركة: (Joint Venture) وهي أحد أنماط التعاون أو الاندماج بين طرفين أو اكثر من أجل كسب الفائدة المتبادلة. خاصة عندما يرغب الريادي في الحصول على معرفة محلية معينة، أو عندما يرغب الريادي بدخول سريع إلى الأسواق الأجنبية.

- الملكية المحدودة (Minority Interests) وتتمثل في ملكية نسبة تقل عن (50%) من حصص الملكية في المشروع التجاري.

- الحصول على حصص الأغلبية (Majority Interest): وتتمثل في حصول الريادي على ملكية أكبر من (50%) من أسهم الشركة في الدولة الأجنبية، وهذه النسبة تسمح للريادي بالسيطرة الإدارية على الشركة.

- الملكية الكاملة (100% Percent Ownership): وتتمثل في السيطرة الكاملة على أسهم الشركة، وقد تشمل هذه الشراء (Acquisitions) أو الاندماج (Mergers).

3.3.2. ترتيبات مع عدم ملكية Non Equity Arrangement: وهي عمل الريادي من خلال ترتيبات معينة لا تتضمن استثمارات مالية.

وتتمثل الترتيبات مع عدم ملكية في الأنواع التالية:

- الترخيص (Licensing): يعرف الترخيص على أنه نمط من أنماط الدخول إلى السوق الأجنبي من خلال اتفاقية مع الطرف الثاني الموجود في البلد الأجنبي بحيث

يحق بموجبها للطرف الأول استخدام أشياء مختلفة في الشركة مثل: عمليات الإنتاج والعلامة المسجلة وبراءة الاختراع وغيرها مقابل رسوم معينة.

- مشروع تسليم مفتاح (Turn - Key Project): وتتمثل في تطوير وإنشاء بعض النشاطات في البلد الأجنبي مثل: الأشراف على بناء مصانع في البلد الأجنبي، أو تقديم بعض التسهيلات، وتدريب المديرين والعاملين.

- العقود الإدارية (Management Contracts): وتتمثل بالقيام بمهام خاصة إدارية في الأسواق الأجنبية. وأحيانا يتبع هذا النوع من العمل تسليم المفتاح، وهذا يؤدي إلى حصول الريادي على الأرباح دون استثمارات كبيرة.

معوقات الريادية الدولية.

Barriers to International Entrepreneurship

يوجد الكثير من المعوقات التي تعترض طريق العمل الريادي الدولي وذلك للأسباب التي سبق الحديث عنها، إلا أن أهم هذه المعوقات هو الدور السلبي (من وجهة نظر الفرد الريادي الدولي) الذي تمارسه الحكومات في بلدانها نحو تحقيق استراتيجياتها الوطنية في مكافحة البطالة وحماية الصناعات الوليدة وكذلك تحسين وتنظيم العمليات التجارية وحماية الهوية الوطنية بالإضافة إلى المحافظة على تطوير العلاقات الخارجية مع البلدان الحليفة الأخرى.

وتستخدم الحكومات العديد من الأدوات لتحقيق الاستراتيجيات والسياسات الوطنية الواردة أعلاه من أهمها:

- فرض الضرائب والتعريفة الجمركية.
- ربط الإعانات والقروض ببعض الشروط.
- تحديد السياسات السعرية المعنية.
- اعتماد أسلوب الحصص التجارية أو ما يعرف بنظام الكوتا.
- المطالبة بالالتزام بالمعايير المعنية داخل البلد.
- الحصول على التراخيص، وغيرها.

ويشير التقرير السنوي الذي يصدر عادة عن هيئة رقابة الريادية الدولية (Entrepreneurship Monitoring Committee) إلى مجموعة من التساؤلات التي تخص العمل الريادي الدولي في مجموعة كبيرة من دول العالم حيث شمل التقرير لعام 2002 على (37) دولة من دول العالم المختلفة بالإضافة إلى شموله على أحدث الإحصائيات والتوجهات الريادية في قطاعات الأعمال المختلفة.

5.2. أهم المؤشرات التي عرضها تقرير هيئة رقابة الريادة الدولية هي:

1.5.2. بلغت الأنشطة الريادية في عام 2002 حوالي (286) مليون ريادي، أو ما نسبته (12%) من بين (4.2) بليون شخص تتراوح أعمارهم ما بين (18-64) عاماً في البلدان التي شملها التقرير.

2.5.2. تتباين الأنشطة الريادية بين البلدان التي شملها التقرير، فبينما هي بمعدل (3%) في دول مثل اليابان وروسيا وبلجيكيا، تجدها حوالي (18%) في دول أخرى مثل الهند وتايلاند.

3.5.2. يتغير حجم وكثافة الأنشطة الريادية من وقت لآخر وخاصة ما بين الأعوام 1999-2002 في معظم البلدان.

4.5.2. تتباين الأسباب وراء القيام بالأنشطة الريادية بين البلدان كل بحسب ظروفها المحلية والدولية مثل جاذبية الفرص في العمل الريادي وبخاصة في البلدان المتقدمة، وقلة هذه الفرص في مجالات العمل الأخرى، وبمعنى آخر تعتبر الخيار الوحيد في البلدان النامية.

5.5.2. أظهر التقرير بأن نسبة الرجال الرياديين هي الضعف مقارنة مع نسبة النساء الرياديات.

6.5.2. تشير البيانات بأن العمل الريادي يتضمن مختلف القطاعات الاقتصادية دونما استثناء، وأن نسبة (7%) فقط تعتقد بأن العمل الريادي الذي يقومون به هو عمل جديد وغير مكرر.

7.5.2. تؤكد النتائج بأن العمل الريادي له الأثر الكبير على النمو الاقتصادي في البلدان التي شملها التقرير.

8.5.2. فيما يخص المناخ الريادي، فقد أكد التقرير على أن القوى الحكومية والثقافية والاجتماعية، بالإضافة إلى عوامل التعليم والتدريب والتي تعتبر بمثابة نقاط القوة أو الضعف على صعيد العمل الريادي.

6.2. أسئلة للمراجعة/ الفصل الثاني.

أجب عن الأسئلة التالية:

• 1 ما هي الأهداف الرئيسة التي تسعى الريادة الدولية إلى تحقيقها؟

• 2 ما هي أوجه الشبة والاختلاف بين الريادة المحلية والريادة الدولية؟

• 3 ما هي الأنماط المختلفة للدخول إلى العمل الريادي على المستوى الدولي؟

• 4 ما هي أهم معوقات الريادة الدولية؟

• 5 ما هي أهم المؤشرات التي عرضها تقرير هيئة رقابة الريادة الدولية؟

7.2. مراجع الفصل الثاني.

1. Danileis, John D., and Radeebaugh, lee H. (2001). ***International Business: Environment and Operations*** (11th ed.). Upper Saddle River, New Jersey: Prentice – Hall. Inc. p.4.

2. Hisrich, Robert D., and Peters, Michael P. (2002). ***Entrepreneursship*** (5th ed.). Irwin: McGraw- Hill Companies, Inc. p. 91.

3. Hisrich, Robert D., and Peters, Michael P. (2002). Op.Cit. p. 94.

4. Hisrich, Robert D., and Peters, Michael P. (2002). Op. Cit. p. 97.

الفصل الثالث

نظرة عامة إلى الأعمال الصغيرة
Overview of Small Business

الفصل الثالث
نظرة عامة إلى الأعمال الصغيرة
Overview of Small Business

الفصل الثالث
نظرة عامة إلى الأعمال الصغيرة
Overview of Small Business

تلعب المنظمات الصغيرة دوراً مهماً في الاقتصاد الوطني والعالمي إذ تشكل رافداً مهماً من روافد الاقتصاد الوطني، كما إنها تشكل تكاملاً واضحاً مع الشركات العالمية العابرة للقارات من خلال تكامل الوظائف معها[1].

ورغم التوجه العالمي الحالي نحو التكتلات الكبرى إلا أن الاهتمام بالأعمال الصغيرة ما زال قائماً في الدول أو الشركات العابرة نفسها، رغم تباين الدول في الاتفاق على حجم المنظمات الصغيرة على مستوى العالم.

1.3. مفهوم منظمة الأعمال Business Organizations Concept

تعرف منظمة الأعمال بشكل عام بأنها "وحدة اقتصادية تضم أكثر من شخص، وتستخدم موارد (عناصر إنتاج) لتحويلها إلى مخرجات نتيجة القيام بأنشطة وتفاعلات، بهدف إشباع حاجات ورغبات الناس عن طريق إنتاج وتوزيع تلك المخرجات، والتي قد تكون سلعة أو خدمة، وتحصل مقابل ذلك على ربح يؤمن استمرارية بقائها وتطورها".

كما تعرف النظرية الاقتصادية الحديثة المؤسسة الاقتصادية الصغيرة، بأنها الوحدة الأولية التي تنظم في داخلها مصادر الإنتاج لتحقيق الثروة[2]، فهي تتحكم في عوامل الإنتاج المختلفة داخلها عن طريق إدارة موحدة تتمثل في شخص المنظم.

2.3. مفهوم الأعمال الصغيرة Small Businesses Concept

لقد بذلت جهوداً كبيرة لتعريف الأعمال الصغيرة، واستخدمت معايير عديدة مثل (عدد العاملين، حجم المبيعات، ومبلغ الأصول)؛ لتحديد التعريف، ولكن لا يوجد معيار موحد ومقبول متفق عليه. وحتى عند استخدام حجم المنظمة، والذي يؤخذ غالباً لتحديد الأعمال الصغيرة، فإنه يمثل قاعدة تخدم غرضاً معيناً، حيث نلاحظ أن المشرع الأمريكي يستثني بعض المشروعات التي يقل عدد عمالها عن خمسة عشر عاملاً من بعض الالتزامات، والأعباء، والواجبات المالية في المشروعات الصغيرة جداً.

كما يلاحظ جلياً تطبيق مثل هـذه الاستثناءات في الأردن. فمثلاً استثنى المشرـع الأردني الأعمال الصغيرة التي يقل عـدد عمالها عـن (خمسـة عـمال) مـن إلزامية الانضمام للضمان الاجتماعي تجنباً لها من التزامات مالية قد تلحق بها، رغم أنه أعطاها حق الانضمام الاختياري.

وتعتبر المنظمات الصغيرة في الأردن حسب معيار دائرة الإحصاءات العامة "تلك المنظمات التي يعمل بها أقل من خمسة عمال".

أما المشروع المقترح لتصنيف المنظمات حالياً فيعتبر المنظمات الصغيرة تلك المنظمات التي يعمل بها من (5-19) عاملاً.

وأخيراً لا بد أن نؤكد على تغير محتوى مفهوم الأعمال الصغيرة حالياً نتيجة لتغير ظروف البيئة التي نعيشها، وقد أدى ذلك أن تواجه الأعمال الصغيرة مجموعة من التحديات الحقيقية أهمها(3):

1. نمو المخازن، والمحلات العامة.
2. التوسع في المعلومات التكنولوجية والإنترنت.
3. الوكالات المختلفة للاقتصاد العالمي.

ولذلك لا بد من أخذ هذه التحديات، والتطورات بعـين الاعتبار إذا أرادت الأعمال الصغيرة البقاء في موقع تنافسي فعال، وتتخطى منافسة المنظمات الكبيرة العملاقة.

3.3. مفاهيم مختلفة في الأعمال الصغيرة.

Different Concepts of Small Business

تجدر الإشارة إلى أن هناك مسميات عديدة أخذت تظهر في الأطر التنظيمية في عالم المنظمات الصغيرة، ونجد ضرورة التعرف على هذه المفاهيم والتي من بينها الأعمال الصغرى، والأعمال العائلية، و الأعمال المنزلية، وسوف نتناولها بشيء مـن الإيجاز مـن منطلق إزالـة اللبس الذي قد يقع فيه القارئ، لاسيما أن تحديد مثل هـذه المفاهيم وخصائصها المختلفة سيساعدنا في التحديد الأدق لمفهوم المنظمات الصغيرة.

1.3.3. الأعمال الصغرى Micro Business

تعرف الأعمال الصغرى بأنها المشروعات، أو الأعمال التي يعمل بها أقل من عشرة أشخاص في موقع محلي واحد[4]، أو أقل من (15) عاملاً [5]، أو أقل من خمسة أشخاص[6] ومن المعايير العالمية التي اعتمدها مجلس الاتحاد الأوروبي (European Commission) للمشروعات الصغرى بأنها تلك الأعمال التي يعمل بها أقل من عشرة عمال وفي موقع محلي.

أن المنظمات التي يعمل بها أقل من خمسة عمال هي منظمات صغرى، أي منظمات صغيرة جداً، أي أصغر من المنظمات الصغيرة من حيث عدد العاملين فيها[7].

وفي الأردن نستطيع اعتبار المؤسسات الحرفية منظمات صغرى، وهي كل نشاط إنتاجي لا يقل فيه حجم الاستثمار عن ألف دينار أردني، ولا يزيد عدد عماله عن خمسة عمال، وتمتاز باعتمادها في الغالب على الموارد المحلية، وتستخدم مهارات محدودة، ومعدات تقليدية ذات كفاءة منخفضة نسبياً. ويمكن إقامة هذه المؤسسات في مناطق تنموية مختلفة، وتقوم بتسويق منتجاتها في المناطق المحلية القريبة[8].

2.3.3. الأعمال العائلية Family Business

هي الأعمال التي تكون العائلة فيها متضمنة مباشرة في الملكية /أو الوظائف حيث يملكها عضوان أو أكثر من العائلة نفسها مشتركين في الحياة والوظائف، ويمكن أن تظهر الأعمال العائلية على عدة أشكال حيث يتضمن الأفراد مباشرة أو غير مباشرة في العمل، فقد يعمل أحيانا بعض أفراد العائلة بالعمل الإضافي ضمن العمل العائلي. ومن هنا فإن الأعمال العائلية تختلف عن بقية الأعمال المنزلية في طريقة اتخاذ القرار حيث تتضمن خليطاً من قيم العائلة والأعمال.

إن ملكية العائلة للأعمال تجعلها تملك التزاماً أقوى نحو الأعمال، وبنسبة عالية من الأخلاق في العمل (High Ethical Standers) ، والتزاماً شخصياً لخدمة الزبائن، والمجتمع المحلي، حيث تملك هذه الأعمال ثقافة خاصة بها تتكون من مزيج من ثقافة العمل والعائلة[9].

3.3.3. الأعمال المنزلية Home-Based Business

تعرف الأعمال المنزلية بأنها الأعمال التي تتقيد بالتسهيلات الأساسية من الأعمال في محل إقامة المالك حيث يكون العمل في نفس مكان إقامة المالك، وتمتلك الأعمال المنزلية جاذبية كبيرة تكمن في علاقات التمويل، و نمط الحياة العائلية.

وتنتشر هذه الأعمال في أمريكا إذ يفضل بعض الرياديين الابتداء بأعمالهم في المنزل. ويشترط في الأعمال المنزلية التقيد بالتسهيلات الأساسية من الأعمال في محل إقامة المالك.

4.3. المعايير المستخدمة في تصنيف المنظمات الصغيرة.

Small Business Classification Criteria

بالإمكان تقسيم المعايير التي يتم على أساسها تصنيف المنظمات الصغيرة إلى نوعين هما المعايير النوعية والمعايير الكمية، والآتي توضيح لذلك:

1.4.3. المعايير الكمية: Quantitative Criteria

تشتمل هذه المعايير عادة على (عدد العاملين، وراس المال، وقيمة الأصول، وصافي القيمة المضافة، وقيمة الإنتاج، وقيمة المبيعات، ومعدل استخدام الطاقة)، ولكن معيار عدد العاملين في المنظمة هو الأكثر انتشاراً واستخداماً على المستوى العالمي، وذلك لسهولته في التعامل، وثباته لفترة من الزمن، ولكننا نلاحظ عدم اتفاق الدول على حجم المنظمات الصغيرة حيث التفاوت الواضح بين دولة وأخرى في المعايير المستخدمة لتحديد كون العمل صغيراً أم لا. والتساؤل المطروح: هل من الأفضل أن تكون المعايير موحدة عالميا؟ وبعبارة أخرى لماذا هذا التفاوت الحاصل في المعايير الدولية للمنظمات الصغيرة.

إن اختلاف هذه المعايير في الدول المختلفة له ما يبرره حيث يرتبط ذلك بدرجة التقدم الاقتصادي للدولة، ومستوى معيشة أفرادها، ومدى التقدم في الاستخدام التكنولوجي الصناعي في تلك الدول.

ويمكننا أن نلاحظ التباين في الدول المختلفة من خلال الجدول التالي:

الجدول (3/ 1)

تباين أحجام المنظمات الصغيرة في دول مختلفة

الدولة	المنظمات الصغيرة
الولايات المتحدة الأمريكية	5-200 عامل.
بريطانيا.	5-100 عامل.
إيطاليا.	1-10 عمال.
الوكالة الأوروبية.	10-99 عاملاً.
أمريكا اللاتينية والشرق الأوسط.	5-49 عاملاً.
اليابان.	أقل من 300 عامل.
الهند.	أقل من 100 عامل إذا كانت غير مجهزة بالآلات الكهربائية. أقل من 500 عامل إذا كانت مجهزة بالآلات الكهربائية.
ماليزيا.	أقل من 50 عاملاً.
سنغافورة.	أقل من 100 عامل.

المصدر: النجار، فايز جمعه (2001). **التخطيط الاستراتيجي في المنظمات الصناعية الصغيرة - دراسة ميدانية في محافظة اربد**. رسالة ماجستير غير منشورة، جامعة اليرموك، كلية الاقتصاد والعلوم الإدارية، قسم إدارة الأعمال، الأردن، اربد. ص. 55.

2.4.3. المعايير النوعية: Qualitative Criteria

لقد تعددت المعايير النوعية التي تحكم كون العمل صغيراً أم لا، ومن أكثر المعايير شيوعاً[(10،11،12،13)].

1. التمويل اللازم للمشروع ويقوم به شخص، أو مجموعة صغيرة من الشركاء حيث إن المديرين في الأعمال الصغيرة غالباً مستقلين، وعادة ما يكون المدير هو المالك وقد يكون العمال من عائلة واحدة.
2. تكون العمليات في منطقة جغرافية محددة، عدا العمليات التسويقية.

3. حجم المؤسسة صغير نسبياً في الصناعة التي تنتمي إليها مقارنة مع المؤسسات الأُخرى في المجال الصناعي نفسه، فالمفهوم هنا نسبي، فقد تبدو مؤسسة صناعية ما كبيرة بالنسبة إلى منافسيها، ولكنها تكون صغيرة من حيث الاستخدام، والموجودات، والمبيعات بالنسبة إلى مؤسسة في صناعة من نوع آخر، وقد تكون المنظمة صغيرة من حيث العمالة التي فيها، وكبيرة في موجوداتها ومبيعاتها.
4. درجة منخفضة من الميكنة، وتقسيم العمل.
5. استمرارية العمل في الوحدات طيلة أيام السنة فلا يكون العمل موسمياً متقطعاً.
6. يعتمد العمل في نمّوه على المصادر الداخلية لتمويل رأس المال وعدم وقوعها تحت سيطرة عمل مشابه.

هذا وتتفق هذه الصفات في مجملها مع الصفات والمعايير التي وضعتها لجنة التطوير الإقتصادي (CED) Committee on Economic Development في الولايات المتحدة الأمريكية.

ويعتبر العمل الصغير مشروعاً صناعياً إذا كانت أعمال المشروع الرئيسة هي استلام المواد بحالة معينة وتصنيعها وتوزيعها بشكلها المتغير الجديد.

وغالباً ما تستخدم المعايير النوعية مقرونة بالمعايير الكمية حيث تلجأ بعض الدول إلى وضع معايير مشتركة (كمية، ونوعية) لتحديد كون العمل صغيراً أم لا.

5.3. المعايير المستخدمة في تصنيف المنظمات الصغيرة الأردنية.

Small Business Classification Criteria Used in Jordan

لا يوجد تعريف واضح ومحدد مجمع عليه لتحديد ماهية المنظمات الصغيرة في الأردن، ورغم الاعتماد على عدد العاملين كمعيار لتحديد الأنواع المختلفة للمنظمات، إلا أننا نلاحظ تبايناً واضحاً في تلك المعايير على مستوى المؤسسات الرسمية المختلفة في الأردن كما يبين الجدول (3/ 2):

الجدول (3/ 2)

تباين معاييرالمنظمات الصغيرة في المنظمات الرسمية المختلفة في الأردن

المنظمة	منظمات صغيرة
دائرة الإحصاءات العامة	أقل من خمسة.
مؤسسة الضمان الاجتماعي.	أقل من خمسة.
غرف الصناعة.	أقل من عشرة.
الأمم المتحدة للتنمية الصناعية.	أقل من عشرة.
وزارة الصناعة والتجارة.	(5 – 9).
الجمعية العلمية الملكية.	(1 – 19).
جائزة الملك عبد الله الثاني للتميّز.	- أقل من 30 عامل منظمة صغيرة ومتوسطة صناعية. - أقل من 100 عامل منظمة صغيرة ومتوسطة خدمية.
المشروع المقترح	(5 - 19) عاملاً.

المصدر: النجار، فايز جمعه (2001). **التخطيط الاستراتيجي في المنظمات الصناعية الصغيرة - دراسة ميدانية في محافظة اربد.** رسالة ماجستير غير منشورة، جامعة اليرموك، كلية الاقتصاد والعلوم الإدارية، قسم إدارة الأعمال، الأردن، اربد. ص. 64.

فمن الجدول رقم (3/ 2) نلاحظ التباين الواضح وبشكل جلي في مفهوم المنظمات الصغيرة حيث نجد أن دائرة الإحصاءات العامة في المسوحات الصناعية، ومسوح الاستخدام المختلفة اعتمدت على معيار عدد العمال في تصنيف المنظمات حيث اعتبرت المنظمات التي يعمل بها أقل من خمسة عمال منظمات أعمال صغيرة[14] أما مؤسسة الضمان الاجتماعي فلا يوجد فيها تحديد واضح لتصنيف المنظمات، ولكنها أعفت المنظمات التي يعمل بها أقل من خمسة عمال من الاشتراك الإلزامي في الضمان الاجتماعي، وذلك تخفيفاً عليها من الأعباء الملقاة عليها، ونستطيع أن نعتبر ذلك مؤشراً على أن هذه المنظمات هي منظمات صغيرة من وجهه نظرها[15].

ولكن يسعى الضمان الاجتماعي في الاردن إلى توسعة مظلة الضمان الاجتماعي لتشمل الاردنيين جميعاً، ومن هنا فقد سمح الضمان الاجتماعي بالانضمام الاختياري

للأفراد بشكل اختياري بشرط أن لا يقل عمر الشخص عن (16) عاماً، ولا يزيد عن (60) عاماً للذكور و(55) عاماً للاناث، كما عمد من أجل تسهيل ذلك إلى فتح مكاتب له في عدة دول.

أما غرف الصناعة المختلفة فقد اعتبرت المنظمات الصناعية الصغيرة هي المنظمات التي يعمل بها أقل من عشرة عمال[16]. بينما حصرت وزارة الصناعة والتجارة الأعمال الصغيرة في المؤسسات التي يعمل بها من (5 - 9) عمال[17]

أما الجمعية العلمية الملكية وفي دراستها عن المشاريع الاستثمارية في الأردن عام 1989 فقد اعتبرت المنظمات التي يعمل بها من (1 - 19) عاملاً منظمات أعمال صغيرة، وفي دراسة أجرتها منظمة الأمم المتحدة للتنمية الصناعية على ستة أقطار عربية في الشرق الأوسط عام 1970 اعتمدت أقل من عشرة عمال لتعريف المنظمات الصغيرة[18].

وأخيراً اعتمدت جائزة **الملك عبد الله الثاني** للتميز، وهي أرفع جائزة للتميّز على مستوى الأردن المنظمات التي يعمل بها أقل من (30) عاملاً منظمات صغيرة ومتوسطة صناعية، وأقل من (100) عامل منظمات صغيرة ومتوسطة خدمية[19].

إن كل ما سبق يؤكد أنه لا يوجد تعريف واضح ومحدد لتحديد ماهية المنظمات الصغيرة على مستوى المؤسسات الرسمية الأردنية. حيث اتخذت كل مؤسسة رسمية معياراً خاصا بها.

إن عدم اتفاق المؤسسات الرسمية، على معيار موحد للمنظمات الصغيرة ينعكس سلباً على توجيه خطط التنمية الاقتصادية، كما يجعل من الصعب أيضاً ملاحظة التطورات الحاصلة في هذا القطاع بشكل علمي، ويخلق الصعوبات عند التعامل مع المؤسسات العالمية التي تهتم بأمور المنظمات الصغيرة والتنمية في الدول النامية. ولذلك لا بد لمؤسسات الدولة المختلفة من أن تعمل على توحيد هذه المعايير حتى نصل إلى الغاية المرجوة.

وأخيراً تم تقديم مشروع مقترح لتصنيف المنظمات في الأردن يعتمد على تصنيف الجمعية العلمية الملكية، ويبين الجدول (3/ 3) تصنيف المنظمات المقترح والمعتمد على عدد العمال.

الجدول (3/ 3)

تصنيف المنظمات حسب عدد العمال.

تصنيف المنظمات	عدد العمال
المنظمات الصغرى.	(1-4) عمال.
المنظمات الصغيرة.	(5-19) عاملاً.
المنظمات المتوسطة.	(20-99) عاملاً.
المنظمات الكبيرة.	100 عامل فأكثر.

المصدر: النجار، فايز جمعه (2004). **نظم المعلومات الإدارية وأثرها على استراتيجية المنشأة في الشركات الصناعية الأردنية.** أطروحة دكتوراه غير منشورة، جامعة عمان العربية للدراسات العليا، كلية العلوم الإدارية والمالية، قسم الإدارة، الأردن، عمان. ص. 11.

6.3. خصائص منظمات الأعمال الصغيرة
Characteristics of Small Business Organizations

تتسم المنظمات الصغيرة بالعديد من الخصائص التي تميزها عن غيرها من المنظمات بشكل عام. وبعض هذه الخصائص تفرضها طبيعة المنظمة الصغيرة، وبعضها الآخر جاء نتيجة التطور الطبيعي للمجتمعات. ومن أهم تلك الخصائص ما يلي:

1.6.3. المركزية Centralization

تتسم المنظمات الصغيرة بالمركزية في مباشرة أعمالها، حيث يقوم مالك المشروع بنفسه، أو بمعاونة عدد محدود من المساعدين بتأدية النشاطات المختلفة في المنظمة حيث تستخدم تلك المنظمات في الغالب الهيكل البسيط[20]. وكما نلاحظ استقلالية الإدارة في اتخاذ قراراتها إلا أنه وفي معظم الأحوال فإن المالكين هم الذين يقومون بإدارة المشروع[21]. كما نجد أن اتخاذ القرارات في المنظمات الصناعية تميل إلى المركزية

العالية في عمليات التخطيط بشكل عام، والتخطيط الاستراتيجي بشكل خاص، وتتركز في أيدي الإدارة العليا.

ومن العوامل المفسرة لاتباع المنظمات الصغيرة للمركزية عند ممارستها لأنشطتها هو سريان الجمع بين الإدارة والملكية.

2.6.3. اللارسمية In formalization

يغلب الطابع غير الرسمي على أنشطة الأعمال الصغيرة المختلفة، بسبب قلة عدد العمال، وصغر حجم هذه المنظمات، وسيادة التقارب المكاني، وزيادة عملية التفاعل. ومما يساعد على انتشار اللارسمية اتباع المنظمات الصغيرة الهيكل البسيط في التنظيم، كما أن الإدارة والعمال في تلك المنظمات يعرفون بعضهم بعضاً، وقد يكونون أقرباء. وتشير الإحصاءات أن (69%) من المؤسسات الصغيرة يعمل بها أقرباء لأصحاب تلك المؤسسات[22] كما أن درجة ممارسة الإدارة الاستراتيجية في المنظمات الصغيرة ضعيفة، وتعتمد على الأسلوب غير الرسمي، وربما على خبرة الإدارة ومعلوماتها فقط[23].

تؤدي اللارسمية السائدة في المنظمات الصغيرة إلى التعاون بين الإدارة والعمال خلال ممارسة الأنشطة المختلفة. حيث تسود بينهم الصداقات الحميمة وروح العائلة وقيمها المختلفة. ويعتبر هذا العامل من المعايير المهمة في الصين حيث تسود العلاقات الإنسانية مدعومة بالعائلة[24].

3.6.3. المحلية Locality

تكون أغلب العمليات في المنظمات الصغيرة في منطقة جغرافية واحدة، عدا العمليات التسويقية[25]، لذا يعتبر الموقع خاصية من خصائص المنظمات الصغيرة، إذ نجد أن المنظمات الصغيرة يكون مركز عملياتها في موقع محلي.

هذا وتستطيع المنظمات الصغيرة الانتشار جغرافيا في الأقاليم والمحافظات والقرى المختلفة داخل البلد الواحد. مما يساعد على استغلال الموارد، والإمكانيات المحلية المتاحة، حيث أنها لا تحتاج في الغالب إلى توافر شروط صارمة من حيث الموقع، وقربها من التجمعات السكانية وخاصة الريفية منها[26]، وهذا يعطي لها المرونة من حيث إقامتها، وتوزيعها على معظم المناطق بعكس المنظمات الكبيرة التي تحتاج إلى بنية

أساسـية كبيرة، إن صغر حجم المشـروع يـؤدي في الغالـب أن يكـون مركـز إدارة المشروع في مركز المدينة، كما يقوم بالتسويق في مراكز التسويق القريبة، لان حجم الخدمات والبضائع التي تقدمها صغير قياساً إلى الاحتياج المحلي العام.

4.6.3. منظمات تعتمد على التخصص الناجح
Organizations Based on Successful Specialization

تعتمد المنظمات الصغيرة على التخصص الناجح في العمل الذي تقوم به مثل المنتجين المتخصصين في إنتاج القهوة، كما تعتمد على التخصص في المستهلك حيث عادة ما تبحث لها عن سوق مستهدف (Market Niche) معين تستطيع أن تتميز في خدمته مثل المنظمات التي تخصصت في إنتاج أدوات التجميل للسود في أمريكا مما يعطيها ميزة تنافسية.

5.6.3. منظمات تابعة Satellite Organizations

لقد انتشرت هذه الخاصية حديثاً بين المنظمات الصغيرة، خاصة بعد سيادة العولمة، والمنظمات عابرة القارات، حيث تتميز المنظمات الصغيرة بمساندتها للمنظمات الكبيرة، وبقدرتها على التكيف مع الأوضاع، والظروف الطارئة لذلك ارتبطت المنظمات الصغيرة مع المنظمات العالمية كوكلاء مبيعات في منطقتها، وموزعين مقابل عمولة أو نسبة تعتمـد علـى نوع الزبون [27].

6.6.3. استخدام وسائل إنتاج أصغر حجماً وأقل كلفة.
Use Low Size and less Cost Production Means

لا تستخدم المنظمات الصغيرة عموماً تقنية معقدة لأن التطوير والتوسع، والتجديـد سيحتاج إلى أموال وخبرات للقيام بأنشطة البحوث والتطوير، وهذه الأمـوال قـد لا تتـوافر في المنظمات الصغيرة. ولكن بالمقابل فإن انخفاض حجم الإنتاج في المنظمات الصغيرة قد يقلـل من تكاليف التخزين، والاحتفاظ بالإنتاج لفترة طويلة، ولكن كل ذلك قد يخلق مشكلة عـدم الاستفادة من وفورات الإنتاج بالحجم الكبير للمنظمات الصغيرة.

7.6.3. أشكال الملكية Ownership Forms

إن غالبية ملكية المنظمات الصغيرة هي الملكية الفردية. وتتصف غالباً بضعف التمويل. حيث أن تمويل الأعمال يعتمد على شخص، أو عدة أشخاص، وفي الحالات النادرة يكون المالكون (15) شخصاً فأكثر. إن سريان الملكية الفردية أو العائلية على المنظمات الصغيرة يجعل بالإمكان للشخص الواحد من امتلاك مشروع صغير يتناسب وقدراته التنظيمية والإدارية[28].

7.3. تطور المنظمات الصغيرة في الأردن.

The Development of Small Business Organizations in Jordan

تنتشر المنظمات الصغيرة في محافظات المملكة المختلفة، كما تتوزع على القطاعات الاقتصادية المتنوعة، وإن كانت تتركز في بعض القطاعات أكثر من غيرها، ويبين الجدول رقم (4 /3) توزيع المنظمات بشكل عام حسب النشاط الاقتصادي وفئة حجم العمالة على مستوى الأردن حيث يتبين بأن المنظمات الصغيرة عموماً تشكل حيزاً كبيراً من النشاط الاقتصادي الأردني.

الجدول (4/3)

جدول أعداد العاملين في القطاعين العام والخاص حسب النشاط الاقتصادي

وفئة حجم العمالة 2002

النشاط الاقتصادي	أعداد العاملين والمنشآت	المجموع	فئة حجم العمالة				
			4-1	19-5	49-20	99-50	100 فأكثر
التعدين واستغلال المحاجر.	العاملين	6.895	99	459	55	84	6.198
	المنشات	101	36	57	2	1	5
الصناعات التحويلية.	العاملين	115.846	32.047	21.819	9.893	9.274	42.813
	المنشات	17.728	14.2	2.945	306	134	143
إمدادات الكهرباء والغاز والمياه.	العاملين	14.577	0	0	0	0	14.577
	المنشات	6	0	0	0	0	6
الإنشاءات.	العاملين	25.908	1.533	5.102	5.414	3.920	9.939
	المنشات	1.483	670	530	177	59	47

النشاط الاقتصادي	أعداد العاملين والمنشات	المجموع	فئة حجم العمالة				
			4-1	19-5	49-20	99-50	100 فأكثر
تجارة الجملة والتجزئة وإصلاح المركبات ذات المحركات والدراجات النارية والسلع الشخصية والمنزلية.	العاملين	150.922	112.636	23.268	5.287	4.386	5.345
	المنشات	70.535	66.995	3.273	189	60	18
الفنادق والمطاعم.	العاملين	22.873	9.741	5.759	1.679	1.003	4.690
	المنشات	5.247	4.436	726	51	14	19
النقل والتخزين والاتصالات .	العاملين	31.095	2.016	5.045	4.691	1.948	17.396
	المنشات	1.993	1.112	700	131	30	20
الوساطة المالية.	العاملين	17.792	258	489	676	1.320	15.050
	المنشات	214	86	58	20	19	31
الأنشطة العقارية والايجارية، وأنشطة المشاريع التجارية.	العاملين	30.189	12.555	5.373	4.924	773	6.564
	المنشات	7.742	6.828	693	191	11	18
الإدارة العامة والضمان الاجتماعي الإجباري	العاملين	81.736	0	53	1.029	2.880	77.774
	المنشات	174	0	3	30	40	101
التعليم.	العاملين	131.303	1.354	8.831	6.227	3.922	110.969
	المنشات	1.782	486	967	213	56	59
الصحة والعمل الاجتماعي.	العاملين	44.753	6.116	2.188	2.144	792	33.513
	المنشات	3.999	3.539	348	62	11	39
أنشطة الخدمات المجتمعية والاجتماعية والشخصية.	العاملين	18.180	11.773	1.716	400	692	3.599
	المنشات	7.491	7.274	185	14	10	8
المجموع العام.	العاملين	692.070	190.128	80.102	42419	30.995	348.427
	المنشات	118.493	105.662	10.485	1.386	466	513

المصدر: دائرة الإحصاءات العامة (2002). مسح الاستخدام. ص.18.

ويتبين من الجدول (4/3) واعتماداً على الإحصاءات الصادرة عـن دائرة الإحصاءات العامة، مسح الاستخدام 2002 إلى أن عدد المنظمات الصغرى والتي يعمل

بها من (1-4 عمال) تشكل ما نسبته (89%) من إجمالي عدد المنظمات في الأردن، وتستوعب حوالي (27.5%) من إجمالي الأيدي العاملة في الأردن.

كما أن عدد المنظمات الصغرى والصغيرة والتي يعمل بها من (1-19عامل) تشكل ما نسبته (98%) من إجمالي عدد المنظمات في الأردن، وتستوعب ما نسبته (39%) من إجمالي الأيدي العاملة في الأردن[29]، مساهمة في ذلك مساهمة فعالة في التصدي لمشكلة البطالة، وعاملة على تطور الاقتصاد الكلي للملكة، وكل ذلك يؤكد تزايد أهمية اعتماد الاقتصاد الأردني على هذا النوع من المنظمات الصغيرة.

8.3. أسئلة للمراجعة/ الفصل الثالث.

أولاً: أجب عن الأسئلة التالية.

1. ناقش مفهوم الأعمال الصغيرة؟ وهل هناك مفهوم موحد لذلك؟

2. ما هو الفرق بين الأعمال الصغرى، والأعمال المنزلية، والأعمال العائلية؟

3. ما هو أثر عدم اتفاق المؤسسات الأردنية على معيار موحد لتصنيف المنظمات؟

4. ناقش خصائص المنظمات الصغيرة؟

ثانياً: أكمل ما يلي:

1. يمكن تقسيم المعايير التي يتم على أساسها تصنيف المنظمات إلى نوعين هما:

أ. ....

ب. ....

2. تواجه الأعمال الصغيرة مجموعة من التحديات نتيجة للظروف البيئية التي نعيشها تتلخص في الآتي:

أ. ....

ب. ....

ج. ....

د. ....

9.3. مراجع الفصل الثالث.

1. Rugman, Alan M., & Hodgetts, Richard M. (1995) .***International Business: A Strategic Management Approach***. New York: McGraw – Hill, Inc. p. 6.

2. نبثام، ووليامز (1969). **اقتصاديات التنظيم الصناعي**. ترجمة: نازي سليم، دار الفكر، ص. 17.

3. Longenecker, Justin G.; Moore, Carlos. W., & Petty, J. William (2000). ***Small Business Management an Entrepreneurial Emphasis***. South – Western College Publishing, International Thomson Publishing company, p. 14.

4. Devin`s, David (1999). Research Note: Supporting Established Micro Businesses: Policy Issues Emerging From an Evaluation. ***International Small Business Journal***, 18(69), p. 86.

5. Moen, Qystein (1999). The Relationship Between Firm Size, Competitive Advantages and Export Performance Revisited. ***International Small Business Journal***, 18(69), p. 62.

6. Chittenden, Francis; Poutziouris, Panikkos, & Mukhtar, Sayeda-Masooda (1998). Small Firms and the ISO 9000 Approach to Quality Management. ***International Small Business Journal***, 17(65), p. 73.

7. النجار، فايز جمعه (2001). **التخطيط الاستراتيجي في المنظمات الصناعية الصغيرة - دراسة ميدانية في محافظة اربد**. رسالة ماجستير غير منشورة، جامعة اليرموك، كلية الاقتصاد والعلوم الإدارية، قسم إدارة الأعمال، اربد، الأردن.

8. الصعوب، محمد هاني، وعميش، سمير (1993). المشاريع الصناعية الصغيرة. **مجلة العمل**، 62، ص ص. 77-80.

9. Longenecker, Justin G.; Moore, Carlos. W & ,.Petty, J. William (2000). Op. Cit., p. 27.

10. عبد السلام، عبد الغفور؛ الجلبي، رياض؛ شحادة، حازم، والجيوسي، محمد (2001). **إدارة المشروعات الصغيرة**. دار صفاء للنشر والتوزيع، الأردن، عمان، ص.8.

11. Gaedeke ,Ralaph M .and Hootelian , Dennish (1980). ***Small Business Management***. New York: Good Year Publishing Co., p. 2.

12. Pickle Hal B., & Abrahamson, Roycy L. (1990). *Small Business Management* (5th ed.). New York: John Wiley and Sons, p. 14.

13. Longenecker, Justin G.; Moore, Carlos. W., & Petty, J. William (2000). Op. Cit. p.13 .

14. دائرة الإحصاءات العامة (2002). **مسح الاستخدام.** عمان، الأردن.

15. الضمان الاجتماعي (2001). **قرار مجلس إدارة الضمان الاجتماعي وتعديلاته المختلفة** عـام 1978, 2001. عمان، الأردن.

16. غرفة صناعة اربد (2001). **قانون ونظام الغرف الصناعية وتعديلاته المختلفة.** رقم(59)، عـام 1961،. عمان، الأردن.

17. خميس، موسى (1989). المشاريع الإنتاجية الصغرى في الأردن، أهميتها والتوجهات التنموية بشأنها. **مجلـة العمل**، 46، ص ص. 80-87.

18. المناصرة ، أكسمري عامر محمد (1997). **المشكلات التي تواجـه المؤسسـات الصـناعية الصغيرة وأثرهـا علـى أدائها.** رسالة ماجستير غير منشورة، الجامعة الأردنية، كلية الدراسات العليـا – قسم إدارة الأعمال، عمان، الأردن. ص. 21.

19. وزارة الصناعة والتجارة (2000). مديرية التنمية الصناعية وحماية الإنتاج الوطني، دليل الإرشادات والأهليـة. **برنامج جائزة الملك عبد الله الثاني للتميز.** عمان، الأردن.

20. عبيد، عاطف محمد، والشريف، علي (1988). **نظريات في التنظيم والإدارة.** لبنان، بيروت: الدار الجامعية، ص. 65.

21. قاقيش، محمود، وسلمان، صفاء (1999). **التقارير المالية للمشاريع الصغيرة.** ورقة بحثيـة مقدمة إلى مـؤتمر آفاق التنمية الاقتصادية والاجتماعية في الريف والبادية الأردنية، جامعة آل البيـت، المفرق، الأردن. ص ص. 501-523.

22. السالم، مؤيد سعيد (2000). **التكامل بين التخطيط الإستراتيجي والممارسات الخاصة بإدارة الموارد البشرية في منظمات الأعمال العربية.** ورقة بحثية مقدمة إلى مؤتمر إدارة الموارد البشرية وتحديات القرن الجديـد، جامعة اليرموك، اربد، الأردن. 18-20 تموز 2000، ص. 63.

23. أيوب، ناديا حبيب (1997). ممارسة الإدارة الاستراتيجية في المنشآت الصناعية السعودية وعلاقتها بقدرة المنشأة. **مجلة الإدارة العامة**. الرياض، السعودية. 37(3)، ص ص. 423-482.

24. Chen, Wen- Hussein (1999). Manufacturing Strategies of Network-Based Small Firm: Observation the Textile Industry in Jordan. *Journal of Small Business Management*. p. 60.

25. Longenecker, Justin G.; Moore, Carlos. W., & Petty, J. William (2000). Op. Cit., p. 14.

26. علي، عبد المنعم السيد (1999). **التمويل المصرفي للمشاريع الصناعية الصغيرة في الأردن: مع إشارة خاصة إلى محافظة المفرق**. ورقة بحثية مقدمة إلى مؤتمر آفاق التنمية الاقتصادية والاجتماعية في الريف والبادية الأردنية، جامعة آل البيت، المفرق، الأردن. ص ص. 324-343.

27. النسور، أياد عبد الفتاح علي (1999). **دور المؤسسات التمويلية الحكومية في تنمية المشروعات الصغيرة في الأردن**. رسالة ماجستير غير منشورة، الجامعة الأردنية، كلية الدراسات العليا - قسم الاقتصاد، عمان، الأردن. ص. 2.

28. صيام، وليد زكريا، وسلمان، طلال جيجان (1999). **محاسبة الشركات الصغيرة وأثرها في تنمية الريف والبادية الأردنية**. ورقة بحثية مقدمة إلى مؤتمر آفاق التنمية الاقتصادية والاجتماعية في الريف والبادية الأردنية، جامعة آل البيت، المفرق، الأردن. ص ص. 474 - 489.

29. دائرة الإحصاءات العامة (2002). **مسح الاستخدام**. عمان، الأردن. ص. 18.

الفصل الرابع

تأسيس الأعمال الصغيرة
Small Business Foundation

الفصل الرابع
تأسيس الأعمال الصغيرة
Small Business Foundation

الفصل الرابع
تأسيس الأعمال الصغيرة
Small Business Foundation

قد يلجأ بعض الأفراد إلى شراء مشروع صغير قائم دون الحاجة إلى المرور بخطوات التأسيس المختلفة للمشروع، كما وقد يرغب مالك المشروع الصغير في بيعه، أو نقل ملكيته إلى آخرين لعدم تمكنه من متابعة أعماله، نتيجة التقدم في العمر، أو لأية ظروف أخرى. فما هي الخيارات المتاحة أمام المدير/ المالك للمشروع الصغير؟

1.4. البدائل المتاحة أمام المدير/ المالك للمشروع الصغير؟
The Alternatives of Small Business Owner/ Manager

يوجد عدة خيارات أمام المدير/ المالك للمشروع الصغير عند التخطيط لنقل ملكيته وهي:

1.1.4. نقل الملكية إلى أحد الورثة.
2.1.4. نقل الملكية إلى موظف أو عدد من الموظفين في المشروع.
3.1.4. نقل الملكية إلى شخص خارج المشروع.
4.1.4. الاندماج مع مؤسسة أخرى.

وفي مواجهة هاتين الصورتين المتقابلتين من تأسيس أو شراء للمشروع الصغير، فكيف يمكن تقدير ثمن المشروع الصغير؟

2.4. شراء مشروع صغير قائم[1] Buying Existing Small Business

تتطلب عملية شراء مشروع صغير قائم دراسة وتحليل مقارنة بين عملية الشراء والتأسيس، ولا بد والحالة هذه من التعرف على المزايا المتوفرة في عملية الشراء وعيوبها حتى يكون القرار صحيحاً.

1.2.4. مزايا شراء مشروع صغير قائم.

1. الاستفادة من التنظيم القائم في المشروع سواءً من حيث الترتيب الإداري أو الهيكل التنظيمي للموظفين والعاملين المهرة، ومدى توفرهم في المشروع؛ لأن ذلك يوفر

الكثير من الوقت والكلفة المطلوبة لتأسيس مشروع جديد، إذ يتمكن المشتري والحالة هذه من الحصول على الإيرادات، والتعلم من خلال عمل المشروع والاستفادة من الخبرات السابقة للمالك سواء مباشرة، أو عن طريق السجلات والوثائق المتوفرة في المشروع.

2. توفر شبكة من العملاء والموردين في المشروع، إذ أن وجود عدد من العملاء للسلع التي ينتجها المشروع، أو الخدمات التي يقدمها ستشكل حافزاً قوياً للشراء، كما أن ارتباط المشروع بعدد من الموردين الذين يؤمنون المواد الخام اللازمة للمشروع تشكل ضمانة لاستمراره بنجاح.
3. موقع المشروع: إن موقع المشروع الجيد يعزز من الرغبة في الشراء لدى المشتري خاصة إذا كان المشروع يقع في موقع مميز في المدينة أو في منطقة صناعية أو تجارية جاذبة للزبائن.
4. توفر المكائن والتجهيزات اللازمة للعمل، وهذا يتيح للمشتري التعرف على الطاقة الإنتاجية الفعلية للمشروع قبل عملية الشراء كما يتح له الحصول على المكائن بسعر أدنى.
5. توفر المخزون: إن توفر المخزون اللازم للعمل في المشروع وبشكل اقتصادي دلالة واضحة على نجاح المشروع في تحقيق الحجم الاقتصادي الأمثل للمخزون.
6. قد يشكل شراء المشروع صفقة رابحة للمشتري خاصة عندما يضطر صاحب المشروع الصغير التنازل عنه أو بيعة خلال فترة وجيزة ولأسباب معينة.
7. السمعة التجارية: وهي الصورة العامة التي يكون المشروع الصغير قد شكلها في أذهان المجتمع والمستهلكين من حوله، وفي هذه الحالة يستفيد المشتري من هذه السمعة التجارية الطيبة ويقوم بالبناء عليها بشكل تراكمي.

3.4. تقدير قيمة المشروع الصغير[2]

Value Assessment of Small Business

تعتمد قيمة المشروع الصغير على العوامل التالية:

1.3.4. تقدير قيمة الموجودات الملموسة (Tangible Assets) في المؤسسة من مباني وبضاعة والآلات ومواد خام و.. .

وهناك ثلاثة طرق لتقدير قيمة الموجودات الملموسة هي:

1. القيمة الدفترية (Book Value) وهي القيمة الموجودة في السجلات المحاسبية في المنشأة.
2. قيمة الإحلال (Replacement Value) وهي قيمة شراء الموجودات المختلفة في المنشأة بالأسعار الحالية.
3. قيمة التصفية (Liquidation Value) وهي القيمة التي ترسو عليها المنشأة في حالة المزاد في السوق.

ونستطيع القول أن قيمة التصفية هي أكثر الطرق عملية لتحديد قيمة الموجودات لأنها القيمة التي تمثل الحد الذي لن يتنازل عنه البائع.

وعموماً فان تحديد السعر لن يتم إلا بعد التعرف على قيمة الموجودات الملموسة والتي تشمل:

1. قيمة المخزون بسعر الكلفة أو السوق أيهما أقل.
2. كلفة المعدات المتوفرة مطروح منها الاستهلاك.
3. قيمة اللوازم المختلفة وقطع الغيار الموجودة.
4. الحسابات المدنية في المنشأة مطروح منها الديون الهالكة.
5. القيمة السوقية للبناء والأثاث.

ولكن هل قيمة العمل التجاري تكمن في موجوداته فقط؟

إن الإجابة على ذلك هو أن قيمة العمل القائم أكبر من موجوداته الفعلية؛ لأن هناك التنظيم والسمعة التجارية للمشروع والتي لا بد أن تؤخذ بعين الاعتبار.

2.3.4. تقدير الموجودات غير الملموسة/ السمعة التجارية

Goodwill of Intangible Assets

تتشكل السمعة التجارية من قدرة المنشأة على تحقيق الربح عبر سنوات عمرها، وكذلك من العلاقات التجارية وحقوق الامتياز التي تملكها، فهي بالتالي تمثل فائض السعر الذي يدفعة المالك الجديد عن قيمة الموجودات الملموسة.

ويمكن احتساب قيمة السمعة التجارية من خلال (رسملة العوائد) التي تزيد عن العوائد الطبيعية في ذلك النوع والحجم من العمل ضمن نسبة فائدة مقترحة.

وعموما فان القيمة التي تدفع لقاء السمعة التجارية تعتمد على:

1. طول المدة اللازمة لإنشاء مثل ذلك العمل من قبل المشتري.
2. الزيادة المحتملة في الدخل لقاء شراء المشروع بدلاً من تأسيسه.
3. الأسعار النسبية للسمعة التجارية مع أعمال مماثلة.
4. مدى موافقة المالك القديم في الامتناع عن القيام بعمل مماثل ضمن المنطقة.

وآلاتي مثال على تقدير السمعة التجارية:

إذا كانت حقوق الملكية أو القيمة السوقية لصافي الموجودات في مؤسسة النسر (62000) دينار، ونسبة العائد الطبيعي قبل الضريبة أي الربح العادي (15%) أي ما قيمته (9300) دينار، وكان الربح الفعلي خلال السنوات الماضية بمعدل (18300) دينار سنوياً دون احتساب الرواتب للمدير/ المالك، وعلى افتراض أن الرواتب السنوية للمدير/ المالك قد قدرت بمبلغ (6000) دينار.

فما هي الأرباح التي يجب رسملتها؟

الحل:

الأرباح الناتجة عن السمعة التجارية	18300
يطرح/ رواتب المدير/ المالك السنوية المقدرة	6000
الربح بعد خصم رواتب المدير/ المالك السنوية المقدرة	12300
يطرح الربح العادي (62000) x (15%)	9300
الأرباح التي يجب رسملتها	3000

ولكن ماذا لو افترضنا أن (20%) فقط من الأرباح يعـزى إلى السـمعة التجاريـة، وأن المشتري يتوقع أن يسترد القيمة المستثمرة في السمعة التجارية خلال (5) سنوات.

فما هو سعر العرض الذي يمكن أن يقدم لشراء مؤسسة النسر؟

ويمكن الوصول إلى سعر العرض كالتالي:

صافي حقوق الملكية	62000
يضاف قيمة السمعة التجارية خلال (5) سنوات	15000
سعر العرض	77000

كما يمكن الوصول إلى سعر العرض بشكل متكامل كالآتي:

صافي حقوق الملكية			62000
الأرباح الفعلية الناتجة عن السمعة التجارية		18300	
القدرة على تحقيق عائد (15%)	9300		
تقدير رواتب المدير/ المالك	6000		
أجمالي القدرة على تحقيق عائد رواتب المدير/ المالك		15300	
القيمة الإضافية لقدرة العمل التجاري على تحقيق عائد		3000	
قيمة السمعة التجارية باستخدام عائد لمدة (4 سنوات) (5) x (3000)			15000
سعر العرض			77000

ولكن ماذا يحدث لو كان ربح شركة النسر الفعلي (15300) دينار.

فما هو تقدير سعر العرض المقدم عندئذ؟

صافي حقوق الملكية			62000
الأرباح الفعلية الناتجة عن السمعة التجارية		15300	
القدرة على تحقيق عائد (15%)	9300		
تقدير رواتب المدير/ المالك	6000		
إجمالي القدرة على تحقيق عائد رواتب المدير		15300	
القيمة الإضافية لقدرة العمل التجاري على تحقيق عائد		000	
قيمة السمعة التجارية باستخدام عائد لمدة (4 سنوات) (5) x (000)			000
سعر العرض			62000

ونلاحظ من الجدول السابق أن سعر العرض المقدم قد بلغ (62000) دينار وهو ما يمثل قيمة حقوق الملكية فقط إذ لا يوجد أي قيمة لرسملة الإرباح.

4.4. إبرام الصفقة/ اتفاقية البيع والشراء Transaction Agreement

سواء اتبع المالك المدير أي من الخيارات المتاحة أمامه لنقل ملكية مشروعه سواء للورثة أو الموظفين، أو البيع لشخص خارج المشروع، فلا بد أن يقوم بالترتيبات اللازمة لذلك قبل مدة زمنية معقولة من تركة للعمل.

1.4.4. وتشمل اتفاقية البيع والشراء على الآتي:

1. تحديد تاريخ نقل الملكية.
2. تحديد سعر الشراء.
3. تحديد شروط البيع وطريقة الدفع.

5.4. البيع بالتقسيط Installment Sale

من الأمور السائدة في عالم الأعمال وخاصة الصغيرة منها أن يكون البيع بالتقسيط، ويفيد ذلك في تفادي دفع ضرائب كبيرة دفعة واحدة، ولكن لا بد أن تحدد الأقساط المتبقية بعد الدفعة الرئيسة الأولى بطريقة معقولة تعتمد على التدفقات النقدية المتوقعة للمشروع؛ لأنها ضمان للبائع لاستلام حقه، وضمان للمشتري بقدرته على سداد الدفعات في مواعيدها.

ولتسهيل عملية البيع وتخفيض الثمن النقدي المطلوب يمكن اللجوء إلى الآتي[(3)]:

1. فصل الممتلكات العقارية عن ملكية المشروع وتأجيرها للمشتري.
2. تأجير المعدات، وبعض الأصول الأخرى مثل: الأثاث والتجهيزات.
3. بيع المخزون الزائد إن وجد بطريقة منتظمة.
4. بيع الحسابات المدينة.

6.4. أسئلة للمراجعة/ الفصل الرابع.

أولاً: أكمل الجمل التالية.

1. يوجد عدة خيارات أمام المدير/ المالك للمشروع الصغير عند التخطيط لنقل ملكيته وهي:

   أ. ....

   ب. ....

   ج. ....

   د. ....

2. يمكن تقدير الموجودات الملموسة في المشروع الصغير بالطرق التالية:

   أ. ....

   ب. ....

   ج. ....

3. تعتمد القيمة التي تدفع لقاء السمعة التجارية على العوامل التالية:

   أ. ....

   ب. ....

   ج. ....

   د. ....

4. لتسهيل عملية البيع وتخفيض الثمن النقدي المطلوب يمكن اللجوء إلى الآتي:

   أ. ....

   ب. ....

   ج. ....

   د. ....

ثانياً: ناقش مزايا شراء مشروع قائم.

ثالثاً: إذا كانت حقوق الملكية لصافي الموجودات للمؤسسة المتحدة (43000) دينار، والربح العادي قبل الضريبة (14%) أي ما قيمته (6020) دينار، وكان الربح الفعلي خلال

السنوات الماضية بمعدل سنوي (16820) دينار دون احتساب الرواتب للمدير/ المالك، فإذا قدرت الرواتب السنوية للمدير/ المالك بمبلغ (7800) دينار.

فما هي الأرباح التي يجب رسملتها؟

وإذا كان (20%) فقط من الأرباح يعزى إلى السمعة التجارية، وأن المشتري يتوقع أن يسترد القيمة المستثمرة في السمعة التجارية خلال (4) سنوات.

فما هو سعر العرض الذي يمكن أن يقدم لشراء المؤسسة المتحدة؟

7.4. مراجع الفصل الرابع.

1. العطية، ماجدة (2004). **إدارة المشروعات الصغيرة**. الأردن، عمان: دار المسيرة للنشر والتوزيع والطباعة. ص. 45.

2. بومباك، كليفود م. (1989). **أسس إدارة الأعمال التجارية الصغيرة**. تحرير وتدقيق: د. رائد السمرة. الأردن، عمان: مركز الكتب الأردني. ص.615.

3. **المرجع السابق**. ص.621.

الفصل الخامس

موقع المشروع الصغير
Small Business Location

الفصل الخامس
موقع المشروع الصغير
Small Business Location

الفصل الخامس
موقع المشروع الصغير
Small Business Location

1.5. موقع المشروع الصغير.

نتناول في هذا الفصل العوامل العامة المتعلقة باختيار موقع المشروع، وكذلك العوامل الرئيسة التي تحدد اختيار المنطقة والمجتمع المناسب للمشروع الصغير بغض النظر إن كان المشروع يهدف إلى إنتاج سلع أو خدمات، وكذلك بعض العوامل الخاصة لأنواع محددة من المشاريع الصغيرة، والعوامل الموضوعية والأساليب الكمية والنوعية التي تستخدم في عملية المفاضلة ما بين المواقع المقترحة أثناء عملية الاختيار لموقع المشروع.

1.1.5. أهمية اختيار موقع المشروع الصغير.

تستند عملية اختيار الموقع الجغرافي المقترح لإنشاء المشروع الصغير على العديد من العوامل المختلفة وفي مقدمتها نمط النشاط التجاري أو الصناعي المراد تنفيذه لأن اختيار المواقع الجغرافية للمشروعات الصغيرة بصورة عامة بحاجة إلى إجراء الدراسات للجدوى الفنية والاقتصادية للبدائل المتاحة بهدف اختيار البديل المناسب. وإن مثل هذه الدراسات لا تختلف من حيث المنهجية للمشروعات الصغيرة عن الكبيرة وفي كافة المعايير والمقاييس، وإن قرار الاختيار غير المناسب للموقع يؤدي طبعاً إلى خسائر مادية ومالية ليست قليلة، ليس فقط لأصحاب المشروع الصغير وإنما للاقتصاد الوطني بشكل عام، وعلى هذا الأساس فإن مسألة اختيار موقع المشروع الصغير يجب أن تعتمد على إجراء الدراسة التحليلية للعديد من العوامل (المتغيرات) التي تساعد في تطوير ونمو العلاقة الشبكية وتعميقها ما بين المشروع الصغير من جهة، وبين المشاريع الأخرى على اختلاف أحجامها وأنماطها من جهة أخرى.

فالمشروعات الاقتصادية باختلاف أحجامها وأهدافها تمثل القاعدة الرائدة والأساسية في اقتصاديات البلد، وتلعب الدور الفاعل في توزيع شبكات النقل والزراعة

وعلى بناء المدن المختلفة بالإضافة إلى أنها تؤثر على زيادة النمط التخصصي للمناطق والأقاليم داخل البلد الواحد.

وفي ضوء ذلك، تكون مسألة اختيار موقع المشروع الصغير معتمدة بالأساس على مجموعة العوامل المباشرة التي تساعد في تحقيق المنافع والمزايا على الأمدين القريب والبعيد، ومن هذه العوامل مثلاً: آثار المشروع المقترح إنشاءه على تطوير ونمو مؤشرات الاقتصاد الوطني برمته من جهة، وعلى تطوير ورفع المستوى الاقتصادي والاجتماعي لمختلف المناطق والأقاليم، ويعتبر عادة المعيار الأساس لقياس الفوائد والعوائد الاقتصادية لعملية اختيار موقع المشروع هو تحقيق الزيادة والنمو في مؤشرات الإنتاجية والمخرجات للعمل العام بالمجتمع، كما وتؤثر أيضاً عوامل أخرى في المفاضلة عند اختيار الموقع المناسب للمشروع منها وفرة الموارد المختلفة وكذلك العوامل المناخية والبيئية ذات الصلة بتحديد احتياجات المشروع بالإضافة إلى الموارد الطبيعية والمواد الأولية والتجمعات السكانية وغيرها.

2.1.5. العوامل العامة في اختيار موقع المشروع.

General Factors in Selecting Small Business Location

1.2.1.5. القرب من مصادر المواد الأولية والأسواق.

يعتبر عامل القرب من المناطق التي تتوفر فيها المواد الأولية العامل الأساسي في عملية الاختيار والمفاضلة لموقع المشروع الصغير، لأن قرب المشروع من هذه المناطق بالإضافة إلى القرب من الأسواق (مراكز الاستهلاك) يحقق الوفر الكبير في كلف النقل والتوزيع وكذلك تقليل الزمن المستغرق لدورة العمليات وغيرها من المسائل المهمة.

كما وان تحديد المعايير المستخدمة في اقتصاديات حجم المشروع ودرجة التحقق من الأعمال تلعبان دوراً مهماً في عملية اختيار الموقع فمثلاً إن قرب موقع المشروع الصغير من مناطق الخامات والمواد الأولية وكذلك من الأسواق يؤدي إلى تقليل الكلف الضرورية لنقل هذه المواد إلى موقع المشروع من جهة ونقل السلع المنتجة إلى مراكز الاستهلاك من جهة أخرى، ومن هنا فان تكلفة النقل في مثل هذه الأمور تعتبر العنصر الحاسم في عملية المفاضلة والاختيار لموقع المشروع الصغير ويؤدي ذلك إلى تحقيق

نوع من الموازنة في توزيع المشاريع على عموم الوطن، وهذا لا يعني بالضرورة إنشاء الأنماط المختلفة من المشاريع في كل منطقة من مناطق البلد الواحد، وخير مثال على ذلك، المشروعات الموجهة لإنتاج وتوزيع المواد الاستهلاكية والغذائية التي تختلف طبيعتها الواحدة عن الأخرى باختلاف أنماط المدخلات من المواد الأولية والخامات المستخدمة في إنتاجها...، وتتوزع عادة مثل هذه المشاريع بالقرب من مراكز المواد الأولية والخامات وذلك لعدة عوامل منها ما يتعلق بخواص وطبيعة هذه المواد وسرعة تلفها وموسمية إنتاجها بالإضافة إلى كلف النقل العالية.

2.2.1.5. التوزيع الأمثل للمشروعات بين المناطق والأقاليم.

يقود التطور المتعدد والمتكامل لاقتصاديات المناطق والأقاليم المختلفة في البلد الواحد إلى تأسيس وتعميق الميزة التخصصية لها من خلال العمل على تحقيق التوزيع الأفضل للعمل العام فيما بينها، أي توزيع المشروعات الصغيرة بما ينسجم مثلاً مع التخطيط الحضري والإقليمي داخل البلد الواحد ويعني ذلك، بأن احتواء بعض المناطق والمحافظات في البلد على الكثير من الثروات الطبيعية والمورد والبشرية والموارد الحيوية الأخرى التي لا بد من أن توجه وتستخدم في تحقيق التطور الاقتصادي المتكامل لعموم الوطن.

ويؤدي الاستخدام المتكامل للمصادر المتاحة في البلد بالضرورة إلى ظهور مستويات معقولة من التخصص في إدارة الأعمال وتعميقه على مستوى عموم البلد الواحد مما يؤدي إلى تطور تلك المناطق بذلك النمط من الأعمال التي يلبي احتياجات ومتطلبات المنطقة والإقليم والبلد بأكمله.

3.2.1.5. وفرة الطاقة والموارد الطبيعية ومصادرها.

تلعب وفرة الموارد الطبيعية ومصادر الطاقة دوراً أساسياً في عملية المفاضلة واختيار المواقع للمشروعات على اختلاف أنواعها.

فجودة ونوعية الموارد الطبيعية والخامات وسهولة الحصول عليها ومكوناتها وغيرها...، كل هذه الأمور تؤثر على مسألة التمركز الجغرافي للمشروعات.

4.2.1.5. التوزيع الجغرافي للقوى العاملة.

تلعب وفرة الموارد البشرية دوراً هاماً في اختيار موقع المشروع وخاصة تلك المشروعات التي تحتاج إلى جهد كبير من العمل أو المشروعات الأخرى التي تتطلب مستويات عالية من المهارة والكفاءة فمثلاً، تعتبر المناطق والأقاليم التي تتوفر فيها العمالة الماهرة والخبرة المتراكمة في صناعة البرمجيات القاعدة الغنية لتأسيس المنظمات لمثل هذا النمط من الأعمال.

5.2.1.5. وسائط النقل.

تلعب وسائط النقل دوراً بارزاً في عملية المفاضلة والاختيار لموقع المشروع حيث يحدد حجم الحمولات وكمياتها وتوزيعها على المناطق والأقاليم المختلفة استناداً إلى حجم وكميات البضائع والسلع المتوقع نقلها وتوزيعها إذ أن التوزيع السليم لمواقع المشروعات يلعب دوراً كبيراً في تقليل كلف نقل وتوزيع الحمولات، كما أن بعد المسافة ما بين مراكز الإنتاج من جهة، وبين مراكز المواد والخامات الأولية من جهة أخرى، وإلى مراكز الاستهلاك من جهة ثالثة، تلعب درواً فاعلاً في عملية المفاضلة واختيار مواقع المشروعات الصناعية إذ تشكل نفقات نقل المواد الأولية والوقود نسبة كبيرة من التكلفة الكلية للمنتج النهائي في العديد من المنتجات الصناعية.

6.2.1.5. العوامل الاجتماعية والبيئية.

هي تلك العوامل المتعلقة بالطبيعة الجغرافية ومدى توفر الخدمات الثقافية والتعليمية والترفيهية والجمالية...، أي المستوى الذي يتمتع به الموقع الجغرافي من ناحية جمالية الطبيعية وتوفر الغابات والحدائق والملاعب والمراكز الثقافية المختلفة. وقياس مثل هذه العوامل يتطلب استخدام معايير التقييم النوعي مثل: أسلوب النقاط أو الأوزان في عملية المفاضلة واختيار موقع المشروع.

إذ قد يتطلب إنشاء بعض الوحدات السكنية للعاملين ومرافق الخدمات المختلفة في أحد المواقع، بينما لا يتطلب ذلك في الموقع الآخر نظراً لقربه من المدينة.

أما بالنسبة للعوامل البيئية مثل: مقدار التلوث البيئي..، فيجب أن تعطى لها الأهمية الضرورية أيضاً..، فمثلاً لا يمكن التخلص من المياه الثقيلة للصرف الصحي من

مراكز خدمة السيارات (الكراجات) قبل عملية المعالجة الضرورية لها وفصل المواد الثقيلة عن الماء بأجهزة ومرافق خاصة لمنع حدوث تلوث البيئة التي تؤدي إلى خسائر كبيرة في الطبيعة.

7.2.1.5. التمركز الصناعي وبناء المناطق الصناعية.

المقصود بالتمركز الصناعي هو بناء المناطق والمدن الصناعية التي يتمركز فيها نمط معين أو اكثر من الصناعات التي تعتمد على وفرة الموارد من المواد والخامات الأولية والطاقة والوقود وخير مثال على ذلك الصناعات الغذائية والتحويلية، والمناطق الصناعية المختلفة التي تنتشر في المناطق المختلفة.

2.5. العوامل الرئيسة في اختيار المنطقة والمجتمع المناسب للمشروع الصغير.
Major Factors in Selecting Zone and Community of Small Business

بعد أن استعرضنا العوامل العامة لاختيار موقع المشروع سواء كان كبيراً أم صغيراً، صناعياً أم تجارياً، لا بد من التركيز على المشروعات الصغيرة بأنواعها المختلفة، إذ نلاحظ تشابه متطلبات الأنواع المختلفة من المشروعات التجارية في كثير من متطلبات السوق.

1.2.5. خطوات قرار اختيار موقع المشروع التجاري.

1.1.2.5. اختيار المنطقة التجارية والمجتمع، أي تحديد سوق المشروع التجاري.
2.1.2.5. اختيار موقع ضمن تلك المنطقة التجارية.

2.2.5 العوامل الرئيسة في اختيار المنطقة التجارية والمجتمع المناسب للمشروع الصغير في تجارة الجملة والتجزئة [1]
1.2.2.5. القاعدة الاقتصادية.

تلعب القاعدة الاقتصادية المتوفرة في المجتمع دوراً كبيراً في تأمين الفرص المتاحة للمشروعات التجارية الصغيرة؛ من خلال التعرف على كثافة السكان والوظائف، وطبيعتها في تلك المنطقة. لذا لا بد من دراسة العوامل الخاصة بالقاعدة الاقتصادية وهي:

أ. تركيب الهيكل المهني للمجتمعات: وهي التعرف على طبيعة المجتمع من حيث كونه صناعياً، زراعياً، .. وكذلك مدى توفر الوظائف في ذلك المجتمع؛ لأن طبيعة هذه الوظائف تؤثر على توزيع الدخول التي يحققها ذلك المجتمع.
ب. القوة الشرائية للمجتمع: وذلك من خلال التعرف على مستوى دخل الفرد في المنطقة.
ج. كيفية توزيع الدخل على بنود المصروفات المختلفة.
د. مدى انتشار مؤسسات المجتمع المدني، ومساهمتها في تنمية المجتمع.

2.2.2.5. نمو السكان واتجاه الدخل.

تلعب الكثافة السكانية وطريقة توزيعها بين المناطق المختلفة في الدولة دوراً رئيساً في تحديد المنطقة التجارية المرغوبة؛ لذا لا بد من دراسة العوامل التالية:

أ. توزيع السكان على المناطق، ومدى التحركات السكانية.
ب. الكثافة السكانية ومراكز تجمعها، والقدرة الاستيعابية للأسواق.
ج. مدى انتظام دفع الرواتب في المنطقة وطريقة دفعها، وهل هي شهرية، أسبوعية، يومية وكذلك مدى الانتظام فيها.
د. طبيعة المجتمع المتعامل معه، فالمنشآت التي تتعامل مع القطاع الزراعي تتوقع أن تقوم بمنح ائتمان طويل الأجل، بينما المنشآت التي تتعامل مع السلع الاستهلاكية السريعة تتوقع أن تكون مبيعاتها نقدية.
هـ. مستوى الدخل في المنطقة، ومدى ارتفاعه أو انخفاضه؛ لأن المناطق ذات الدخول المرتفعة تحتاج إلى سلع مرتفعة الثمن وذات جودة عالية، بعكس المناطق منخفضة الدخل.

3.2.2.5. المنافسة.

تختلف النظرة إلى المنافسة حسب نوع المشروع التجاري ومدى كفاءة صاحبه، فقد ينظر صاحب المشروع الكفء المؤهل للمنافسة على أنها شيء إيجابي وضروري للاستمرار والنمو، بينما ينظر آخر إلى المنافسة بعين السلبية. لذلك لا بد من دراسة العوامل التالية:

أ. وضع المنافسة المحتملة في المنطقة.
ب. مدى تشابه أو اختلاف المشاريع المقامة في المنطقة.
ج. مدى التنافس أو التكامل بين المشاريع في تلك المنطقة.

4.2.2.5. الخصائص الديموغرافية/ السكانية.

تلعب الطبقة الاجتماعية ومستوى التعليم دوراً مهماً في تحديد موقع المنطقة لتجار الجملة والتجزئة، والذي ينعكس على عادات الشراء المختلفة إذ يمكن التنبؤ بأذواق المستهلكين من خلال الطبقة الاجتماعية التي ينتمون إليها.

وعموماً يمكن تقسيم المجتمع من خلال الخصائص السكانية التالية:

أ. القوة الشرائية للزبائن المحتملين.
ب. أنواع وأماكن إقامة السكان في المنطقة.
ج. أنواع الأعمال التي يؤديها سكان المنطقة.
د. وسائط النقل التي يستخدمها سكان المنطقة، وهل هي عامة أم خاصة.
هـ. أعمار السكان والأوضاع العائلية لهم.
و. النشاطات الترفيهية التي يزاولها سكان المنطقة.

ولكن لا بد من استمرار من الملاحظة باستمرار أن هذه الخصائص في تغيّر، ولا بد من مراقبتها باستمرار.

3.5. مناطق الأعمال التجارية Trading Zone

يوجد في كل منطقة للأعمال منطقة مركزية للتسوق، ومناطق أخرى فرعية، فالموقع الجاذب هو الموقع الذي يندفع إليه المستهلكون وهم بعيدون عن أماكن إقامتهم.

1.3.5. أنواع مناطق الأعمال التجارية[2].

1.1.3.5. مراكز المدينة التجارية.

تقع هذه المراكز في العادة في وسط البلد أو على الشارع الرئيسي فيها، وهي المنطقة الأشد ازدحاما بالمستهلكين، وتقع ضمن هذه المنطقة في العادة مجموعة كبيرة من المتاجر المتنوعة والمخازن. وقد بدأت مراكز المدينة تفقد أهميتها نتيجة انتشار المراكز

المتخصصة، ولكنها انتقلت كمراكز للخدمات الإدارية والمالية والمهنية، ومن الضروري أن يتمكن المتسوقون من إيجاد مواقف لسياراتهم لأن المتسوقون سيقومون بالتسوق من الأماكن التي تؤمن لهم مواقف لسياراتهم.

2.1.3.5. مناطق التسوق في الأحياء.

تقسم المدينة في العادة إلى مناطق وأحياء، وعادة ما يتركز في هذه المناطق مؤسسات الخدمات والسلع الاستهلاكية الميسرة.

3.1.3.5. مراكز التسوق النائية.

تختلف مراكز التسوق النائية من حيث درجة تكاملها، وتصميمها الداخلي والتسهيلات الموجودة فيها، وحجمها وطرق مراقبتها ورعايتها.

فقد كانت مؤسسات التسوق النائية قديماً مجموعات من المتاجر ومؤسسات الخدمة المستقلة في إدارتها وملكيتها، أما اليوم فتمثل مجموعة من المراكز المتلاصقة الحديثة بعيدة عن الشارع العام وتتوفر فيها المواقف المختلفة للزوار.

ويسير الاتجاه في الوقت الحالي نحو المراكز التجارية الأكبر حجماً، إذ يتم التخطيط للمراكز الخاصة بالمجمعات والتي تراقب وتدار كمشروع متكامل، إذ يقوم المركز بحملات إعلانية وترويجية للمركز كوحدة متكاملة.

4.1.3.5. المواقع على الطرق الرئيسة العامة أو المواقع الجانبية.

إن تطور المجتمعات واستخدام السيارات بشكل كبير، ودخول النساء إلى العمل أوجد نمطاً جديداً لطرق المعيشة والتسوق.

تجتذب المواقع على الطرق الرئيسة والجانبية الزبائن المتجهين إلى مراكز التسوق بسبب مواقعها التي تعترض اتجاهات سيرهم، كما تجتذب الذين لا يواصلون سيرهم إلى مراكز التسوق بسبب الازدحام.

كما ساعد في انتشارها التوسع في منشآت خدمة الزبائن وهم في سياراتهم وعلى التشعبات المرورية الرئيسة والفرعية إذ أصبح التركيز على خدمة الزبون وهو في سيارته دون أن يضطر إلى تركها، ومن أمثلة ذلك: خدمات البنوك والمسارح والأكشاك المختلفة لبيع الألبان والسندويشات والتسالي بالإضافة إلى بيع المأكولات والمشروبات.

2.3.5. العوامل الأساسية التي تحكم اختيار الموقع في المنطقة التجارية والمجتمع[3]

إن تحديد مكان العمل من أهم العوامل التي تلعب دوراً في نجاح المشروع التجاري، لأن الموقع غير المناسب قد يكون من الأسباب الرئيسة في فشل تجارة التجزئة لذا لا بد من مراعاة العوامل الأساسية التي تحكم اختيار موقع المنطقة التجارية في المجتمع وهي:

1.2.3.5. قدرة المشروع التجاري على دفع الإيجار.

لا بد من الموازنة بين المشروع المراد تنفيذه وقدرته على دفع الإيجار، فهل يستطيع المشروع أن يدفع إيجارا مرتفعاً مثلاً؟ أم يبحث عن منطقة أعمال بها أجور منخفضة.

2.2.3.5. شروط عقد الإيجار.

لا بد لتاجر التجزئة من اختيار أماكن العمل المناسبة لنوع العمل التجاري الذي سيزاوله، وكذلك هل سيكون العقد سنوياً أم شهرياً؟ وكيفية دفع بدل الأجرة، ومراعاة الرسوم المختلفة المترتبة على العقد مثل: رسوم المعارف وغيرها، وهل يوجد شروط معينة في العقد تمنعه من مزاولة مهنة ما.

3.2.3.5. نوع السلع التي سيجرى تصريفها، أو الخدمة المقدمة.

إن المتاجر الخاصة بالسلع الاستهلاكية الميسرة عادة ما تتواجد في الأماكن التي يرتديها عدد كاف من الزوار المحتملين بسهولة، وقد تكون على الشوارع الرئيسة، أو في مراكز التسوق النائية والأحياء المزدحمة، أو في مراكز التسوق وسط المدن. أما متاجر المتنوعات والنثريات والصيدليات الصغيرة فمن الأفضل لها أن تتواجد خارج مراكز التسوق الأكبر حجماً، وأن تكون أقرب إلى أماكن إقامة زبائنها.

4.2.3.5. نوع التجارة المرغوب فيها.

يعتمد نوع التجارة على الأنماط السكانية، فما هي الأنماط السكانية التي ستقدم لها الخدمة، إذ تنفرد بعض المناطق بمستوى دخل عال، بينما تتصف أخرى بضعف الدخول. وهذا يؤشر على نوع التجارة المرغوب بها في تلك المنطقة.

5.2.3.5. حجم المبيعات المتوقع.

إن المتاجر الكبيرة المتخصصة عادة ما تعمل بنجاح في مناطق التسوق المركزية، بينما من الأفضل للمتاجر الصغيرة العمل في المناطق التجارية الثانوية.

6.2.3.5. سهولة الوصول إلى المتاجر.

إن سهولة الوصول إلى متاجر التجزئة من العوامل الهامة لنجاحها فالموقع النموذجي هو الموقع الذي يستطيع أكبر عدد من المشاة الوصول إليه، وتلعب حركة المرور دوراً كبيراً في ذلك، وكذلك وسائل النقل التي يستخدمها الزبائن، وكذلك موقع المركز على يمين الشارع أو يساره، فالمركز الذي يقع على يمين الشارع من الطريق التي يسلكها الزبائن أثناء عودتهم إلى البيت سيكون موقعاً مناسباً أكثر.

كما ان توفر التسهيلات الخاصة بمواقف السيارات تسهل وصول الزبائن إلى المراكز اخذين بعين الاعتبار حدة الازدحام المروري حول المركز.

7.2.3.5. العلاقة بين أجرة المتجر وتكاليف الإعلان.

تشكل تكاليف الإيجار والإعلان مجتمعة أكبر بند من بنود المصروفات بعد الأجور والرواتب. لذلك لا بد من أن نأخذ بعين الاعتبار مدى قرب أو بعد المركز عن المراكز الأخرى وعن المراكز الرئيسة، ومدى الحاجة إلى الإعلان، وكذلك مدى توفر وسائل الإعلان المختلفة في المنطقة وكلفتها عند تحديد المنطقة التجارية في مجتمع ما.

8.2.3.5. البعد عن المتاجر الأخرى.

تحقق بعض الأعمال نجاحاً في حالة كون الأعمال المتشابهة في منطقة واحدة، ومن الأمثلة على ذلك: المطاعم، وصالونات التجميل ومتاجر الذهب والحلويات حيث تتواجد في الغالب في منطقة واحدة وبالقرب من المسارح.

وتجمع محلات الأزهار في الغالب حول متاجر الأحذية وملابس النساء، بينما المتاجر المتخصصة في بيع السلع الاستهلاكية الميسرة لا توجد في منطقة واحدة ولا تتواجد بالقرب من بعضها البعض إلا إذا كانت حركة الزبائن شديدة.

9.2.3.5. القيود الإدارية.

قد تضع التنظيمات الإدارية بعض القيود على نوع معين من النشاطات، إذ تمنع القيود الإدارية نوع معين من المتاجر بالمزاولة في مناطق محددة، أو قيود على التفريغ والتحميل أثناء ساعات النهار مما يحوّل موقع جيد إلى موقع غير مناسب، وعادة ما تمنح التراخيص من قبل البلديات لضبط ذلك.

4.5. متطلبات الموقع في الأنواع المختلفة من المشروعات.

Location Requirements in Different Enterprises

1.4.5. تجارة الجملة.

يصر تاجر الجملة الصغير في الغالب على عوامل الموقع كما يفعل تاجر التجزئة في المجتمع نفسه. إذ يهتم تاجر الجملة الصغير بآلاتي:

1. استقرار الدخل.
2. تنوع أنواع التجارة في المنطقة التجارية.
3. توفر متاجر تجزئة كافية في المنطقة.
4. عدم وجود منافسة من تجار الجملة في المجتمعات القريبة.

وعموما لا بد من أخذ العوامل التالية بالاعتبار:

- المساحة أو عدد الطوابق اللازمة للتخزين.
- تكاليف التخزين.
- سهولة نقل المواد، وسهولة وصول وسائط النقل إلى الموقع.
- الإيجارات المطلوبة.
- توفر طرق جيدة للوصول، وقلة الازدحام المروري.
- مدى توفر الضوء والتهوية في الموقع.

2.4.5. المشاريع الخدمية.

تتأثر مؤسسات الخدمات بالعوامل التي تؤثر على تجار التجزئة بشكل عام من حيث أهمية الموقع الجيد، **وعموماً تؤخذ الاعتبارات التالية:**

1. الخدمات التي تتطلب من الزبون الحضور إلى المؤسسة، لا بد أن نختار لها موقع يسهل الوصول إليه، وهذا يعني تواجد مكتب للمشروع في مناطق المؤسسات المالية، أو موقع لها بين مواقع تجار التجزئة.

2. الخدمات التي لا تحتاج من الزبون الحضور إلى المؤسسة، يمكن اختيار موقع لها يعتمد على قيمة الإيجار والمساحة، ومدى ملاءمته لصاحب العمل.

3. الخدمات القريبة من الصناعة مثل محلات التنظيف على البخار والتي تتعامل مع البيع النقدي للخدمة يمكن اختيار موقع لها لإنجاز أعمالها مشابها لمواقع المصانع، أو موقع مشابه لمواقع تجار التجزئة من أجل اتصال الزبائن بها.

4. الخدمات التي تقدم إلى الزبون وهو في سيارته مثل: صيانة وإصلاح السيارات وورش التصليح وغسيل الثياب وتنظيفها.

3.4.5. المشاريع الزراعية [4]

تؤخذ العوامل التالية بعين الاعتبار عند تحديد المجتمع والمنطقة أو المدينة التي يراد إقامة مشروع زراعي بها.

1. مساحة الأرض المتوفرة. وخصوبة التربة ومدى مناسبتها.
2. المناخ المتوفر في المنطقة.
3. مدى توفر البنية التحتية من المواصلات ووسائط النقل.
4. البعد عن التلوث البيئي.
5. مدى توفر الطاقة الكهربائية.
6. تكلفة الأرض ومدى تحملها لإقامة المنشآت.
7. مدى توفر الأيدي العاملة الماهرة.
8. مدى توفر المياه، ومستوى أسعارها.
9. مدى توسط الموقع بين المستهلكين الزراعيين.

4.4.5. المشاريع الصناعية.

لا بد من أخذ العوامل التالية بعين الاعتبار عند تحديد المنطقة والمجتمع بغرض القيام بمشروع صناعي وبغض النظر عن طبيعته وهي:

1. القرب من الموردين.
2. مدى توفر القوى العاملة.
3. الطاقة الكهربائية اللازمة للمشروع، حيث يتطلب تحديد مصدر (أو عدة مصادر) لتجهيز الطاقة الكهربائية، ولهذا الغرض لا بد من تخصيص وحدات التغذية الكهربائية المناسبة للمشروع وربطه بشبكة الكهرباء.
4. خدمات النقل وتكلفتها فما هو مدى توفير الطرق الضرورية لربط المشروع مع شبكة الطرق في المنطقة بطريق عامة، وتختلف كلف الطريق من موقع لآخر من حيث طول الطريق ومواصفاتها وكذلك طبيعة المنطقة التي تمتد فيها هذه الطرق.
5. مدى توفر المواد الخام والمواد الأولية وتحديد كمياتها بما يتناسب مع أنشطة العمليات في الموقع المقترح للمشروع، بالإضافة إلى وفرة ونمط العمالة وخاصة الفنية منها.
6. القرب من الأسواق ومراكز الاستهلاك، والقدرات الاستيعابية للأسواق بالإضافة إلى الكثافة السكانية ومراكز تجمعها.
7. تكلفة الأرض المقترحة للمشروع ومدى توفرها فإذا كانت الأرض المقترحة لتشييد المشروع من الأراضي التي تعود ملكيتها للدولة فتكون المفاضلة في الشواغل التي في تلك المواقع مثل: بعض الأبنية الوقتية أو المزروعات والأشجار التي يجب التعويض عنها. أما إذا كانت الأرض المقترحة لإقامة المشروع عليها تعود ملكيتها إلى المواطنين حيث يتوجب تعويضهم بالكامل عنها وقد تكلف المشروع مبالغ كبيرة.
8. كلف التشييد حيث تختلف هذه الكلف من موقع لآخر خاصة في مرحلة التشييد والبناء ومنها مثلاً: تهيئة أماكن لإقامة العاملين خاصة إذا كان الموقع المقترح بعيداً عن المدينة بالإضافة إلى نفقات تدريب العاملين وغيرها. وكذلك إسكان العاملين في المشروع، فقد يتطلب الموقع المقترح تشييد مجمعات سكنية للعاملين، ومرافق خدمية في أحد المواقع بينما لا يتطلب ذلك في موقع آخر.
9. شبكات تجهيز المياه، حيث يفضل أن يكون موقع المشروع بالقرب من مصادر المياه لأن المشروع الصناعي مثلاً يحتاج عادة إلى كميات كبيرة من المياه وعلى الأخص مشروعات الأغذية والإنشائية والرخام.

10. مدى توفر شبكات الصرف الصحي خاصة في الصناعات الكيماوية والتي لا بـد مـن التخلص من المياه الناتجة عن العمليات التصنيعية وعدم تلويثها للبيئة حتى لا يتعرض السكان للخطر.

11. القرب من مصانع الشركات الأخرى/ التمركز الصناعي حيـث يكـون المصنـع قريبـاً مـن المصانع الأخرى العاملة في نفس القطاع.

12. الاعتمادية الصناعية إذ أن الصناعات التي تعتمد عـلى صناعات أخرى في العـادة تكـون قريبة منها لان مخرجات تلك الصناعة هي مدخلات لها.

13. مدى توفر الخدمات المساندة سـواء المطاعم أو المقاهي أو الخدمات الصحية، ومـدى توفر إسكان للعاملين قريباً مـن المشروع لأن عـدم وجود ذلـك قـد يتطلـب تشـييد مجمعات سكنية للعاملين، ومرافق خدمية لهم.

14. المناخ ودراسة مدى التلوث البيئي والمحافظة على وجود بيئة نظيفة في المجتمعـات التـي تعمل بها الصناعات وأخذ عوامل الحرارة والرطوبة بعين الاعتبار.

5.5. أساليب اختيار موقع المشروع [5]

Methods Selection of Enterprises Location

تستخدم طريقة التحليل الكلي في عملية تقييم المنـاطق والأقاليم المقترحـة البديلـة وكذلك الوحدات الإدارية في البلد، في حين تستخدم طريقة التحليـل الجـزئي في عمليـة تقييم البدائل المتعلقة بالمواقع ومراحل إنشاء المشروع.

وفيما يلي بعض الأساليب المستخدمة في عملية التحليل الكلي والتي يمكن تطبيقهـا على المشاريع بغض النظر عن حجمها وهي:

- مؤشر درجة القياس (Factor – Rating Systems)
- مركز الجاذبية (Center of Gravity)
- البرمجة الخطية (Linear Programming)
- أسلوب تحليل الكلفة الذي يصاحب الأساليب الثلاثة أعلاه كل على حده.

1.5.5. أنظمة مؤشر درجة القياس Factor – Rating Systems

تستخدم أنظمة مؤشر درجة القياس بصورة واسعة، وقد يكون أكثر الأساليب شيوعاً في تحليل واختيار موقع المشروع، والسبب في ذلك يعود إلى أن هذه الأنظمة تحقق الآلية التي توائم العوامل المختلفة في صيغة سهلة الفهم للتعامل.

وتحتوي تطبيقات هذه الأنظمة على قائمة للمعايير الأساسية التي تستخدم في عملية تقييم موقع المشروع، وتجزأ كل من هذه المعايير إلى مستويات متعددة وأن كل مستوى يعكس الأهمية النسبية لذلك المعيار، فمثلاً من الممكن استخدام العوامل النوعية التالية:

- المناخ.
- وفرة المياه.
- وفرة السكن وغيرها.

ويبين الجدول التالي مثالاً لاستخدام نظام مؤشر القياس في تحليل أهمية الموقع:

نموذج لنظام مؤشر القياس

ت	العوامل	المدى (نقله)
1	مدى وفرة الوقود	صفر – 330
2	وفرة الطاقة الكهربائية	صفر – 220
3	درجة الاعتمادية	صفر- 100
4	ملائمة المناخ للمعيشة	صفر – 100
5	الظروف المعاشية	صفر – 50
6	توفر وسائط النقل وأنواعها	صفر – 10
7	مدى وفرة المياه	صفر – 50
8	الظروف المناخية	صفر – 60
9	التوريدات	صفر- 20
10	السياسات الضريبية والتشريعات الثقافية	صفر – 60
المجموع		صفر- 1000

المصدر: العلي، عبدالستار (2000). **إدارة الإنتاج والعمليات: مدخل كمي**. الأردن، عمان: دار وائل للنشر، ص. 94.

والمثال التالي يبين أسلوب النقاط في المفاضلة بين بديلين لاختيار موقع المشروع.

مثال على استخدامات أسلوب النقاط في المفاضلة:

لقد حددت إحدى الشركات الصغيرة موقعين هـما الموقـع (أ) والموقـع (ب) لتشـييد مشروعها الجديد، وتم تقييم كل من الموقعين كما مبين في الجدول التالي.

نتائج التقييم والمفاضلة

ت	المعيار	المشروع أ	الدرجة	المشروع ب	الدرجة
1	الظروف المناخية	متقلب	18	مثالي	30
2	المياه	نوعية جيدة	8	جيدة، وبحاجة إلى معاملة	6
3	المدارس	نوعية عالية	12	نوعية متدنية	8
4	السكن	جيد	10	مقبول	6
5	الحياة الاجتماعية	متعاونة	45	متعاونة	45
6	التشريعات العمالية	عادية	16	غير مثيرة للمشاكل	24
	المجموع	-	109	-	119

ومن جدول نتائج التقييم والمفاضلة يتضح بأن البديل (ب) هو الأفضل مقارنة مع البديل (أ) في مجموع المعايير المستخدمة. ولكن لغرض استكمال عملية التقييم والمفاضلة ما بين هذين البديلين لا بد من تحليل العوامل الكمية الأخرى التي تم مناقشتها سابقاً.

2.5.5. أسلوب مركز الجاذبية Center of Gravity Method

يستخدم عادة أسلوب مركز الجاذبية في اختيار موقع المشروعات الأحادية الموقع (المنفردة) والتي يتعامل من خلالها مع المشروعات القائمة والمسافات التي تفصل ما بينهما بالإضافة إلى كميات الحمولات من البضائع والمنتجات المنقولة ما بين المواقع ومراكز الاستهلاك، كما ويستخدم أيضاً بصورة أكثر شيوعاً في اختيار مواقع المشروعات والتخزين، وبين قنوات التوزيع ومراكز الاستهلاك. وتعتبر عادة المسائل المتعلقة باختيار مواقع المستودعات والمخازن الرئيسة من الأمور البالغة الصعوبة حتى بالنسبة للمشاريع الأحادية الموقع (أي ذات المرحلة الواحدة) لأنها تتعلق بمسائل أنظمة التوزيع الشبكي المختلفة. وتلعب كلف النقل والمناولة الدور الحازم في تحديد الحدود

الفاصلة ما بين مراكز التوزيع المركزية بحيث يتوجب أن تكون تلك الكلف متساوية بين أي نقطة أو مركز حدودها والتي تحدد عادة بالتقسيمات والوحدات الإدارية للمنطقة والإقليم أو العوارض الطبيعية الموجودة في تلك المواقع المختارة.

3.5.5. أسلوب البرمجة الخطية Linear Programming Method

يعتبر أسلوب البرمجة الخطية واحد من أفضل الأساليب المعروفة في بحوث العمليات التي تستخدم في إيجاد الحلول المناسبة لمختلف المسائل المتعلقة بأنظمة التوزيع.

ويعني مفهوم البرمجة الخطية الطريقة المستخدمة في إيجاد أفضل الصيغ والحلول لاستثمار الموارد المتاحة. وتستخدم الصيغة الخطية في توصيف العلاقة ما بين متغيرين أو أكثر. وهذه العلاقة تكون عادة مباشرة لأنها قابلة للتغيير بنفس النسبة لكلتا الجهتين اليمنى واليسرى للنموذج الرياضي، حيث تعني كلمة خطية بأنه إذا تغيرت ساعات الإنتاج بنسبة (10%)، فإن حجم الإنتاج سوف يتغير هو الآخر بنفس النسبة أي (10%)، بينما تعني كلمة برمجة استخدام الطريقة الرياضية المعنية للوصل إلى الحل الأفضل لتلك المسألة المتعلقة بالموارد المتاحة المحدودة.

أما القواعد الأساسية لنجاح تطبيق البرمجة الخطية فهي:

1. توجب أن يكون هناك هدف، أو دالة هدف محدد يراد تحقيقه، مثل: تعظيم الربح أو خفض الكلفة.
2. لا بد من توفر العديد من البدائل المختلفة لأداء النظام قيد الدراسة للوصول إلى الهدف المنشود.
3. بيان قيود الموارد في النظام قيد الدراسة ومثال على ذلك العدد المحدود من ساعات تشغيل المعدات والمكائن وكذلك العاملين.
4. وجود علاقة خطية بين العوامل المتغيرة (المتغيرات)، فمثلاً: إذا كان هامش الربح يبلغ (10) دنانير في السلعة الأولى و(20) ديناراً في السلعة الثانية فإن المجموع الكلي للربح يعكس العلاقة ما بين حجم المبيعات لهاتين السلعتين.
5. التعبير عن دالة الهدف والقيود بنماذج رياضية خطية، ومثال ذلك التعبير عن الهدف بالصيغة الرياضية البسيطة التالية:

المجموع الكلي للربح =

(10) دينار × الكمية المباعة للسلعة الأولى + (20) دينار × الكمية المباعة للسلعة الثانية

تستخدم العديد من طرق البرمجة الخطية، ومنها جداول المصفوفات المسماة بطريقة النقل لإيجاد أفضل الحلول الاقتصادية في عملية المفاضلة بين المواقع المقترحة لاختيار موقع المشروع.

ولغرض توضيح هذه الطريقة ندرج المثال التالي:

مثال على أسلوب البرمجة الخطية:

تمتلك شركة أحمد لصناعة الجلود حالياً مصنعين لإنتاج الأحذية الجلدية الرجالية، يقع المصنع الأول في محافظة عمان، في حين يقع المصنع الثاني في محافظة اربد. وتقوم هذه الشركة بتوزيع منتجاتها من الأحذية على (5) خمسة مراكز استهلاك رئيسة على التوالي هي: المركز الأول والمركز الثاني والمركز الثالث، والمركز الرابع والمركز الخامس. ومن خلال هذه المراكز الخمسة يجري توزيع الأحذية على مخازن وأسواق بيع الجملة والمفرق المختلفة. ويقوم المركز الخامس بتوزيع الأحذية إلى المناطق الجنوبية من البلد حيث تمكنت الشركة من التوسع في مبيعاتها خلال السنوات الأخيرة مما جعلها تقوم بالتفكير في إنشاء مصنع ثالث جديد لإنتاج الأحذية بطاقة متوقعة تبلغ (25000) زوج في الشهر الواحد وبعد إجراء الدراسة والمسوحات الميدانية للمنطقة الجنوبية لغرض اختيار الموقع المناسب للمشروع، فقد تم ترشيح ثلاثة مواقع هي (أ، ب، ج) التي تقع في الوحدات الإدارية (المراكز) كما يأتي:

● الموقع (أ) يقع في المركز الثاني.

● الموقع (ب) يقع في المركز الثالث.

● الموقع (ج) يقع في المركز الخامس.

ويبين الجدول التالي كلف الإنتاج والتوزيع (النقل)، وكذلك معدلات الطلب المتوقعة، والطاقة الإنتاجية للمشاريع. ومن الجدير بالإشارة هنا، إلى أن الطاقة الإنتاجية المقترحة تبلغ (7200) زوج حذاء شهرياً.

كلف الإنتاج والتوزيع (دينار)

المعامل إلى مراكز الاستهلاك	تكلفة النقل للوحدة المنتجة (دينار/ زوج)					تكلفة الوحدة (دينار/زوج)	الطاقة الإنتاجية
	المركز 1	المركز 2	المركز 3	المركز 4	المركز 5		
عمان	0.150	0.120	0.135	0.130	0.175	1.250	2700
اربد	0.110	0.145	0.150	0.160	0.165	1.200	2000
الموقع المتقرح (أ)	0.160	0.125	0.105	0.150	0.155	1.150	2500
الموقع المقترح (ب)	0.145	0.105	0.125	0.130	0.140	1.230	2500
الموقع المقترح (ج)	0.170	0.140	0.155	0.170	0.195	1.120	2500
حاجة السوق المتوقعة (زوج/شهرياً)	1000	1500	1600	1900	1200	-	7200

يتبين من البيانات الواردة في جدول كلف الإنتاج والتوزيع بأن تكلفة الإنتاج للزوج الواحد من الأحذية في الموقع المقترح (ج) لإنشاء المشروع الجديد هي أقل مما عليه في الموقعين المقترحين الآخرين في حين أن تكلفة النقل والتوزيع تظهر عالية نسبياً بالمقارنة مع المقترحين الآخرين لإقامة المشروع. وهذا يؤدي إلى التساؤل: أي من المواقع المقترحة الثلاث الذي يحقق للشركة أدنى مستوى ممكن للتكلفة الكلية للإنتاج والنقل والتوزيع معاً؟

ولغرض الوصول إلى الحل المناسب لهذه المسألة لا بد من استخدام طريقة النقل والتوزيع للبرمجة الخطية والمفاضلة بين المواقع المقترحة لإقامة المشروع.

وتبين الجداول الثلاث التالية جداول التوزيع للمصفوفات باستخدام طريقة النقل والتوزيع للبرمجة الخطية حيث أن القيم الموجودة داخل الخلايا (المربعات) في المصفوفات تمثل التكلفة الكلية للإنتاج والتوزيع، في حين أن القيم الموجودة داخل المربعات الصغيرة في المصفوفات تمثل معدلات (الحمولات) للتوزيع كما وتبين المصفوفة في الجدول الأول الحل الأفضل للبدائل الثلاثة المقترحة لموقع المشروع والتي بها أدنى مستوى من الكلف المتوقعة للموقع المقترح (أ).

المصفوفة – البديل (أ)

مراكز التوزيع / المعامل	مركز التوزيع الأول D1	مركز التوزيع الثاني D2	مركز التوزيع الثالث D3	مركز التوزيع الرابع D4	مركز التوزيع الخامس D5	الطاقة الإنتاجية المتوقعة (زوج/ شهريا)
المحافظة (أ)	1.400	1.37 / 800	1.385	1.38 / 1900	1.425	2700
المحافظة (ب)	1.31 / 1000	1.345	1.35	1.36	1.365 / 1000	2000
الموقع (أ)	1.310	1.275 / 700	1.255 / 1600	1.3	1.305 / 200	2500
حاجـة السـوق المتوقعـة (زوج/شهرياً)	1000	1500	1600	1900	1200	7200

$$= (1.31 * 1000) + (1.37 * 800) + (1.275 * 700) + (1.255 * 1600)$$
$$+ (1.38 * 1900) + (1.365 * 1000) + (1.305 * 200) = 9554.5$$

التكلفة الكلية = 9554.5 دينار.

المصفوفة – البديل (ب)

مراكز التوزيع / المعامل	مركز التوزيع الأول D1	مركز التوزيع الثاني D2	مركز التوزيع الثالث D3	مركز التوزيع الرابع D4	مركز التوزيع الخامس D5	الطاقة الإنتاجية المتوقعة (زوج/ شهريا)
المحافظة (أ)	1.400	1.37	1.385 / 800	1.38 / 1900	1.425	2700
المحافظة (ب)	1.31 / 1000	1.345	1.35 / 800	1.36	1.365 / 200	2000
الموقع (ب)	1.375	1.335 / 1500	1.355	1.36	1.37 / 1000	2500
حاجـة السـوق المتوقعـة (زوج/شهرياً)	1000	1500	1600	1900	1200	7200

$$= (1.31 * 1000) + (1.335 * 1500) + (1.385 * 800) + (1.35 * 800)$$
$$+ (1.38 * 1900) + (1.365 * 200) + (1.37 * 1000) = 9765.5$$

التكلفة الكلية = 9765.5 دينار.

المصفوفة - البديل (ج)

المعامل / مراكز التوزيع	مركز التوزيع الأول D1	مركز التوزيع الثاني D2	مركز التوزيع الثالث D3	مركز التوزيع الرابع D4	مركز التوزيع الخامس D5	الطاقة الإنتاجية المتوقعة (زوج/ شهريا)
المحافظة (أ)	1.400	1.37	1.385 600	1.38 1900	1.425 200	2700
المحافظة (ب)	1.31 1000	1.345	1.35	1.36	1.365 1000	2000
الموقع (ج)	1.29	1.26 1500	1.275 1000	1.29	1.315	2500
حاجة السوق المتوقعة (زوج/شهرياً)	1000	1500	1600	1900	1200	7200

= (1.31 * 1000) + (1.26 * 1500) + (1.385 * 600) + (1.275 * 1000)
+ (1.38 * 1900) + (1.425 * 200) + (1.365 * 1000) = 9578

التكلفة الكلية = 9578 دينار.

ومن نتائج الحل المبينة في الجداول الثلاث يتبين بأن الموقع المقترح (أ) يعتبر أفضل المواقع المقترحة والذي يحقق الحد الأدنى من الكلفة الكلية.

4.5.5. أسلوب تحليل الكلفة.

يعتبر أسلوب تحليل الكلفة أحد الأساليب الواسعة الانتشار المستخدمة في التحليل بدراسات الجدوى لكونه يأخذ بالعديد من الأشكال المعتمدة أساساً على الدراية والمعرفة بسلوك عناصر كلفة النظام قيد الدراسة. وليس من السهولة الحصول على النتائج التحليلية المناسبة من مجرد تأمين المعلومات المطلوبة لعملية صنع القرار وذلك بالاعتماد على البيانات المحاسبية وتحديد تأثيرها على النظام قيد الدراسة، ويعود السبب في ذلك إلى أن معظم البيانات المحاسبية لن تكون فاعلة إلا من خلال وجودها داخل النظام المحاسبي.

وسوف يتركز اهتمامنا هنا على السلوك الفعلي للكلفة وعناصرها الثابتة والمتغيرة في البدائل المتقرحة للنظام، كما ويساعد استخدام أسلوب تحليل نقطة التعادل كثيراً على إيجاد الفروق والتباينات في سلوك الكلفة وعناصرها الثابتة والمتغيرة للعمليات

المختلفة، ولأسلوب تحليل نقطة التعادل فائـدة كبيـرة وفاعلـة خاصـة في تحديـد القيمة الأمثل لأداء العمليات بالإضافة إلى فرز المسائل والعوامل المؤثرة في سلوك الكلفـة ممـا يخدم عملية تقييم المراحل الإنتاجية وإيجاد البديل الأفضل في الشركة الصناعية.

ويعتمد أسلوب تحليل الكلفة في حل المسائل المتعلقة باختيار مواقـع المشـروعات بـاختلاف أحجامها على الخطوات التالية:

أ. تحليل أثر الموقع على الكلفة حيث تحتسب الكلفـة الكليـة بشـكل عـام بدلالـة المعادلـة التالية:

$$TC = FC + VC (Q)$$

حيث أن:
TC = التكلفة الكلية (دينار).
VC = التكلفة المتغيرة للوحدة المنتجة (دينار /وحدة).
Q = عدد الوحدات المنتجة.
FC = التكلفة الثابتة (دينار).

وتتأثر الكلفة المتغيرة بمستويات كل من معـدلات الأجـر وتكلفـة المـواد الداخلـة في الإنتاج، وكذلك معدلات كلفة شبكات الخدمة وكلفة النقـل والتوزيـع. في حـين تتـأثر الكلفـة الثابتة بمقدار النفقات المستثمرة وأرض المشروع والأبنيـة والمنشـآت المختلفـة المقامـة عليـه بالإضافة إلى كلفة الأعمال الإدارية.

ولغرض توضيح أسلوب تحليل الكلفة واستخدامه في عملية اختيار موقع المشروع...، ندرج المثال الآتي:

مثال على أسلوب تحليل الكلفة:

يبين الجدول التالي البيانات المتعلقة بتقديرات الكلف لموقع المشروع المقـترح (أ)، في حين يبين الجدول الذي يليه أحد النماذج المستخدمة في حسابات الموازنة التشغيلية المعتمدة على إنتاج (10000) وحدة سنوياً، علما أن الموازنة التشغيلية لا تحتوي عادة على تكلفـة رأس المال المستثمر في بناء الطاقات والتسهيلات المختلفة.

البيانات المتعلقة بالمشروع المقترح

المفردات	النوع	المعدل	الاستخدام المتوقع
العمالة.	أعمال لحام	5 دينار/ الساعة	0.25 ساعة/ وحدة
	أعمال كهربائية	4 دينار/ الساعة	0.2 ساعة/ وحدة
	أعمال تجميع عامة	4 دينار/ الساعة	0.9 ساعة/ وحدة
المواد.	ألواح الحديد	0.2 دينار/ كغم	40 كغم/ وحدة
	المثبتات	1 دينار/ 100 وحدة	10 قطعة/ وحدة
	أسلاك كهربائية	0.03 دينار/ قدم	30 قدم/ وحدة
شبكات الخدمة.	الغاز الطبيعي	2 دينار/ 1000 قدم مكعب	200 قدم مكعب/ وحدة
	الكهرباء	0.03 دينار/ كيلو وات ساعة	100 كيلوواط ساعة/وحدة
النقل.	السكك الحديدية	0.01 دينار/ كغم (ألواح حديد)	100 كغم/ وحدة
	الشاحنات	0.02 دينار/ كغم (المثبتات)	2 كغم/ وحدة
	الشاحنات	0.03 دينار/ كغم (أسلاك)	2 كغم/ وحدة
	الشاحنات	5 دينار/ وحدة (سلع نهائية)	2 كغم/ وحدة
النفقات الإدارية.	نفقات إدارية		110200 دينار
الاستثمار الأولي.	الأرض، الأبنية، التشغيل الأولي، والتدريب		750000 دينار
نفقات خاصة.	الضرائب والقروض		280000 دينار

الموازنة التشغيلية لسنة واحدة

النوع	المعدل	التكلفة المتوقعة
1. العمالة:		
أعمال لحام.	(5 دينار/ ساعة) (0.25 ساعة/ وحدة) (10000 وحدة)	12500 دينار
أعمال كهربائية.	(4) (0.2) (10000)	8000 دينار
أعمال تجميع عامة	(4) (0.9) (10000)	36000 دينار
مجموع العمالة.		56500 دينار

النوع	المعدل	التكلفة المتوقعة
2. المواد:		
ألواح الحديد.	(10000) (40) (0.2)	80000 دينار
المثبتات.	(10000) (10) (100/1)	1000 دينار
أسلاك كهربائية.	(10000) (30) (0.03)	9000 دينار
مجموع المواد.		90000 دينار
3. الخدمات:		
الغاز الطبيعي.	(10000) (200) (1000/2)	4000 دينار
الكهرباء.	(10000) (100) (0.03)	30000 دينار
مجموع الخدمات.		34000 دينار
4. النقل:		
ألواح الحديد.	(10000) (100) (0.01)	10000 دينار
المثبتات.	(10000) (2) (0.02)	400 دينار
الأسلاك.	(10000) (2) (0.03)	600 دينار
السلع النهائية.	(10000) (5)	50000 دينار
مجموع النقل.		61000 دينار
5. التكلفة المتغيرة.		241500 دينار
6. النفقات الإدارية.		110200 دينار
المجموع الكلي.		351700 دينار

تبلغ تكلفة إنتاج السلع النهائية في المشروع المقترح كالآتي:

التكلفة المتغيرة للوحدة المنتجة = (241500 \ 10000) = 24.15 دينار .

أما تكلفة الوحدة المنتجة بما في ذلك النفقات الإدارية السنوية فهي:

= (351700 \ 10000) = 35.17 دينار للوحدة المنتجة.

ب. أثر الموقع على العائد حيث تستخرج دالة العائد بدلالة الصيغة التالية:

$TR = (P)\,Q$

حيث ان:

TR = العائد الإجمالي (دينار).

P = سعر البيع للوحدة (دينار /وحدة).

Q = مجموع الوحدات المباعة (وحدة).

ج. تحليل التفاضل ما بين كل من التكلفة والعائد والزمن.

ولغرض تفضيل أخذ القرارات المتعلقة باختيار موقع المشروعات يتوجب على الإدارة القيام بتنظيم الكلف والعوائد لكل موقع (أو بديل مقترح) وبالطريقة التي تسهل من خلالها عملية المفاضلة فيما بينهما.

د. المفاضلة ما بين الكلف خلال الفترة الزمنية الواحدة.

ولغرض إجراء مثل هذه المفاضلة بين كلف المواقع للمشروعات المقترحة لنفس الفترة، لا بد من التأكيد على العديد من الفروض مثل:

1. عدم تأثر العائد بأي من البدائل المقترحة.
2. حجم المبيعات السنوية وأسعار البيع والكلف المتغيرة للوحدة المنتجة وكذلك الكلف الثابتة والتي يجب أن تبقى ثابتة ولا تتغير خلال الفترة الزمنية قيد الدراسة.
3. إهمال القيمة الزمنية للنقود.

وفي ضوء الفروض أعلاه، يصبح بالإمكان صياغة النموذج المبسط وأثر كل من هذه الفروض على النموذج.

وإضافة إلى بيانات مثالنا السابق للموقع المقترح (أ). لو كان لدينا الخيار في المفاضلة بين الموقع الأول وموقع ثاني مقترح حسبت تكاليفه المختلفة وكانت كما يلي:

الكلف المتغيرة = 23.2 (دينار/ وحدة).

النفقات السنوية = 90500 (دينار/ سنة).

الاستثمار الأولي = 900000 (دينار).

التسهيلات المالية = 100000 (دينار).

فكيف يمكن إجراء المفاضلة بين كل من الموقعين الأول والثاني المقترحين خلال السنوات الخمس القادمة.

ويبين الجدول التالي خلاصة نتائج المفاضلة بين الموقعين المقترحين لإقامة المشروع والواردة في مثالنا السابق عن الموقع الأول وكذلك المعلومات الواردة عن المقترح الثاني.

خلاصة نتائج المفاضلة

الموقع المقترح الثاني	الموقع المقترح الأول	التفاصيل	ت
23.2	24.15	الكلــف المتغيــرة (دينـار/ وحدة)	1
90500	110200	النفقـات السـنوية (دينـار/ سنة)	2
900000	750000	الاستثمار الأولي (دينار)	3
100000	280000	التسهيلات المالية (دينار)	4

ومن خلاصة نتائج المفاضلة بـين المـوقعين الأول والثـاني المقترحـين خـلال السـنوات الخمس القادمة نصل إلى التكلفة الكلية للمشروعين باستخدام معادلة التكلفة الكلية كالآتي:

$$TC_A = (750000 - 280000) + (5)\ 110200 + (5)\ (10000)\ (24.15)$$
$$= 2128500\ JD.$$
$$TC_B = (900000 - 100000) + (5)\ (90500) + (5)\ (10000)\ (23.2)$$
$$= 2412500\ JD.$$

يتضح من النتائج السـابقة بـأن الموقع الأول المقترح لإنشاء المشروع هـو الأفضـل لكونه يحقق الكلفـة الإجماليـة الـدنيا (2128500) دينار خـلال السـنوات الخمـس القادمـة ولاستكمال التحليل لا بد من إيجاد الإجابة المناسبة للتساؤل:

في أي برهة زمنية سوف تتعادل التكلفة الكلية لكلا الموقعين الأول والثاني؟

وفي مثل هذه الحالة، نقترض بأن (X) تمثل عدد السنوات (أو الزمن) لحـين حصـول تعادل التكلفة الكلية لكلا البديلين ، أي:

$$TC_A = TC_B$$

وبالتعويض في المعادلة نحصل على:

$$\{\ (750000 - 280000\ ) + (x)\ 110200 + (x)\ (10000)\ (24.15)\ \} =$$
$$\{900000 - 100000 + (x)90500 + (x)\ (10000)\ (23.2)\ \}$$

وتكون النتيجة النهائية:

$$29200\ (X) = 330000$$

ومنها نصل إلى نقطة التعادل بين المشروعين بالسنوات وهي:

(×) = 330000 / 29200 = 11.3 سنة

وأخيراً، فإذا فرضنا بأن حجم المبيعات السنوية يختلف من سنة لأخرى.

فما هي نقطة تعادل الكلف الكلية تبعاً لحجم الإنتاج السنوي؟

ولإيجاد نقطة تعادل الكلف الكلية تبعاً لحجم الإنتاج السنوي نفترض أن

عدد الوحدات المنتجة سنوياً = (x)

ثم نطبق المعادلة التالية:

$$TC_A = TC_B$$

وبالتعويض في المعادلة نحصل على:

$$\{ (750000 - 280000) + 5\ (110200) + 5\ (\times)\ (24.15)\ \} =$$
$$\{ (900000 - 100000) + (5)\ (90500) + 5\ (\times)\ (23.2)\ \}$$

وتكون النتيجة النهائية:

$$4.75\ (X) = 23400$$

ومنها نصل إلى عدد الوحدات السنوية التي تحقق نقطة التعادل=

(X) = 231400 \4.75 = 48715 وحدة.

5.5.5. دمج العوامل الكمية مع العوامل النوعية.

لغرض جعل أثر العوامل المؤثرة في اختيار موقع المشاريع شاملة ومتساوية ومتكاملة عند اتخاذ القرار المناسب لاختيار موقع المشروع.

يتوجب على الإدارة عمل الآتي:

1. تحديد أي من العوامل (الحرجة) الأكثر ملائمة للمسألة قيد الدراسة.
2. تحديد وزن لكل عامل من العوامل الملائمة (وقد يكون أكثر من عامل واحد) إلا أنها تختلف من حيث الأهمية النسبية.
3. تقييم كل موقع من المواقع المقترحة مما يجعل المفاضلة العقلانية ممكنة فيما بينها.

ولتوضيح ذلك، ندرج المثال التالي:

وبالعودة إلى مثالنا السابق بخصوص المفاضلة بين الموقعين المقترحين (أ) و (ب) لإنشاء المشروع، فقد حددت إدارة الشركة العوامل الملائمة المدرجة أدناه لغرض صنع القرار، وقد تم اعتماد الأوزان من (1) ولغاية (10) حيث أن الدرجة (10) تعتبر الأعلى في الأوزان وكما مبين في الجدول التالي:

جدول الأوزان للمواقع المقترحة

درجة الموقع الثاني (ب)	درجة الموقع الأول (أ)	الوزن	التفاصيل	ت
7	8	20	النشاطات الاجتماعية.	1
8	8	40	التسهيلات العلمية والجامعية.	2
7	4	40	النشاط النقابي.	3
6	7	80	الخدمات المصرفية.	4
5	7	60	وفرة العمالة الماهرة.	5

كما يبين الجدول التالي نتيجة حاصل ضرب الوزن في الدرجة لكل عامل من العوامل، أي خلاصة نتائج الأوزان للمواقع المقترحة.

خلاصة نتائج الأوزان للمواقع المقترحة

الموقع الثاني ب		الموقع الأول أ		الوزن	التفاصيل	ت
المجموع	الدرجة	المجموع	الدرجة			
140	7	160	8	20	النشاطات الاجتماعية	1
320	8	320	8	40	التسهيلات العلمية والجامعية	2
280	7	160	4	40	النشاط النقابي	3
480	6	560	7	80	الخدمات المصرفية	4
300	5	420	7	60	وفرة العمالة الماهرة	5
1520	-	1620	-	-	المجموع	

ومن جدول خلاصة نتائج الأوزان للمواقع المقترحة يتضح أن البديل الأفضل هو الموقع الأول (أ) حيث نجد أن مجموع النقاط لديه (1620) نقطة، بينما نجد أن مجموع النقاط للمشروع (ب) هي (1520) نقطة، وعادة نختار المشروع الذي يملك عدد نقاط أعلى. لذا نختار الموقع (أ).

6.5. عوامل المفاضلة في اختيار موقع المشروع.

تعتبر عملية تحديد واختيار الموقع المناسب لأي مشروع صغيراً كان أم كبيراً من المسائل الصعبة والمعقدة بسبب زيادة أهمية الاستثمارات المالية. ولأغراض مثل هذه العملية لا بد من دراسة بدائل متعددة مقترحة للموقع الجغرافي بغرض المفاضلة بين هذه البدائل وبهدف اختيار البديل الأنسب، وعند الانتهاء من اختيار الموقع الجغرافي تجري عندئذ المفاضلة في ضوء مكونات الدراسة التي تشمل عادة على الأمور التالية:

1.6.5. التوزيع الجغرافي لمعدلات الطلب، وأثر المشروع المقترح على ذلك.
2.6.5. مراكز الاستهلاك والقدرات الاستيعابية للأسواق، بالإضافة إلى الكثافة السكانية ومراكز تجمعها.
3.6.5. تكلفة نقل المنتجات من الموقع المقترح وإلى مراكز الاستهلاك.
4.6.5. ملائمة البيئة في الموقع المقترح من النواحي الفنية والتكنولوجية وأثرها على أنشطة المشروع المختلفة.
5.6.5. تكلفة نقل المواد والخامات الأولية إلى موقع المشروع المقترح، ومقارنتها مع كلف النقل للمواقع البديلة الأخرى.
6.6.5. وفرة المواد الأولية والخامات وتحديد كمياتها بما يتناسب مع أنشطة العمليات في الموقع المقترح للمشروع، بالإضافة إلى وفرة ونمط العمالة وخاصة الفنية منها.
7.6.5. أثر الموقع المقترح على التوزيع الجغرافي للمشاريع الصناعية، ومدى انسجامه مع أهداف خطط التنمية الاقتصادية.

ويستخدم عادة في دراسة اختيار موقع المشروع أسلوب تحليل المواقع في المفاضلة بين البدائل المقترحة للوصول إلى المستويات الدنيا الممكنة لجميع الكلف والنفقات ذات العلاقة باختيار الموقع المناسب.

وتقسم عناصر التكلفة كما هو معروف إلى قسمين هما عناصر التكلفة الثابتة وعناصر التكلفة المتغيرة. كما وتعتمد دراسة الجدوى الاقتصادية للبدائل المقترحة لاختيار موقع المشروع على إجراء المفاضلة بين فاعلية كل من العناصر الثابتة والمتغيرة للكلف، ومن بينها النقل مثلاً حيث من الممكن أن تكون تكلفة النقل عالية في موقع ورخيصة في موقع آخر، في الوقت الذي تكون كلفة الوحدة من الطاقة الكهربائية ثابتة ومتساوية في كلا الموقعين، إضافة إلى أن إدارة الأعمال تهدف أيضاً من خلال الدراسة التحليلية لاختيار الموقع للوصول إلى المستويات الدنيا الممكنة لموازنة الكلف، ليس فقط خلال فترة دراسة الجدوى الفنية والاقتصادية وإنما أيضاً على الأمد البعيد لدورة حياة المشروع.

ولا بد لموقع المشروع المقترح من أن يحقق الحدود الدنيا للمتطلبات الأولية عند تحديد الحاجات الضرورية من المساحات والأراضي اللازمة لتشييد الأبنية والمنشآت المختلفة للبدء بالمشروع، وكذلك لا بد أن يؤخذ بنظر الاعتبار التوسعات المستقبلية المتوقعة، أضف إلى ذلك أن تكون تربة الموقع مناسبة لكي تتحمل الحمولات والأثقال والأبنية المختلفة.

7.5. أسئلة للمراجعة/ الفصل الخامس.

أولاً: أكمل الفراغ فيما يلي:

1. ينطوي قرار موقع المشروع على خطوتين أساسيتين هما:

أ. ....

ب. ....

2. تحدد العوامل الرئيسة التالية اختيار المنطقة والمجتمع للمشروع الصغير:

أ. ....

ب. ....

ج. ....

د. ....

3. من الاعتبارات المختلفة التي تؤخذ بشكل عام عند تحديد الموقع الجيد لمشاريع الخدمات هي:

أ. ....

ب. ....

ج. ....

د. ....

4. من أهم الأساليب المستخدمة في التحليل الكمي، والتي يمكن تطبيقها على المشاريع بغض النظر عن حجمها هي:

أ. ....

ب. ....

ج. ....

د. ....

ثانياً: أجب عن الأسئلة التالية:

1. ما هي العوامل الرئيسة التي تحكم اختيار الموقع داخل المنطقة التجارية؟

2. ما هي العوامل العامة في اختيار موقع المشروع؟

8.5. مراجع الفصل الخامس.

1. بومبـاك، كليفـود م. (1989). أسس إدارة الأعمال التجارية الصغيرة. تحرير وتدقيق: د. رائد السمره. الأردن، عمان: مركز الكتب الاردني، ص.241.

2. المرجع السابق. ص. 250.

3. المرجع السابق. ص. 239.

4. عبد السلام، عبد الغفور؛ الجلبي، رياض؛ شحادة، حازم، والجيوسي، محمد (2001). إدارة المشروعات الصغيرة. الأردن، عمان: دار صفاء للنشر والتوزيع، ص. 91.

5. العلي، عبدالستار (2000). إدارة الانتاج والعمليات: مدخل كمي . الأردن، عمان: دار وائل للنشر، ص. 94.

8.5. مراجع الفصل الخامس.

1. بومباك، كليفود م. (1989). أسس إدارة الأعمال التجارية الصغيرة. تحرير وتدقيق: د. رائد السمره. الأردن، عمان: مركز الكتب الاردني، ص.241.

2. المرجع السابق. ص. 250.

3. المرجع السابق. ص. 239.

4. عبد السلام، عبد الغفور؛ الجلبي، رياض؛ شحادة، حازم، والجيوسي، محمد (2001). إدارة المشروعات الصغيرة. الأردن، عمان: دار صفاء للنشر والتوزيع، ص. 91.

5. العلي، عبدالستار (2000). إدارة الانتاج والعمليات: مدخل كمي . الأردن، عمان: دار وائل للنشر، ص. 94.

الفصل السادس

إدارة المشتريات والمخزون في المشروعات الصغيرة

Purchasing and Inventory

Management

in

Small Business

الفصـل السادس
إدارة المشتريات والمخزون في المشروعات الصغيرة
Purchasing and Inventory Management in Small Business

الفصـل السادس
إدارة المشتريات والمخزون في المشروعات الصغيرة
Purchasing and Inventory Management in Small business

1.6. إدارة المشتريات Purchasing Management

1.1.6. تطور النظرة إلى إدارة المشتريات.

إن الشراء في المشروعات ليس هدفا بحد ذاته، فالمواد والمستلزمات تشترى من أجل مواجهة الاحتياجات للإدارات المختلفة، ومن هنا فقد ينظر إلى إدارة المشتريات على أنها إدارة خدمات، ولكن هذه النظرة قد تضيق من فرص الاستفادة المثلى لنشاط الشراء وقراراته المستمدة من أسس علمية.

ولكننا نلاحظ أن الشراء بدأ يأخذ أهمية متزايدة في المنشات المختلفة بحيث أصبحت وظيفة تباشرها المنشأة كعنصر أساسي لتحقيق العمل المنتج، لذا فلا بد لنشاط الشراء أن يكون متناسقا مع الأنشطة الرئيسة بالمشروع. فهو ليس تابعاً ولا مسيطراً وإنما يعمل بانسجام مع الإدارات الأخرى من أجل تحقيق أهداف المشروع المختلفة.

لذا لا بد لإدارة المشتريات من الشراء بالكميات المناسبة، والجودة المناسبة، وبالسعر المناسب، ومن مصادر التوريد المناسبة، وفي الوقت المناسب.

2.1.6. دوافع الشراء المختلفة.

يحتاج كل مشروع تجاري لشراء بعض المواد والأدوات لإعادة بيعها وتحقيق الربح، كما يحتاج المشروع الصناعي الشراء للتشغيل بدءاً من شراء الآلات وانتهاءً بالمواد الخام المختلفة، وهو يحتاج بعض هذه المواد بصفة مستمرة لمواجهة احتياجات المشروع وبرامجه المختلفة، ولا بد أن يكون ذلك من خلال اعتدال التكاليف للحفاظ على موقف تنافسي في السوق، حيث تحقيق الوفورات في تكلفة المشتريات سيؤدي إلى زيادة أكبر في الأرباح.

3.1.6. تصنيف الشراء حسب دوافع الشراء:

1. **الشراء بهدف الاستهلاك:** وهو ما يمارسه المستهلك الأخير عند شراءه للحاجيات المختلفة من مختلف المصادر، لذا لا بد لهذه المواد من أن تقابل وتشبع حاجة المستهلك الذي يقصدها.

2. **الشراء لغرض البيع:** يسري هذا النوع من الشراء في المؤسسات التجارية حيث يبحث العميل عن السلع التي يرغبها عملائه في عموميتها، دون توصيف وتحديد دقيق لمواصفات هذه المواد، وإنما يقوم بتوفيرها لمواجهة طلبات عملائه وبسعر مناسب يضمن له تحقيق الربح ورضا عملائه.

3. **الشراء لغرض التجهيز أو التصنيع:** يسود هذا النوع من الشراء في المنظمات الصناعية، وهنا تظهر أهمية التكامل بين نشاط الشراء والأنشطة الأخرى في المنظمة، ولا بد عندئذ من أن تؤكد إدارة المشتريات على مواصفات محددة في المواد التي تطلبها من حيث الجودة والشروط المختلفة.

4.1.6. وظائف إدارة المشتريات/ خطوات الشراء المختلفة [1]

1. **التحقق من الحاجة:** إن أولى خطوات الشراء هي التحقق من الحاجة الحقيقية للشراء والتي تطلبها في العادة الأقسام المختلفة عن طريق طلب الشراء، وذلك للتأكد من ضرورة الشراء الفعلية، حيث يمكن لإدارة المشتريات في بعض الحالات من تلبية بعض الحاجات عن طريق نقل المواد المطلوبة من قسم إلى آخر والاستفادة من فائض المخزون في الأقسام المختلفة.

2. **توصيف الحاجة وتحديدها:** بعد التأكد من الحاجة للشراء، لا بد من توصيف المواد المطلوبة بدقة وذلك بالتعاون بين إدارة المشتريات والإدارات الأخرى؛ لأن الخطأ في ذلك سيكلف المنشأة مبالغ كبيرة مستقبلاً، كما أن أغلب المشكلات بين الموردين وإدارة المشتريات تكون في الغالب لعدم الدقة في توصيف المواد.

أما في المشروعات الصغيرة فنجدها أحيانا تعتمد على الحدس والتقدير في تحديد احتياجاتها بدل من الاعتماد على المعلومات الصحيحة، لذا لا بد للمشتري الصغير من

التأكد من نوع البضاعة أو المواد التي يريدها ودرجة الجودة المناسبة مراعياً ما يطلبه المستهلك الأخير، كما على الصانع الصغير أن يراعي الفرص المتاحة لاستخدام مواد جديدة وبكلفة أقل مع الحفاظ على الجودة المطلوبة وعلى طلبات المستهلكين واتجاهاتهم مراعيا تقديرات المبيعات وخطة الإنتاج المعتمدة. لان عملية الشراء في المصانع الصغيرة تهدف إلى المحافظة على كميات المخزون لتكون قادرة على الوفاء بحاجات الإنتاج.

3. **اختيار مصادر التوريد المناسبة:** يعتمد اختيار مصدر التوريد المناسب على طبيعة المادة المطلوبة، وهل هي متكررة أم لمرة واحدة، وكذلك على طبيعة تركيز إدارة المشتريات على مورد واحد أم ستوزع طلباتها على أكثر من مورد، وكل ذلك يعتمد على استقصاء المصادر المتاحة لتحديد أنسبها.

ومما هو جدير بالملاحظة أن الموارد المتوفرة للمشروعات الصغيرة تكون عادة محدودة أكثر من تلك المتوفرة للمشروعات الكبيرة، إذ غالباً ما تلجأ المشروعات الصغيرة إلى الموردين الذين يقعون ضمن منطقتهم، أو الذين يملكون مندوبين لترويج موادهم حيث نجدهم من الزبائن الدائمين لبائعي الجملة المحلين، كما قد تلجأ المشروعات الصغيرة إلى التعامل مع الوسطاء والوكلاء ومندوبي الترويج التابعين للشركات الكبيرة لعدم قدرتها على التعامل مع الشركات الأم مباشرة.

4. **دراسة السعر:** تقوم إدارة المشتريات بالمفاضلة بين الأسعار المقدمة من الموردين لاختيار أنسبها، وذلك بالاعتماد على المعلومات المتوفرة لدى إدارة المشتريات عن الأصناف المختلفة. ورغم أهمية عوامل التكلفة إلا أن مواصفات الجودة المعروضة ودرجة الاعتماد على المورد في الوفاء، والالتزام في الوقت المناسب عوامل تؤخذ جميعها في الاعتبار عند اختيار المورد المناسب.

كما تشمل دراسة السعر في المشروعات الصغيرة تجديد شروط التفاوض والتي تشمل الحسم النقدي وتأخير مواعيد الدفع حيث غالباً ما يفضل أصحاب المشروعات

الصغيرة تأخير مواعيد الدفع حيث يشكل الائتمان التجاري لهم مصدراً مهماً من مصادر رأس المال العامل.

5. **إصدار أمر التوريد:** لا بد من إصدار أمر التوريد بعد اختيار المورد المناسب، ورغم أنه من الأمور الروتينية في عملية الشراء إلا أنه من الأمور الهامة حيث تعتمد المنشآت في الغالب على أشخاص لديهم سلطة التوقيع على أمر التوريد. لأن هذا الأمر هو الذي ينشئ الارتباط التعاقدي الملزم بين المشتري والبائع ولا تكتمل الأركان القانونية له إلا بعد إعادة صورة عن أمر التوريد موقعة من قبل المورد.

6. **متابعة أمر الشراء:** تقوم إدارة المشتريات بمتابعة أوامر الشراء الصادرة والتأكد من أي تعديلات ضرورية عليها إن لزم الأمر للتأكد من أن التسليم سيتم في الوقت والمكان المناسب وحتى تصل المواد إلى المخازن في الوقت المخطط له، وعادة تحتفظ إدارة المشتريات ببعض السجلات والدفاتر وصور الطلبات وغيرها من النماذج لمتابعة أوامر الشراء.

7. **الاستلام والفحص:** يعني الاستلام أن البضاعة قد وصلت بالكميات المتفق عليها وفي الوقت والمكان المناسب حيث يحرر محضراً بالاستلام يصف البضاعة المستلمة من حيث الشكل والنوع والكمية والبيانات المختلفة المتعلقة بها. أما الفحص فيركز على التفتيش على جودة هذه البضاعة ومطابقتها للموصفات المطلوبة، وهنا لا بد أن يستقر الأمر على قبول البضاعة بعد الفحص من قبل اللجان المختصة قبل توجيهها إلى المخازن وأقسام الإنتاج المختلفة.

وفي المشروعات الصغيرة لا بد من فحص الكميات المطلوبة بدقة والتحقيق من حالة السلع عند استلامها حيث يتوجب التبليغ عن أي زيادة أو نقصان في البضائع فوراً إلى البائع، ولا بد للمنشآت الصغيرة أيضا من تحديد تاريخ استلام كل مادة مشتراة وتحديد التكلفة وسعر البيع واسم المورد وأية معلومات أخرى ضرورية على جميع المواد التي تستلمها.

8. **مراجعة الفواتير:** تقوم إدارة المشتريات بمراجعة قوائم الشراء المختلفة والفواتير المرسلة من الموردين لأنها تعني أن المورد قد أرسل البضاعة، وتذهب بعض الشركات إلى توكيل هذه المهمة إلى إدارة الحسابات لمراجعة الفواتير واعتمادها للصرف وحتى تستفيد إدارة الحسابات من خصم تعجيل الدفع إن وجد في الفاتورة. كما ترجع أهمية مراجعة الفواتير من قبل إدارة الحسابات إلى التأكد من عدم وجود أخطاء في رصيد الفاتورة، أو أي عجز في بعض الأصناف مما يستوجب تسويتها قبل صرف المستحقات للمورد.

9. **المتابعة بعد الشراء:** إن الهدف من المتابعة بعد الشراء هو أخذ صورة حقيقية عن وضع المواد من لحظة دخولها إلى المخازن وإلى حين تصريفها إلى المستهلك النهائي، سواء من حيث المتابعة والتأكد من تاريخ السلع وكذلك كمية المبيعات والمرتجعات ونسبة دوران المخزون ونسبة الحسم والتعديلات المختلفة التي حصلت عليها، وكذلك ملاحظات الزبائن المختلفة.

ومن هنا لا بد لأصحاب المشروعات الصغيرة من بذل اهتماما أكثر بالمتابعة بعد الشراء وعلى الأخص فيما يتعلق بشراء المواد الخام واللوازم المختلفة.

10. **الاحتفاظ بالسجلات والدفاتر الخاصة بإدارة المشتريات:** عندما تزداد المشتريات في المشروعات الصغيرة تبرز الحاجة إلى الاحتفاظ بسجلات أكثر مما هو مطلوباً منها من الناحية القانونية، وقد يشمل ذلك سجلاً للمواد وسجلاً للموردين وغيره من السجلات. وعموماً نجد أن إدارة المشتريات في العادة تقوم بالاحتفاظ بصور العقود المختلفة لأنها تتضمن كافة الشروط المتفق عليها، وتعمل على مراجعة السجلات والمواصفات السابقة قبل أي تعاقد جديد خاصة في حالات الشراء المتكررة.

السجلات والدفاتر الخاصة بإدارة المشتريات:

أ. الكتالوجات: تحتوي بالعادة على بيانات تفصيلية عن الجوانب الفنية للمواد وأسعارها مما يعتبر مصدراً هاماً للمعلومات خاصة في المراحل الأولى لإصدار أمر الشراء.

ب. سجل الأصناف: هو سجل تحتفظ به إدارة المشتريات للمواد المشتراة على سبيل الاستمرار حيث تخصص لكل مادة أو خدمه بطاقة تحتوي على بيانات هامة تشمل صفة أساسية للتوصيف الكامل للمادة أو الخدمة وتعتبر البطاقة أيضا سجلاً تاريخياً لمشتريات الصنف، وهي تمثل سجلاً تاريخياً ومرشداً في حالات تكرار الشراء.

ج. دليل رموز الأصناف: هو وضع نظام لتصنيف المواد يتخذ شكل دليل للأصناف يعرّف به كل صنف تعريفاً واضحاً، ويخصص لكل صنف رمزاً دالاً عليه، ويساعد ذلك في سرعة إنجاز الإجراءات المحاسبية والتكاليف، وقد يتم الترميز بالحروف أو بالأرقام أو بكليهما معاً.

د. سجل الموردين: هو السجل الذي يحوي على الموردين المختلفين بهدف الاستفادة منه عند البحث عن المصادر المناسبة للشراء. ويمكن أن يحوي هذا السجل شروط البيع والتسليم وملخصاً لنشاط التعامل مع المورد وإجمالي المشتريات السنوية له.

هـ. سجل أوامر التوريد: يحتوي هذا السجل على بيان موجز للأوامر حسب أرقامها المتسلسلة، وأسماء أصحابها. ويفيد هذا السجل في حالات الحاجة السريعة إلى بعض البيانات أو الإحصاءات المختلفة لخدمة الإدارة.

و. سجل متابعة العقود: يستخدم هذا السجل لخدمة العقود والتي غالباً ما يستمر تنفيذها لفترة زمنية طويلة حيث يظهر الموقف الذي عليه المورد والكمية التي تم تسليمها أو المتبقية، كما نستفيد منه في حالة الرغبة في تجديد العقد لفترة أخرى.

11. **الرقابة على المخزون:** إن الرقابة على المخزون هي الضمانة الأكيدة على توافر الكميات المطلوبة من المواد وتحقيق التوازن بين الكميات الموجودة والكميات المطلوبة وبأقل استثمار ممكن كما يعمل على تخفيض نفقات التخزين والمناولة ومخاطر التلف وتقلبات السعر دون تجميد جزء كبير من رأس المال في المخزون.

2.6. إدارة المخزون Inventory Management

يعرف المخزون على أنه خزن السلع والمواد والأصول المختلفة التي يجري إدامتـه لخدمة أغراض الشركة المختلفة كإعادة البيع أو الاستخدام في العمليات الإنتاجية المختلفة، أو قطع الغيار والمواد الاحتياطية لأعمال الصيانة، أو مواد وأصول لإدامة العمليات التشغيلية في الشركة.

1.2.6. مفهوم إدارة المخازن The Concept of Inventory Management

تعرف إدارة المخزون على أنها تلك الأساليب والمبادئ التي تستخدم في إعـداد خطـة المواد وتنسيقها والسيطرة عليها، ومراجعة تدفق أو حركة المواد خلال أنشطة وفعالية الشركة المختلفة. أما سياسات المخزون (Inventory Policy) فهي جميع الأبعـاد التـي تمارسـها إدارة المخزون في تحديد كميات المخزون ومواقعه في الزمان والمكان المعينين.

إن أهم أهداف مراقبة المخزون هو تخفيض متوسط الاستثمار في المخزون من خلال زيادة دوران المواد خلال العام لأن ذلك سيؤدي إلى تخفيض في تكاليف المخزون.

2.2.6. وظائف إدارة المخزون [2] The Functions of Inventory Management

1. الاحتفاظ في المخزون لمواجهة الطلب المتوقع.
2. تأمين التدفق المنتظم لمستلزمات الإنتاج والوقاية من حالات نفاذ المخزون.
3. تحقيق المكونات الثنائية ما بين أنظمة الإنتاج وأنظمة التوزيع.
4. تحقيق مزايا دورات الطلب.
5. الوقاية من زيادة الأسعار والاستفادة من خصم كمية الشراء.

3.2.6. الرقابة على المخزون حسب الأهمية النسبية للأصناف.

تقضي الإدارة السليمة للمخازن ضرورة تأمين دليل للأصناف المخزونـة يتضمن بيانـاً وصفياً لكل صنف ورمزاً داخلياً مخصصا لكل منها، وقد يكون نظام الترميـز تبعـا للحـروف أو الأرقام أو كليها معا مما يساعد على السهولة والسرعة في التعامل معها.

تحوي المخازن في العادة عدد كبير من الأصناف تختلف فيما بينها بمقادير المستثمر في المخزون أو قيمة الاستخدام السنوي، حيث تشاهد أحيانا أن نسبة قليلة من المخزون تستأثر بالجزء الأكبر من قيمة المخزون، أو تحظى بأعلى نسبة من الاستخدام السنوي لجميع الأصناف فنلاحظ في الشركات مثلا أن (15%) من مجموع الأصناف قد تستوعب (80%) من أجمالي قيمة الاستخدام، بينما (85%) من الأصناف لا تستوعب سوى (20%) من هذه القيمة ولذلك لا بد من تحديد الأهمية النسبية للأصناف لغرض الرقابة على المخزون، وهي ما يطلق عليها (طريقة ا، ب، ج) أو نظام الرقابة الأبجدي (ABC. Control) حيث تقسم أصناف المخزون إلى ثلاثة فئات تعطي الفئة الأولى ذات الأهمية الرمز (أ) وهي الفئة التي يجب أن تخضع لأقصى درجات الرقابة المحكمة، بينما تعطي الفئة الثانية الرمز (ب) وتأخذ قدر معتدل من الرقابة، أما الفئة الأخيرة (ج) فيكون خضوعها للرقابة في أبسط صورها وأدنى حدودها[3].

ويعتمد التصنيف السابق على قيمة الاستخدام السنوي من الصنف إضافة إلى مدى تعرضه للتقادم أكثر من غيره.

فإذا أردنا مراقبة المخزون بمستوى مقبول من الفعالية فإنه وقبل وضع أي نظام للرقابة على المخزون يتوجب علينا الإجابة على التالي:

ماذا نريد أن نراقب؟

هل نود مراقبة كمية المخزون أم قيمته؟

1.3.2.6. الرقابة على الكمية/ الوحدة Unit Control

تهدف الرقابة على الكمية (الوحدة) إعطاء المخازن الأهمية اللازمة والمناسبة لكل صنف من أصناف المخزون، وسهولة الوصول إلى المعلومات المختلفة حوله، وهنا يتم التأكيد على عدد الوحدات للأصناف محل الإقامة. ومن هنا فان مدخل الكمية إنما يحدد ويراقب الكميات الداخلة والخارجة من كل صنف من الأصناف إلى المخازن، ولكن قد يكون المخزون متوازناً من حيث عدد الوحدات المطلوبة من المواد، ولكنه يكون غير متوازن من حيث المبالغ المستثمرة فيه. مما يضطرنا إلى الرقابة على المخزون عن طريق القيمة.

2.3.2.6. الرقابة عن طريق القيمة [4] Dollar Control

أن هناك تفاوتاً واضحاً بين أهمية الكمية وبين القيمة التي تحويها المخازن لأن العديد من الأصناف المخزنة قد تكون غالية الثمن، ومن هنا تظهر أهمية الرقابة بطريقة القيمة للحفاظ على راس المال العامل، وذلك بالربط بين الكمية والقيمة في المخزون، فمدخل القيمة يقوم بتقديم المعلومات عن قيمة المخزون للأغراض المالية.

وتتمثل طرق الرقابة على المخزون عن طريق القيمة بمراقبة الآتي [5]

1. **قيمة المخزون:** وهنا لا بد من تحديد قيمة الأصناف المختلفة التي تدخل في حسابات المخازن وهل تتوافق مع قيمة المخزون التي نرغب في الإبقاء عليه والتي تنسب عادة إلى معدل دوران المخزون.

2. **حسابات المخزون السلعي:** وهنا لا بد من وجود حسابات للمخزون توضح قيمة الأصناف المختلفة في أي وقت من الأوقات، وتستخدم هذه الحسابات لأغراض الرقابة فتبين المخزون بالرصيد والكمية والقيمة للأصناف وكذلك فيما إذا كان المخزون الكلي أعلى من المطلوب أم لا، وكذلك متابعة الرصيد حسب الأصناف من الأنواع المختلفة.

3. **تقارير المخزون:** وهي التقارير الدورية التي يتلقاها مدير المخازن عن الرصيد والتي تعكس المعلومات عن معدل الاستهلاك والارتباطات المختلفة مع الموردين وقيمة المخزون حيث تتيح مراقبة مستوى الأصناف المختلفة وتعديلها حسب المطلوب.

4.2.6. نظم الرقابة على المخزون.

يمكن أن تتم الرقابة على المخزون بطرق عدة وحسب المعيار الذي تعتمد عليه، ويمكن تقسيمها إلى الآتي:

1.4.2.6. الرقابة بالاعتماد على مصادر البيانات وتقسم إلى:

- الرقابة بالاعتماد على السجلات والأرصدة الدفترية.
- الرقابة عن طريق المعاينة والجرد الفعلي.

2.4.2.6. الرقابة بالاعتماد على التوقيت الزمني وتقسم إلى:

● نظـم الرقابـة المسـتمرة وتتمثـل فـي مراقبـة الحـد الأدنى والحـد الأقصى ـ للمخـزون، والرقابة بوعاءين أو ثلاثة أوعية.

● نظم الرقابة الدورية وتتم على أساس تعيين مستويات حد الطلب بالنسبة للأصناف المختلفة حيث يعاد الطلب منها بكمية محددة سلفاً، أو عند نقطة إعـادة الطلـب وتتمثل في الطلب الدوري والجرد الدوري.

ويبين الجدول (6/ 1) أهم النظم الشائعة في مراقبة المخزون.

الجدول (6/ 1)
أهم النظم الشائعة في مراقبة المخزون

نظم المراقبة الدورية	نظم الرقابة المستمرة	أ. الاعتماد على التوقيت ب. الاعتماد الزمني على مصادر البيانات
الطلب الدوري	الحد الأدنى والحد الأقصى للمخزون	السجلات والأرصدة الدفترية
الجرد الدوري	الرقابة بوعاءين أو ثلاثة أوعية	المعاينة والجرد الفعلي

ونتناول فيما يلي شرحاً لتلك النظم:

5.2.6 مناقشة أهم النظم الشائعة في مراقبة المخزون.
Generic Systems in Inventory Control

1.5.2.6. نظم الرقابة المستمرة: وذلك بالاعتماد على واقع السجلات عندما تكشف السجلات عن وصول رصيد المخزون إلى مستوى معين (نقطة إعـادة الطلـب) أو بـالاعتماد عـلى الجـرد الفعلي عن طريق الرقابة بوعاءين أو ثلاثة أوعية.

1. نظام الحد الأدنى والحد الأقصى للمخزون.
2. نظام الرقابة بوعاءين.

1. **نظام الحد الأدنى والحد الأقصى (Min-Max System):** أن من أكثر نظم الرقابة الدفترية انتشاراً على المخزون هو نظام الحد الأدنى والحد الأقصى للمخزون، ويتمثل هذا النظام بتفرد كل صنف بحجم أمثل للطلبية.

ويمكن من خلال هذا النظام المراقبة من خلال ثلاث مستويات للمخزون وهي:

أ- **الحد الأدنى للمخزون:** يمثل الحد الأدنى للمخزون اللحظة التي نصل فيها إلى نفاذ الوحدة الأخيرة من المخزون مع توافق ورود الطلبية الجديدة في نفس اللحظة. ونظرياً يكون المخزون يساوي صفر، ولكن هناك مخاطر من حرفية تطبيق هذا النظام بسبب احتمالات نفاذ المخزون قبل وصول الطلبية الجديدة في نفس اللحظة، ولذلك فان التطبيق العملي لهذا النظام يحتفظ لكل صنف بمخزون احتياطي، وعليه فان الحد الأدنى يتشكل في هذه الحالة من المخزون الاحتياطي الذي تقرره المنشأة. حيث يحقق المخزون الاحتياطي في هذه الحالة فوائد ومزايا عديدة منها حماية الشركة من المواقف الطارئة التي قد تنشأ عن ارتفاع معدلات الاستخدام، أو عند تأخر وصول الطلبية الجديدة أو رفضها لسبب ما.

العوامل التي تحدد حجم المخزون الاحتياطي فهي:

1. درجة أهمية الصنف لانتظام النشاط والعمل.
2. مدى سهولة تدبير البديل .
3. مدى استقرار معدل الاستخدام.
4. التكلفة النسبية لنفاذ الاستخدام.
5. تكلفة المادة وتكاليف الشحن والتخزين.
6. الفترة الزمنية اللازمة لشراء الصنف وتشمل عملية التفاوض والتعاقد والشحن والفحص.
7. طبيعة المادة وسرعة تقلبها.

ب- الحجم الأمثل للطلبية ونقطة إعادة الطلب
Economic Ordering Quantity and Reorder Point

وهي معرفة النقطة التي يجب إصدار أمر التوريد عندها بحجم اقتصادي للطلبية محدد سلفاً بحيث لا نسمح المساس بالرصيد المخصص للاحتياطي لضمان الاستمرار في العمل وعدم توقفه لأي طارئ.

ويتوقف تحديد مستوى حد الطلب على العوامل التالية:

1. طول فترة التوريد ومدى استقرارها، وهي الفترة التي تتطلبها إعادة الشراء وتمثل الفترة الزمنية بين تقديم طلب جديد وزمن وصول المواد للمخازن.
2. معدل استخدام الصنف واستقراره خلال الوحدة الزمنية (أسبوع، شهر،...).
3. حجم المخزون الاحتياطي.
4. درجة المخاطرة التي تقبلها الإدارة.

ج- **الحد الأقصى للمخزون:** يتكون الحد الأقصى للمخزون في العادة من المخزون الاحتياطي مضافاً إليه الحجم الاقتصادي من الطلبية لحظة وصولها. كما يوضحها الشكل (6/ 1).

الشكل (6/ 1)
الحد الأدنى والأقصى للمخزون

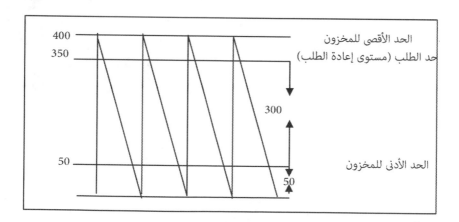

أهم المزايا التي يحققها نظام الحد الأدنى والأقصى للمخزون.

1. تحقيق الشراء بأفضل الكميات اقتصادياً (الحجم الاقتصادي للطلبية).
2. عدم الانشغال بالمخزون كثيراً لحين الوصول إلى مستوى إعادة الطلب.
3. كفاءة الرقابة المباشرة بهدف بقاء جملة المستثمر في المخزون عند المستوى المطلوب.

أما أهم المشكلات التي تواجه تطبيق هذا النظام فهي أنه يتطلب مستوى مستقر من معدلات الاستخدام، وطول فترة التوريد، وكذلك احتمالات الخطأ الدفتري في التسجيل والترصيد.

وفيما يلي مثالاً توضيحياً لعمل نظام الحد الأدنى والأقصى للمخزون:

يعتمد المصنع العربي على مورد محلي في أحد الأجزاء التي يستخدمها، ويمتاز المورد في الوفاء بموعد التسليم والذي يتم في اليوم الخامس بعد استلام أمر التوريد. فإذا علمت أن معدل الاستخدام اليومي لهذا الجزء يتراوح بين (40-60) قطعة يومياً وأن الرقابة على المخزون تستهدف عدم التعرض لحالات نفاذ المخزون فأوجد:

1. معدل الاستهلاك اليومي؟
2. حجم المخزون الاحتياطي (الحد الأدنى للمخزون)؟
3. مستوى إعادة الطلب (حد الطلب)؟
4. ما هو توقعك للتفاوت في حجم المخزون لحظة ورود الطلبية؟

الحل:

معدل الاستهلاك اليومي = (الحد الأدنى للاستخدام + الحد الأقصى للاستخدام) ÷ 2
= (40+60) ÷ 2 = 50 قطعة يومياً.

حجم المخزون الاحتياطي = الحد الأقصى للاستخدام خلال فترة التوريد - معدل الاستهلاك خلال فترة التوريد.

ولا بد من إيجاد هذه المجاهيل أولاً وهي:

الحد الأقصى للاستخدام خلال فترة التوريد = الحد الأقصى للاستخدام اليومي × فترة التوريد
= 60 × 5 = 300 قطعة

متوسط معدل الاستخدام خلال فترة التوريد = متوسط الاستخدام اليومي × فترة التوريد
= 50 × 5 = 250 قطعة.

حجم المخزون الاحتياطي (الحد الأدنى للمخزون) = 300 - 250 = 50 قطعة.

مستوى إعادة الطلب (حد الطلب) = متوسط الاستخدام خلال فترة التوريد + المخزون الاحتياطي

= 250 + 50 = 300 قطعة.

أما التوقع للتفاوت في حجم المخزون لحظة ورود الطلبية فإنه يعتمد على الحد الأدنى والأقصى للاستخدام اليومي خلال فترة التوريد ويمكن الوصول إليه:

الحد الأعلى للاستخدام خلال فترة التوريد = 60 × 5 = 300 قطعة.

الحد الأدنى للاستخدام خلال فترة التوريد = 40 × 5 = 200 قطعة.

وعليه يكون أقصى مخزون ممكن   = 300 - 200 = 100 قطعة.

لذا ففي لحظة ورود الطلبية قد نجد المخزون قد تدنى إلى الصفر إذا كان الاستخدام اليومي في أقصى طاقاته (300 قطعة) وقد يصل إلى (100) قطعة إذا كان الاستخدام اليومي في أدنى طاقاته (200 قطعة).

2- نظام الرقابة بوعاءين للمخزون Tow - bin System

تعتبر هذه الطريقة من أقدم طرق المعاينة الفعلية شيوعاً، وهي من نظم الرقابة المستمرة المعتمدة على المعاينة والجرد الفعلي، حيث يقسم المخزون إلى وعاءين أو درجتين بحيث يحوي القسم الأول على كمية من الصنف تعادل الفرق بين الحد الأقصى ومستوى حد الطلب. أما القسم الثاني فيشتمل على كمية من الصنف تساوي مستوى حد الطلب وهو الكمية التي تمثل الاستخدام خلال فترة التوريد.

وخلال العمل يتم السحب من القسم الأول حتى إذا نفذ انتقل السحب إلى القسم الثاني مع اتخاذ الإجراءات اللازمة للبدء بالطلبية الجديدة. وينتشر هذا النوع من الرقابة على المخزون في الأصناف الزهيدة.

2.5.2.6. نظم الرقابة الدورية.

يقوم هذا النظام من الرقابة على أساس الزمن حيث تكون الفترة الزمنية مستقرة بين طلب وآخر، بينما يتغير حجم الطلبية حسب تقلبات الاستخدام، ويتم ذلك بواسطة المراجعة الدورية لمستوى المخزون بالاعتماد على السجلات بما يسمح بمقابلة المخزون للاحتياجات المتوقعة. وقد يكون ذلك عن طريق:

1 – **الطلب الدوري**: وهو من نظم الرقابة الدورية المعتمدة على السجلات والأرصدة الحسابية ويقوم على أساس الزمن حيث تكون الفترة الزمنية مستقرة بين كل طلب وآخر (أسبوع، شهر،.....) بينما تتغير الكمية تبعاً لدرجة الاستخدام. وتقدر الكمية الأولى من المخزون بحجم الاستخدام المتوقع خلال الفترة وفترة التوريد إضافة إلى المخزون الاحتياطي، أما طلب الشراء في المرات التالية فيتحدد مقداره بالكمية التي استخدمت خلال الفترة السابقة. ويعتبر الطلب الدوري نظاماً مناسباً للأصناف التي تشترى كمجموعة ومن مورد واحد، أو عندما تكون فترة التوريد متقلبة.

2 – **الجرد الدوري**: وهو من نظم الرقابة المعتمدة على المعاينة والجرد الفعلي حيث يقوم النظام أساساً على قائمة مسجل عليها الصنف ورقمه والمستوى العادي من المخزون، كما تشتمل القائمة على عمودين أحدهما يحوي كمية المخزون   والآخر الكمية المطلوبة. وعلى فترات دورية (أسبوع، شهر، ..) إذ يقوم المراجع بالمرور على الأصناف وجردها ورصد الموجود من كل منها ثم يستكمل بيان الكمية المطلوبة بما يصل بالمخزون إلى المستوى العادي المطلوب أصلاً. ويصلح هذا النظام من المراقبة على المخزون في حالة المخازن الفرعية التي تتزود باحتياجاتها من المخازن المركزية، وهو مناسب عندما يكون مصدر التوريد واحد لعدد كبير من الأصناف أو عندما يكون المخزون صغيراً ويمكن القيام بجرده سريعاً، كما يمكن تطبيق هذا النظام في حالات مخزون قطع الغيار.

وأخيراً لا بد من القول بأن الاحتفاظ بمخزون احتياطي كبير له تكاليفه أيضا، ولذلك لا بد من ضرورة المواءمة بين هذه التكاليف وبين الأهمية النسبية لنفاذ المخزون وتكاليفه.

6.2.6. الصرف/ صرف المخزون.

هو صرف المواد المختلفة بالكمية والجودة والوقت المناسب إلى الإدارات المختلفة التي تطلبها، وهي من أهم مهام إدارة المخزون.

1.6.2.6. الاعتبارات المختلفة التي تؤخذ بعين الاعتبار عند عملية الصرف:

1. **سلطة صرف المواد والسلع:** وهي السلطة التي تملك القرار بتحريك المواد والسلع من المخازن إلى الخارج، وذلك عن طريق التوقيع على أذون الصرف أو إصدار التعليمات الشفوية بذلك، ولذلك لا بد من تحديد هؤلاء الأشخاص والإجراءات اللازمة للصرف، علماً بأنه قد يكون لكل شخص منهم صلاحية صرف معينة، فقد يعطي الحق لرؤساء العمال لسحب بعض المواد بما لا يزيد عن مبلغ معين، بينما المواد البسيطة قليلة القيمة قد يصدر أمر تحريكها شفوياً، أما المواد غالية الثمن في المخازن فقد يتطلب الموافقة على صرفها من المخازن توقيع أكثر من شخص واحد.
2. **التحقق من الحاجة:** وهي التحقق مما تطلبه الإدارات المختلفة، والتأكد من عملية صرف المواد ذاتها، والتأكد من أنها موقعة من صاحب السلطة بذلك كما يجب التأكد من أذون الصرف المطلوبة مثبت عليها رمزها المحدد ومواصفاتها لاكتشاف أي خطأ محتمل وتعديله والتأكد منه في الوقت المناسب. أما إذا لم تكن المواد المطلوبة متوفرة في المخازن فقد يقترح أمين المخازن بعض المواد البديلة المتوفرة في المخازن، وان لم يكن لها بديل متوفر يقوم بالإشارة على الطلب.
3. **توقيت صرف المواد:** وهي الإجراءات الكفيلة بتدفق المواد من المخازن إلى الإدارات المختلفة دون عوائق وبالسرعة المطلوبة، وقد تلجأ المخازن نتيجة ضغط الطلبات عليها إلى الطلب من الإدارات بإرسال إذن الصرف إليها قبل طلب التسليم بفترة كافية تسمح لها بتأديته بالطريقة السليمة. كما وقد تلجأ المخازن إلى أسلوب تجميع أذون الصرف المتشابهة ثم صرفها مرة واحدة، أو تحديد أوقات محدودة يتم فيها صرف المواد كدفعة واحدة.

2.6.2.6. طرق الصرف المختلفة من المخازن.

تتبع المشروعات المختلفة طرقاً من الصرف تتناسب مع ظروف عملها فقد تعتمد الصرف وفق برامج محددة سلفاً لمقابلة حاجات المشروع أو غيرها من الطرق المختلفة الشائعة والتي أهمها:

1. **الصرف عند الطلب:** يقوم أمين المخازن وفقا لهذه الطريقة إما بتجميع الطلبية وتسليمها مباشرة إلى طالب المواد بمجرد تقديم أذن الصرف موقع حسب الأصول. أو أخذ فرصة من الزمن بعد استلام إذن الصرف لتجهيز البضاعة حسب المواصفات المطلوبة.

أما في حالة المواد منخفضة القيمة أو الطلبات المستعجلة فقد تعتمد المخازن أسلوب الطلبات الشفوية مباشرة من صاحب السلطة دون التقيد بمستندات مكتوبة، شريطة إعداد قائمة داخلية في المخازن يتم التوقيع عليها عند الاستلام، وفي كل الحالات السابقة تقوم المخازن بعد ذلك بإكمال المطلوب من التوقيعات والاحتفاظ بنسخة من أذن الصرف كمستند للصرف.

2. **الصرف حسب جداول الإنتاج:** وتسود هذه الطريقة في المشروعات الكبيرة والتي تقوم بتنفيذ برامج إنتاج خاصة تعتمد على الإنتاج الكبير حيث يقوم أمين المخازن بصرف المواد التي تفي بالاستخدامات المطلوبة لتنفيذ تلك البرامج بعد تسلمه المستندات المطلوبة لأعمال التسليم، وقد تصرف المواد مباشرة إلى رجال الإنتاج، أو ترسل مباشرة إلى نقطة البداية في خطوط الإنتاج.

3. **صرف قطع الغيار:** حيث يتم صرف قطع الغيار اللازمة للإدارات المختلفة بعد إرجاع القطع التالفة وتوثيقها بسجلات المخازن وتطبيق الإجراءات المختلفة.

4. **صرف السلع الرأسمالية:** تقوم المخازن بصرف السلع الرأسمالية خاصة في حالات التوسع إلي الإدارات المختلفة، بعد مراجعة مستندات الصرف والتأكد منها لأغراض حسابات التكاليف.

5. **الصرف على سبيل الإعارة:** غالباً ما تحتفظ المخازن بالعديد من المواد والقطع والتي تحتاجها الأقسام ولمرات محدودة، وهنا تقوم المخازن بإعادة هذه المواد إلى الأقسام المختلفة مع الاحتفاظ بسجلات معينة يثبت عليها جميع التجهيزات والأدوات التي خرجت على سبيل الإعارة وتفصيلات عنها وتاريخ إعادتها مع التوقيع على ذلك.

6. **الصرف من المخازن إلى خارج المشروع:** وهنا يتم الصرف إلى خارج المشروع خاصة في حالات السلع الجاهزة أو بعض الوحدات الخارجة للإصلاح وكذلك في حالات بيع مخلفات الإنتاج حيث تقوم إدارة المخازن بتلقي أمر الصرف الوارد من إدارة المبيعات موضحاً فيه التفصيلات المختلفة واسم العميل وعنوانه، ثم تقوم إدارة المخازن بتجهيز الطلبية وشحنها إلى العميل من إخطار الشحن. كما تستخدم نفس الإجراءات في حالة صرف بعض الأجزاء إلى الخارج بقصد الإصلاح أو عند بيع مخلفات الإنتاج أو عند إرجاع بعض الوحدات المخالفة للمواصفات للموردين حيث تعد المخازن أخطار شحن البضاعة الذي يرسل إلى العميل ويكون في العادة من أربع صور حيث تحتفظ المخازن بنسخة كمستند رسمي لعملية الصرف وترسل نسخة إلى العميل وأخرى إلى الحسابات وتصاحب نسخة رابعة عملية الشحن.

أما في المشروعات الصغيرة والمتوسطة فيمكن لأحد رجال المخزون المرور على الأقسام المختلفة لتنفيذ الطلبية ويكون هو المسؤول عن تجميع كل الوحدات والأصناف الواردة في أذن الصرف.

7.2.6. الجرد/ جرد المخزون.

هي عملية رقابية تهدف إلى مراجعة فعلية لكميات المخزون من الأصناف المختلفة والتي تتم بطريقة منتظمة أو بين فترة وأخرى لمقارنتها بالسجلات المختلفة للمخزون للوصول إلى أي فروق محتملة.

1.7.2.6. أنواع جرد المخزون.

أ. **الجرد الدوري**: وهو الجرد الذي يجري على فترات محدودة ومعروفة، وغالباً ما تكون في نهاية السنة المالية، حيث تحصر الأنواع المختلفة في وقت محدد، وغالباً ما يتم هذا النوع في المشروعات الصغيرة والمتوسطة إذ يتطلب في الغالب توقف العمل حتى انتهاء الجرد.

ب. **الجرد المستمر**: يتم الجرد المستمر باستمرار خلال العام حسب برنامج معد مسبقاً تتم من خلاله مراجعة كل صنف مرة في السنة على الأقل في زمن معين لأنه يجب الانتهاء من الجرد لجميع الأصناف قبل نهاية السنة المالية؛ لبيان العجز أو الفائض في المخزون إن وجد، ومما يسهل عملية الجرد المستمر وجود سجلات كاملة منتظمة عن المخازن، وتصلح هذه الطريقة للمشروعات الكبيرة والتي يحتاج فيها الجرد إلى عدة أيام وكذلك لاحتفاظها بعدة سجلات منتظمة عن المخازن فيها.

وتتشابه طريقة الجرد المستمر مع الجرد الدوري في العديد من الجوانب رغم وجود بعض الاختلافات البسيطة بينها.

2.7.2.6. الاختلافات بين الجرد المستمر والجرد الدوري.

1. تستمر المخازن في عملها المعتاد إثناء عملية الجرد المستمر.
2. يحتاج الجرد المستمر إلى أعداد أقل من المراجعين.
3. تثبيت نتائج الجرد المستمر على نفس السجلات مع البحث عن أسباب الاختلافات ومعالجة الزيادة أو النقص عند ظهورها مباشرة.
4. يمكن قبول الأرصدة إذا لم تظهر فروق بين الجرد المستمر والسجلات ثم تدخل إلى الميزانية دون الحاجة إلى الجرد السنوي.

3.7.2.6. أهداف جرد المخزون.

1. التحقق من دقة سجلات المخزون.
2. مقارنه الأرقام الفعلية من الرصيد بالأرقام الموجودة في السجلات؛ للتأكد مـن عـدم وجود مجالات للغش أو السرقة أو الاختلاس.
3. اكتشاف نقاط القوة والضعف في نظام وإجراءات رقابة المخازن.

4.7.2.6. العوامل التي تعمل على نجاح عملية الجرد.

1. تحديد المسؤول عن عملية الجرد تحديداً دقيقاً.
2. توقف عمليات صرف البضاعة واستلامها بمجـرد البـدء في عمليـات الجـرد وخلالـه، مـع تحديد المستند الأخير لاستلام البضاعة أو صرفها مع التأكد من أنها قيدت في الدفاتر.
3. أن يشمل الجـرد جميـع الموجـود في المخـازن بمـا في ذلـك الخـردة، أو البضاعة تحـت التشغيل، مع حصر الوحدات التالفة والقديمة والمستعملة مـع بعضها، وكذلك حصر الوحدات التي لا يملكها المشروع في مكان خاص.
4. أن تكون جميع قوائم الجرد تحت مسؤولية وإشراف المسؤول المباشر عن الجرد الـذي تم تحديده، مع عدم السماح بوجود ازدواجية في القوائم.
5. حصر البضاعة تحت الفحص وهي البضاعة التي دخلت المخـازن ولم تقيـد بحسـابات المخازن، وكذلك تحديد الوحدات في الطريق، أو التي أرسلت للإصلاح.
6. إعادة الوحدات التي خرجت على سبيل الإعارة سواء داخلياً أو خارجياً قبل البدء بجرد المخزون.
7. تحديد طريقة وأسلوب الجرد وشرحها للقائمين على العمل، مع تحديد الوحدة المناسبة للجرد كوحدة قياس مع تثبيت السعر للوحدة في قوائم الجرد لتحديد قيمة المخزون.

5.7.2.6. قوائم الجرد.

يعتمد القائمون على الجرد على قوائم مخصصة لإتمـام هـذه العمليـة بحيـث تحـوي بيانات مختلفة تظهر على قوائم الجرد مثل الرقم المتسلسل وتاريخ ومكان الجرد، وكذلك

رقم السلعة أو الصنف ومواصفاتها ووحدة الصرف، كما يتم تثبيت الكمية الموجودة في المخازن عند الجرد مع سعر الوحدة لإخراج قيمة المخزون الفعلي في نهاية الجرد. وأخيراً لا بد أن يحمل الجرد توقيع المسؤول عن الجرد وملاحظاته.

وفي نهاية الجرد لا بد من الوصول إلى الرصيد الفعلي للمخزون لمقارنته برصيد السجلات، وفي حالة وجود أي اختلافات لا بد من القيام بالآتي:

1. تعطي الأولوية للرصيد الفعلي في حالة اختلافه عن السجلات.
2. التعرف على الأسباب الحقيقية التي أدت إلى الاختلافات.
3. تسوية السجلات لكي تتفق مع الرصيد الفعلي للجرد.

وأخيراً لا بد من إعطاء أمين المخازن فرصة لتفسير أسباب الاختلاف عند ظهورها، وإذا لم يستطع ذلك يطلب منه التوقيع على كشوف الجرد، والذي يثبت علمه وموافقته على وجود الفروق الظاهرة بين الأرصدة، ثم تبدأ بعد ذلك الإجراءات المختلفة لتسوية الرصيد بالفروق التي ظهرت، حتى يتطابق الرصيد في السجلات مع الجرد الفعلي.

3.6. أسئلة للمراجعة/ الفصل السادس.

أولاً: أكمل الجمل التالية.

1. يعرف المخزون على أنه ....
   ....

2. إدارة المخزون هي ....
   ....

3. تمثل سياسات المخزون مجموعة ....
   ....

ثانياً: املأ الفراغ فيما يلي.

1. يصنف الشراء حسب دوافع الشراء إلى الأنواع التالية:
   أ. ....
   ب. ....
   ج. ....

2. تتمثل وظائف إدارة المخزون بالآتي:
   أ. ....
   ب. ....
   ج. ....
   د. ....
   هـ. ....

3. تقسم الرقابة على المخزون حسب الأهمية النسبية للأصناف إلى الأنواع التالية:
   أ. ....
   ب. ....

4. يمكن تطبيق نظم الرقابة على المخزون بعدة طرق أهمها:
   أ. ....
   ب. ....

5. يمكن تطبيق نظم الرقابة الدورية على المخزون بعدة طرق منها:

أ. ....

ب. ....

6. تتمثل الاختلافات بين الجرد المستمر والجرد الدوري في الآتي:

أ. ....

ب. ....

ج. ....

7. تتمثل أهداف جرد المخزون في الآتي:

أ. ....

ب. ....

ج. ....

8. إذا تبين وجود اختلافات بين الجرد الفعلي للمخزون والجرد حسب السجلات، لا بد من القيام بالآتي:

أ. ....

ب. ....

ج. ....

ثالثاً: أجب عن الأسئلة التالية.

1. ناقش أهم الاعتبارات التي تؤخذ بعين الاعتبار عند عملية الصرف من المخازن.

2. ناقش أهم العوامل التي تعمل على نجاح عملية الجرد.

4.6. مراجع الفصل السادس.

1. عبد الفتاح، محمـد سعيد (1984). إدارة المشـتريات والمخـازن، لبنـان، بيـروت: الـدار الجامعية للطباعة والنشر. ص. 23.

2. العلي، عبد السـتار محمـد (2000). إدارة الإنتـاج والعمليـات. الأردن، عـمان: دار وائـل للطباعة والنشر. ص. 363.

3. بومباك، كليفـورد م. (1989). أسس إدارة الأعمال التجارية الصغيرة. ترجمـة وتحقيق: د. رائد السمرة. الأردن، عمان: مركز الكتب الأردني. ص. 180.

4. المرجع السابق. ص. 168.

5. عبد الفتاح، محمد سعيد (1984). مرجع سابق. ص. 213.

6. زهير، مصطفى (1986). إدارة المشـتريات والمخـازن، لبنـان، بيـروت: دار النهضـة العربيـة للطباعة والنشر.

الفصل السابع

التسويق والأعمال الصغيرة
Marketing and Small Business

الفصل السابع
التسويق و الأعمال الصغيرة
Marketing and Small Business

الفصل السابع
التسويق و الأعمال الصغيرة
Marketing and Small Business

1.7. التسويق Marketing

لقد غيرت الثورة التكنولوجية طرق الإنتاج في المنظمات، كما ساهمت في تغير طريقة تسويق منتجاتها، إذ نجد حاليا انتشار الحاسب، والتلفون الجوال بما يملك من مزايا حديثة، والشبكة العنكبوتية (الإنترنت) في الشركات والبيوت، ولدى الأفراد. لذا لا بد للمشاريع الصغيرة إن أرادت لنفسها البقاء والتطور من أن تقوم بالاستفادة من كل ما سبق والبناء عليه في عملياتها التسويقية.

1.1.7. مفهوم التسويق Marketing Concept

هي عملية إدارية واجتماعية، والتي من خلالها الأفراد أو المجموعات يحصلون على ما يحتاجون ويرغبون من خلال تأمين وتقديم وتبادل المنتجات بقيمة في السوق[1]. ويمكن ممارسة التسويق من خلال المزيج التسويقي.

2.1.7. العوامل التي تؤثر في اختيار المزيج التسويقي

Factors in Setting the Promotion Mix

1. سوق المنتج المستهدف ونوعه.
2. الاستراتيجية المتبعة في التسويق سواء استراتيجية السحب (Pull Strategy) أو استراتيجية الدفع (Push Strategy).
3. مرحلة الاستعداد والتحفيز للمشتري.
4. دورة حياة المنتج.
5. المرتبة (Rank) التي تحتلها الشركة في السوق.

3.1.7. طرق بناء العلاقات التسويقية[2]

Customer – Relationship Building

يمكن بناء العلاقات التسويقية من خلال:

1. بيع السلعة ببساطة ودون علاقات.
2. تشجيع المستهلكين على الاتصال والاستفسار عن أي سؤال يخص المنتج.
3. السؤال عن مدى توافق المنتج مع توقعات المستهلكين.
4. السؤال عن اقتراحات المستهلكين فيما يخص التحسين في المنتجات مستقبلاً.
5. مشاركة المستهلك في العملية التسويقية وذلك من خلال تشجيعه على اكتشاف الأداء الأفضل للمنتج واقتراحاته المختلفة.

4.1.7. اختيار قنوات الاتصال[3] Selecting the Communication Channels

لا بد من اختيار قنوات الاتصال الفعالة لنقل الرسالة، ويمكن استخدام أكثر من قناة اتصال في آن واحد.

وتقسم قنوات الاتصال إلى نوعين رئيسيين هما:

1.4.1.7. قنوات الاتصال الشخصية Personal Communication Channels

تتضمن قنوات الاتصال الشخصية اتصال شخصين أو أكثر مباشرة مثل:

- الاتصال وجها لوجه (Face to face)
- حرية الكلام أمام شخص أو جماعة (Person to Audience)
- الاتصال من خلال التلفون (Over the Telephone) والبريد(Mail)

2.4.1.7. قنوات الاتصال غير الشخصية

No Personal Communication Channels

تتضمن قنوات الاتصال غير الشخصية اتصال شخصين أو أكثر دون اتصال أو تفاعل مباشر مع بعضهم البعض وذلك من خلال:

- وسائط الأعلام (Media Consist) وتشمل: الجرائد، والاميل المباشر.
- وسائط الصوت أو الصورة (Broadcast Media) وتشمل: الراديو والتلفزيون.
- الوسائط الإلكترونية (Electronic Media) وتشمل: شريط صوت (Audiotape)، شريط فيديو (Videotape)، قرص فيديو (Videodisk)، وقرص مرن (CD-ROM).
- وسائط العرض أو النشر (Display Media) وتشمل: البوسترات (Posters)، العلامات والطلائع (Sings)، ولوحة الإعلانات (Bill broad).

3.4.1.7. **الإطار والبيئة Atmospheres** وتشمل: التغليف.

4.4.1.7. الأحداث والوقائع Events.

2.7. استراتيجية التسعيرة Pricing Strategy

يعمل المدير/ المالك في المشروعات الصغيرة من أجل تحقيق الأرباح، ومن أجل أن يتمكن من تحقيق ذلك لا بد من تحديد السعر المناسب الذي يضمن نسبة ربح مقبولة من العمل الصغير.

لذلك فان صياغة السياسات المتعلقة بالتسعيرة من أهم الجوانب الإدارية في المشروعات الصغيرة، وعلى مالكيها أن يعرفوا تكاليف السلع، ويفهموا دوافع المشترين، ويقيموا المنافسة المحيطة بهم، لأن السعر من أخطر الأدوات التسويقية التي يمكن أن يستخدمها أصحاب المشروعات الصغيرة.

وتعتمد سياسات التسعيرة الصحيحة على الكثير من العوامل إضافة إلى التكاليف.

1.2.7. العوامل التي تعتمد عليها سياسات التسعيرة[4]:

1.1.2.7. طبيعة السلعة أو الخدمة.

تلعب طبيعة السلعة وقيمتها دوراً كبيراً في التسعيرة، فهل هي منخفضة السعر أم مرتفعة؟ كما نلاحظ عموماً أن السلع التي يكون معامل الطلب عليها مرناً ترتفع مبيعاتها بارتفاع تكاليف الإعلان.

كما تلعب مرونة الطلب دورا كبيراً لدى بائعي التجزئة في تحديد السعر إذ نرى أن:

أ. السلع الرئيسة الميسرة: وهي سلع موحدة تتواجد في عدد كبير من المتاجر، تستخدم فيها التسعيرة العامة، والتسعيرة السائدة في السوق.

ب. السلع التسويقية: وهي السلع غير الموحدة، والتي تتغير كثيراً من حيث الجودة والطراز، ويمكن هنا وضع تشكيلة محددة من الأسعار لكل صنف من السلع.

ج. سلع الطراز والبدع: يستخدم في هذه السلع بداية أسعار عالية كافية لتغطية المخاطر حيث تحظى سلع البدع في العادة بموسم مبيعات قصير الأجل، ثم يجري تخفيض على سعرها مع تقدم دورة الموضة حتى تصبح الأسعار تنافسية.

أما في تجارة الجملة فإن الأسواق تكون منظمة تنظيماً جيداً وهي حساسة جداً لعوامل العرض والطلب لأن التجار يشترون ويبيعون كميات كبيرة، وأي تغير في السعر سيؤثر على المبيعات بتقلبات واسعة.

وعلى المنتجين الصغار أيضاً أن يتفهموا طبيعة السلعة، ومرونة الطلب عليها، وأن يدركوا أنه ليس بالسعر وحده يمكن توسعة الأسواق، ولا بد من التعامل مع عناصر المزيج التسويقي مجتمعة.

2.1.2.7. سياسة التسعيرة في الشركة.

تتأثر سياسة التسعيرة بعدة عوامل مثل الموقع، حجم الصناعة، مستواها، والخدمات المقدمة للزبائن، فقد يعتمد مشروع تجاري على بناء سياسة سعريه معتمدة على أنه الأقل سعراً، ولنجاح ذلك لا بد من تعديل المصروفات والموقع والتنظيم والسياسات لتتوافق مع تلك السياسة.

وفي تسعيرة بائعي التجزئة فان سياسة التسعيرة لا بد أن تنسجم مع السياسات العامة للشركة، فالمتجر الذي يقدم خدمات إضافية ويتعامل مع سلع فريدة باستطاعته أن يضع سعراً أعلى لسلعته، أما المتجر الذي يخطط لحجم أكبر من المبيعات فيمكن له أن يتعامل بهامش ربح منخفض.

3.1.2.7. المنافسة.

تلعب المنافسة دوراً كبيراً في التسعيرة، وعلى المشروع الصغير أن يتعرف على طبيعة المنافسة الناتجة في السوق، خاصة إذا كانت السلع التي يعرضها مشابهة للسلع التي تعرضها المشروعات الأخرى. علماً أن وضع سعر منافس للسلعة يعتمد على سياسة الشركة ومرونة الطلب على السلعة.

ويتوجب على تجار التجزئة أن يعرفوا بأن المنافسة لا تأتي فقط من المتاجر المشابهة فقط، ولكن قد تأتي من المتاجر الكبرى والمتخصصة، لذلك لا بد من أن تأخذ بعين الاعتبار درجة توفر السلعة والخدمات المرافقة.

أما بنسبة لتسعيرة بائعي الجملة فإنها تميل إلى جعل هوامش الربح قليلة، خاصة في السلع الرئيسة، إلا أن هوامش الربح الأكبر تكون عادة في سلع الموضة.

كما يلاحظ أن المنافسة في الأسعار تكون أكثر مباشرة وحدة لدى بائعي الجملة عنها في مستويات التوزيع الأخرى.

وفي المصانع الصغيرة فان التسعيرة ترتبط بتكاليف الإنتاج، إذ يمكن وضع سعر أعلى من الحد الأدنى في حالة عدم وجود منافسة أو طلب عال، ولكن لا بد من دراسة أثر تحرك المنافس على السعر، لذلك من الأفضل وضع ربح معقول أثناء احتساب الحد الأدنى للسعر وتحديد السعر، عند ذلك المستوى السائد في السوق حتى لا تقع تحت ضغط منافسة السعر، وعموماً لا يفضل أن تبدأ المصانع الصغيرة بحرب سعريه مع الآخرين.

4.1.2.7. ظروف العمل التجاري.

لا تتذبذب الأسعار التي يضعها المصنعون وتجار التجزئة بقدر تذبذب الأسعار التي يضعها تجار الجملة، إذ تتأثر أسعار الجملة بالظروف الاقتصادية المتغيرة لأن تجار الجملة يتعاملون بكميات ضخمة من السلع وبهامش ربح قليل.

وعلى أصحاب الأعمال التجارية أن يقرروا إذا كانت أسعارها ستعكس قيمة السلع الموجودة لديهم، أو تعتمد تكاليف الإبدال والتي قد تكون أعلى أو أقل.

أما في فترات الضغط الاقتصادي فقد يتجاهل البائعون حدود الربح للحفاظ على الحصة السوقية، وقد تجد المصانع الصغيرة المتواجدة في الأسواق الخاصة أنه من الأنسب استخدام أسعار تجار الجملة كما هي الحال بالنسبة لكثير من الملابس النسائية.

5.1.2.7. استراتيجية السوق.

قد تشكل استراتيجية السوق الحصول على حجم كبير من المبيعات بربح منخفض، أو حجم صغير من المبيعات بربح مرتفع، أو التسعيرة بسعر قريب من الكلفة لبعض السلع من أجل جذب المستهلك ليقوم بشراء مشتريات إضافية أخرى.

ومن العوامل الأخرى في استراتيجية السوق: هي طبيعة السلعة وهل هي طويلة الأجل أم قصيرة الأجل؟ وهل استهلاكية أم كمالية؟

3.7. اتصالات التسويق[5] Marketing Communication

يمكن تقديم مزيج الاتصالات التسويقي من خلال خمسة نماذج تسمى أدوات الترويج (Promotional Tools).

1.3.7. أدوات الترويج Promotional Tools

1.1.3.7. الإعلان Advertising

هي تلك النشاطات التي توجه بواسطتها رسائل شفوية أو مرئية إلى الجمهور من أجل التأثير عليهم لشراء سلعة معينة، أو اعتماد خدمة معينة.

ويستخدم الإعلان عادة لتأسيس وبناء صورة قوية طويلة الأمد عن المنتج ويمكن في هذه الحالة استخدام التلفزيون من وسائل الإعلان، أما إذا كانت ميزانية الإعلان قليلة فيمكن عندها استخدام الصحف المحلية.

2.1.3.7. ترويج المبيعات Sales Promotion

يعطي ترويج المبيعات فوائد في تقوية الاتصال مع المستهلك، وتزويده بالمعلومات الضرورية عن السلعة، ويمكن استخدام ترويج المبيعات بشكل انتقائي لتأمين استجابة قوية وسريعة. ومن الأدوات المستخدمة في ترويج المبيعات: الكوبونات (Coupons)، المباريات (Contests)، الجوائز والمكافآت (Premium).

3.1.3.7. العلاقات العامة والدعاية Public Relation and Publicity

يمكن الاعتماد على العلاقات العامة في تقوية الاتصالات من خلال تقديم إعلان غير مدفوع الثمن مثل إجراء المقابلات المختلفة في وسائط الإعلان.

4.1.3.7. المبيعات الشخصية Personal Selling

تعتبر المقابلة الشخصية وسيلة اتصال ذو تأثير عالي حيث المواجهة الشخصية والرعاية التي يمكن أن توليها الشركة للمستهلك حيث تقوم الشركة في هذه الحالة بتسويق العلاقات وتطويرها بعمق مع المستهلك.

5.1.3.7. التسويق المباشر Direct Marketing

ومن وسائل التسويق المباشر: البريد المباشر (Direct Mail)، التسويق بالتلفون (Telemarketing)، التسويق الإلكتروني (Electronic Marketing).

2.3.7. متابعة استراتيجية تسويق الجودة الشاملة من خلال الأمور التالية:[6]

Pursuing A Total Quality Marketing Strategy

1. يجب أن تكون الجودة مدركة من المستهلك.
2. يجب أن تنعكس الجودة في كل نشاطات المنظمة.
3. تتطلب الجودة الالتزام من كل العاملين في المنظمة.
4. تتطلب الجودة مهارات عالية.
5. يمكن العمل على تحسين الجودة باستمرار.
6. تتطلب التحسينات المستمرة أحيانا الانتقال المفاجئ لأصغر وحدة، ولكن لا بد أن يكون التحسين مستمر.
7. تعّلم الجودة عمل الأشياء في الوقت المناسب.
8. الجودة ضرورية، ولكنها قد تكون غير كافية لوحدها إذا استطاع المنافسون تأمين جودة أعلى في المنتجات التي ينتجونها.

4.7. ترويج المبيعات[7] Sales Promotion

يمثل الترويج التنسيق الفعال في جميع نشاطات التسوق المتعلقة بإنجاز وظيفة البيع. لذا لا بد لترويج المبيعات من التركيز على دوافع الشراء المختلفة من قبل الزبائن لأن معرفة الدوافع الحقيقية للشراء تساعد في ترويج المبيعات بطريقة أفضل.

كما لا بد من التعرف على سلوك المشتري في كل مرحلة من مراحل اتخاذ قرار الشراء، وكيف يمكن أن نؤثر فيه لصالح الشركة.

1.4.7. دوافع الشراء المختلفة.

تعتمد فعالية ترويج المبيعات على معرفة دوافع الشراء المختلفة، فإذا لم تعرف دوافع الشراء فان جهود الإعلان والجهود الأخرى الخاصة بترويج المبيعات ستذهب سدا.

وتشمل دوافع الشراء بشكل عام تلبية حاجات المستهلك التالية:

1. **الرفاهية:** هي الرغبة في الحصول على الراحة المادية والذهنية وسبل العيش الطيب والتسلية والتنزه.
2. **الراحة:** هي الرغبة في بذل جهد أقل من أجل الاقتصاد في الوقت والطاقة.
3. **الأمان:** هي تأمين المستقبل والمصلحة الشخصية.
4. **المكانة:** وتشمل الاعتراف بالتفوق الشخصي أو الانتماء إلى مجموعة معينة مرغوب فيها من فئات المجتمع، واكتساب مودة الآخرين والحفاظ عليها.
5. **الصحة:** هي الشعور باللياقة الجسمانية والظهور بالمظهر الحسن.
6. **الاقتصاد:** هي الاقتصاد في الأموال والرغبة في ضمان الحصول على أكبر قيمة كلية ممكنة من السلع المشتراة.

2.4.7. مراحل اتخاذ قرار الشراء[8]

The Stages of Buying Decision Process

لا بد لمهمة التسويق أن تفهم سلوك المشتري في كل مرحلة من مراحل اتخاذ قرار الشراء، وكيف يمكن أن تؤثر فيها لصالح المنشاة.

1. **الإحساس بالمشكلة** (Problem Recognition): وهي عندما يبدأ المستهلك بتنظيم وترتيب مشاكله وحاجياته، وعندما يحس بأن هناك فرق بين الحالة الحقيقية والمرغوبة.
2. **البحث عن المعلومات حول السلعة** (Information Search): وقد تكون مصادر المعلومات المتاحة عن السلعة مصادر شخصية، أو مصادر تجارية، أو مصادر عامة، أو من خلال تجربة السلعة نفسها.
3. **تقييم البدائل المختلفة** (Evaluation of Alternatives): حيث ينظر المشتري إلى مدى إشباع كل بديل للحاجات التي لديه، ومدى تأمين الفوائد، ومدى السلامة التي يوفرها كل بديل من البدائل.
4. **الشراء الفعلي** (Purchase Decision): وهي مرحلة البديل الأفضل من مرحلة تقييم البدائل، وتحويله إلى قرار شراء فعلي.

5. **الشعور بعد الشراء (Post Purchase Behavior):** قد يشعر المستهلك بالرضا بعد شراء المنتج، وقد يشعر بعدم الرضا، لذلك فإن مهمة التسويق لا تنتهي بعد عملية البيع، ولكن لا بد أن تستمر بعد عملية الشراء لمعرفة حقيقة شعور المستهلك.

3.4.7. أساليب ترويج المبيعات.

1.3.4.7. أساليب الترويج المباشر وتشمل:

أ. العرض داخل المتاجر وفي واجهات المحلات[9]

يعتبر العرض في واجهات المحلات وفي الداخل من وسائل الترويج الفعالة للمبيعات حيث تظهر السلع بشكلها الحقيقي الجذاب، ويمكن أن ترتبط أيضاً عملية العرض في الواجهات مع الإعلانات.

ويفضل أن تحوي هذه العروض على بطاقات تبين أسعار ومعلومات عن السلعة إذ تعتبر بطاقات العرض الخاصة من الأدوات المساعدة في تعريف البضاعة كما يمكن وضع بعض الجمل والعبارات الجذابة للمستهلك.

ب. المبيعات في المناسبات الخاصة.

حيث يتم اختيار أيام معينة للعرض مثل المناسبات الوطنية والقومية وكذلك يمكن تحديد فترات معينة يسري خلالها هذا العرض. كما لا بد من اختيار السلعة التي يجب الترويج لها بدقة، إذ تبين أن حوالي (15 – 20%) فقط من السلع المباعة مناسبة للترويج الخارجي ويجب إعطاء الأولوية للسلع التي تمثل طابع المتجر الطبيعي والتي تلاقي قبولاً من الزبائن.

ج. البيع الشخصي والعلاقة الطيبة مع الزبائن[10].

رغم التوجه العام نحو الخدمة الذاتية في تجارة التجزئة إلا أن البيع الشخصي يبقى وسيلة مهمة في ترويج المبيعات، لذلك لا بد لرجل المبيعات من أن يعرف السلعة التي يقدمها، وأن يساعد الزبون في التعرف عليها، وأن يكون حسن المنظر واللباس، ولا يستفز الزبائن.

ويستطيع أصحاب المشروعات الصغيرة أن يحصلوا على التدريب اللازم لمندوبيهم عن طريق الموردين الذين يتعاملون معهم، وكذلك عن طريق المؤسسات المختلفة الداعمة للأعمال الصغيرة.

كما لا بد من الاحتفاظ بعلاقات طيبة مع الزبائن والتي تشمل:

- المعاملة الحسنة للزبائن أثناء البيع الشخصي والمكالمات والمراسلات.
- الالتزام بالضمانات التي تقدمها الشركة للزبائن.
- تقديم خدمة ما بعد البيع عندما تظهر الحاجة إليها.
- الحرص واللياقة في معالجة حسابات الزبائن.
- توفير مواقف لسيارات الزبائن.
- الإجابة على جميع الاستفسارات الموجهة للمندوب.
- المراعاة الدقيقة لمواعيد التسليم وغيرها من المواعيد.

تشكل العلاقات الطيبة مع الزبائن صورة واسماً تجارياً قوياً يساوي مبالغ كبيرة في المستقبل؛ لان إرضاء الزبون هو أثمن الممتلكات التي يمكن لأي عمل تجاري أن يمتلكها.

أما خطوات التخطيط لبناء علاقات طيبة مع الزبائن فهي:

1. تحديد زبائن الشركة ورغباتهم.
2. توفير القنوات المختلفة لتمرير المعلومات المتعلقة إلى الزبائن باستمرار سواء كانت رسمية أو غير رسمية.
3. تحليل دوري للسلع المعادة ولشكاوي الزبائن.
4. الاتصالات الشخصية مع الزبائن لمعرفة مواقفهم والحكم عليها.

2.3.4.7. أساليب الترويج غير المباشر وتشمل:

أ. العلاقات العامة: أسلوب غير مباشر لترويج المبيعات.

تمثل العلاقات العامة تلك المواقف من الجمهور التي تعبر عنها بتصرفات الأعمال التجارية المختلفة.

ومن هنا فان الأعمال التجارية وهي تتعامل مع الجمهور قد تقوم بتشكيل صورة تحمل حسن النية تجاه المجتمع أو صورة مشرقة من خلال رعايتها لبعض أنشطة مؤسسات المجتمع المدني.

كما ان التقارير الإيجابية التي تنشر أو تذاع عن العمل التجاري ستعمل على تعزيز تلك الصورة لدى المجتمع.

ب. الامتياز والأساليب الأخرى للتوزيع[11]

يمكن اعتماد أسلوب الامتياز كأسلوب من أساليب التوزيع إذ تتمكن الشركة صاحبة الامتياز من تحقيق التوسع السريع بتكاليف منخفضة نسبياً. كما أن حامل الامتياز على الأغلب سيكون أكثر نشاطا في التوزيع.

ومن هنا فعلى صاحب المشروع الصغير أن يتعامل مع مندوبي أصحاب الامتياز على أنهم رجال مبيعات له وأعضاء في التسويق لديه؛ لان نجاح عملهم سينعكس عليه إيجابيا، وبهذا تصبح وسيلة من وسائل ترويج المبيعات.

5.7. الإعلان[12] **Advertising**

1.5.7. مفهوم الإعلان.

يمثل الإعلان النشاطات التي توجه بواسطتها رسائل شفوية أو مرئية إلى أفراد الجمهور من أجل إعلامهم والتأثير عليهم لشراء سلعة معينة أو خدمة معينة.

2.5.7. اختيار فكرة الإعلان.

قد تنبع فكرة الإعلان من الميزات الموجودة في السلعة، إذ أن بعض السلع تحمل بداخلها فكرتها الإعلانية مثل: لياقة الأزياء وأصالتها ومدى اقتصادياتها.

ويمكن للمتاجر الصغيرة أن تستفيد من الأفكار التي تطورها المتاجر في المدن الكبيرة مثل دعوة بعض الزبائن لاختيار هدية بمناسبة معينة من السلع التي يعرضها المتجر.

وعلى تاجر التجزئة أن يحتفظ بسجلات عن الحملات الترويجية السابقة بهدف الاستفادة منها عند التخطيط للمستقبل لأن الحملات الترويجية السابقة الناجحة قد تكون أكثر فاعلية إذا تم تكرارها من الحملات الجديدة كلياً.

ويمكن لصاحب العمل الصغير أن يقوم باختيار مبدئي للإعلان قبل نشره على نطاق واسع من أجل تقليل الكلفة عن طريق:

● العروض.

● النشرات الإعلانية.

● البريد.

3.5.7. تصنيف الإعلان من حيث الغاية والهدف إلى الأنواع التالية:

1. إعلان مؤسسي: وهو الإعلان الذي يهدف إلى خلق صورة عامة عن المؤسسة.
2. إعلان ترويج: وهو الإعلان الذي يركز على المنتج ومواصفاته.

علما بأن النوعين ضروريين، ورغم ذلك نجد أن أصحاب المشروعات الصغيرة يركزون بالعادة على الإعلان الترويجي.

4.5.7. تحليل السوق.

عند القيام بأي شكل من أشكال ترويج المبيعات لا بد من معرفة السوق الذي سيوجه إليه الإعلان.

1.4.5.7. ويستطيع صاحب العمل الصغير أن يبدأ بالإجابة على التساؤلات التالية:

● من هم الزبائن المحتملين؟

● ما هو عدد الزبائن المحتملين؟

● أين موقع الزبائن؟

● من أين يقوم الزبائن بتلبية احتياجاتهم من السلعة حاليا؟

● ما هو الجديد الذي سأقدمه للزبائن في السلعة؟

● كيف يمكن إقناع الزبائن بالسلعة الجديدة؟

ولا بد من التأكيد على مساعدة الزبائن في التعرف على حاجتهم من خلال الإعلان، لان الزبائن الذين لا يعرفون حاجتهم للسلعة أو الخدمة المعروضة فإن الإعلان وحده لن يدفعهم إلى الشراء.

5.5.7. القرار في وسائل الإعلان [13] Deciding on the Media

بعد اختيار الرسالة الإعلانية (Advertising Message) لا بد مـن تحديـد الوسائط (Media) التي ستحمل الرسالة الإعلانية إلى المستهلكين والجمهور. ويعتمد قرار اختيار وسيلة الإعلان على العديد من العوامل.

6.5.7. عوامل اختيار وسيلة الإعلان.
1.6.5.7. مدى الوصول والتكرار والأثر المرغوب وتشمل:

● الوصول: عدد الأشخاص المختلفين الذين يتعرضون للإعلان.

● التكرار: عدد مرات الإعلان.

● الأثر: الأثر الذي يحدثه الإعلان.

● الانكشاف.

2.6.5.7. الاختيار بين الأنواع الرئيسة لوسائط الإعلان وتعتمد على:

● قدرة الوسائط بالوصول إلى الجمهور المستهدف بحرية حيـث نرى أن التلفزيـون والراديو من وسائط القادرة للوصول إلى جمهور الشباب بحرية.

● المنتج وطبيعته ومدى أثر إظهاره على التلفزيون أو الصحف بالألوان.

● طبيعة الرسالة الإعلانية: وقد تحمل معلومات تفصيلية أو مختصرة.

● الكلفة: حيث نرى أن التلفزيون مثلا أكثر كلفة من الوسائط الأخرى بينما الصحف أقل كلفة نسبياً، لذا لا بد من معرفة التكلفة الفعلية للاتصال بالزبون، وعـادة مـا تقاس بمعيار كلفة الوصول إلى كل ألف شخص.

3.6.5.7. اختيار البرامج المحددة للإعلان، أو الصفحات المحددة على الصحف، ويعتمد ذلك على:

● عدد الوحدات التي ستحمل الرسالة الإعلانية.

- عـدد الأفـراد الـذين يتعرضـون للإعـلان خاصـة خـلال الـبرامج والتمثيليـات التـي يتابعهـا الجمهور باستمرار.
- مدى فعالية الوصول بحرية إلى الجمهور، وأثر الإعلان على الحواس المختلفة للأفراد.
- مدى الانتقاء وذلك في حالـة الرغبـة في الوصـول إلى أشـخاص معينـين أو زبـائن محتملـين، وحصر الرسالة الإعلانية بهم.

7.5.7. العوامل التي تؤخذ بالاعتبار عند وضع ميزانية الإعلان[14].

1. المرحلة التي تمر بها السلعة من دورة الحياة.
2. الحصة السوقية للسلعة.
3. قوة المنافسة.
4. المدى المرغوب لتكرار الإعلان.
5. مدى وجود سلع مشابهة أو بديلة في الأسواق.

ومما تجدر ملاحظته أنه يتوجب على الأعمال التجارية الصغيرة استعمال المخصصات الإعلانية المحدودة بأفضل طريقة ممكنة وتوزيع هذه الميزانية على وسائط الإعلان المختلفة اللازمة. كما لا بد من أن تؤخذ بعين الاعتبار المستوى العام للإنفاق على الإعلان في الصناعة أو المستويات المتشابهة من الإعلان.

وأخيراً لا بد من التأكيد بأن للإعلان أثر تراكمي، فقد تكون الاستجابة من قبل المستهلكين في البداية ضعيفة ثم تبدأ بالزيادة، وعموماً من الأفضل أن يكون الإعلان بصورة منتظمة ومستمرة على أن يكون بصورة حملة واسعة ولمرات قليلة.

6.7. نظم المعلومات التسويقية Marketing Information Systems

تهتم وظيفة التسويق بالتخطيط، الترويج، والمبيعات للمنتجات في السوق، وتطوير المنتجات الحالية، والأسواق الجديدة لتقديم خدمة أفضل للمستهلكين، كما تساعد نظم المعلومات التسويقية الشركة في إنجاز وظائف التسويق المختلفة المذكورة في مواجهة التغيرات السريعة في البيئة. إذ تساعد الشركة على تحديد احتياجات المستهلكين

للمنتجات والخدمات، وتعمل على تطويرها لمقابلة احتياجات المستهلكين، والعمل على المساعدة في ترويج هذه المنتجات والخدمات، وتطوير دعم المستهلك باستمرار [15].

تدعم نظم المعلومات التسويقية الأنشطة المختلفة التي تقوم بها وظيفة التسويق، وتستخدم هذه النظم بعدة طرق لخدمة المستويات الإدارية فمثلا:

تبين نظم المعلومات التسويقية على المستوى الاستراتيجي مؤشر اتجاه فرص المنتجات الجديدة، وتدعم خطط المنتجات الجديدة، كما تكون مرشداً لأداء المنافسين.

وعلى المستوى الإداري فان نظم المعلومات التسويقية تدعم بحوث التسويق، قرارات التسعيرة، وتحلل أداء المبيعات وفرق المبيعات. وعلى المستوى المعرفي تدعم النظم التسويقية تحليل محطات العمل.

أما على مستوى التشغيل فان هذه النظم تؤسس للاتصال بمنظور المستهلكين، والأشراف على المبيعات والتسويق.

1.6.7. أغراض نظم المعلومات التسويقية [16]

Purposes of Marketing Information Systems

تلعب نظم المعلومات التسويقية دوراً في خدمة النشاط التسويقي في المنظمة من خلال المزيج التسويقي (4 P's) والذي يتمثل في:

- المنتج (Product).
- السعر (Price).
- المكان، أو النقل (Place).
- الترويج (Promotion).

تعمل نظم المعلومات التسويقية على تفعيل دور تكنولوجيا المعلومات (IT) في علاقات متبادلة مع المنتج؛ لتجعل الشركة قادرة على استخدام طرق أكثر فاعلية، من حيث إمكانية استقبال الطلبات إلكترونياً من المستهلك مما ينعكس على زيادة في قيمة التوريد، ويعمل على تقليل السعر، وكذلك تعمل على الترويج مباشرة وفي طرق غير تقليدية بتقديم المعلومات الفورية حول السلعة، والحصول على فرص التجارة الإلكترونية.

وتملك نظم المعلومات التسويقية العديد من النظم الفرعية (Subsystems) والتي تقدم الخدمات المختلفة للمنظمة من خلالها مثل: تقديم الترويج بطرق تقليدية عن طريق تزويد المعلومات الفورية حول المنتج سواء معلومات تفصيلية، أو مقتطفات سريعة.

كما تلعب التجارة الإلكترونية دوراً في استخدام الشبكة الإلكترونية الدولية، ووسائل الاتصال الإلكترونية الأخرى لتقديم:

أ. إعلام المستهلك عن وجود السلعة.

ب. تزويد معلومات تفصيلية عن وجود السلعة.

ج. تأسيس متطلبات المستهلك.

د. تجهيز وإعداد مبادلات الشراء.

هـ. توريد المنتج أوتوماتيكياً خاصة إذا كان المنتج برمجيات أو معلومات.

2.6.7. نظم المعلومات التسويقية الفرعية[17]

Subsystems of Marketing Information Systems

1.2.6.7. نظم نقاط البيع (Point - of- Sale/ POS)

تترك نظم المعلومات التسويقية أثراً مباشراً ورئيسياً في نشاط المبيعات التقليدية حتى لو لم يكن المستهلكون مرتبطون إلكترونياً بالشركة، حيث تستطيع تكنولوجيا المعلومات تتبع العلاقة بين المستهلك والمنتج من خلال نظم نقاط البيع، وتتبع فواتير العملاء، وجمع المعلومات عن المبادلات التجارية المتعلقة بالمشتريات والمخزون. كما تزود نظم نقاط البيع بفوائد خارجية للمخازن، وتقدم بيانات تجميعية لكل عنصر يتكرر شراءه من قبل المستهلك في المخازن.

2.2.6.7. التزويد/ التسليم Delivery Systems

وتسمى أيضا نظم التزويد اللوجستي (Logistics Systems)، والتي تكون مسؤولة عن نقل المواد إلى المناطق التي تحتاجها. إن متطلبات الدقة، وتوفير المعلومات في نظم التوريد وبانتظام من الأمور الهامة جداً في نظم التوريد.

ولا بد من التفكير بسلسلة التوريد بشكل متكامل بحيث تشمل المورد، ونظام التوزيع، والمستهلك بشكل متكامل ويدعى عندئذ نظام اللوجستيات المتكاملة بحيث تغطي

تكاملاً لأعلى وتكاملاً لأسفل. ومن الأنشطة المحوسبة في ذلك سلسلة التوريد المحوسبة (Supply Chain Operation Reference/ SCORE) والمستخدمة لدى كبرى الشركات مثل: شركة (Dell).

ويبين الشكل (7/ 1) نظام سلسلة التوريد ضمن أنظمة متعددة.

الشكل (7/ 1)

نظام سلسلة التوريد ضمن أنظمة متعددة

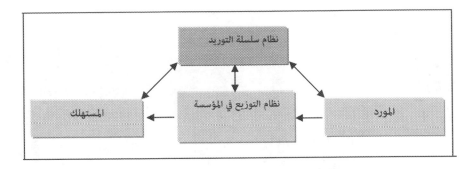

إن الترابط في المعلومات بين المورد، ونظام التوزيع في المؤسسة، والمشتري ضمن نظام متكامل يعمل على تسهيل التنسيق ورفع كفاءة المنشأة وخلق قيمة مضافة كلية للمنشأة.

3.2.6.7. نظم أتمته القوى العاملة Sales Force Automation System

تركز نظم أتمتة القوى العاملة على معالجة واسترجاع البيانات المتعلقة بعملية الجدولة الشخصية لمندوبي المبيعات، وتسهيل اتصالات الإدارة مع بعضها البعض، وتقاسم المعلومات والملاحظات.

4.2.6.7. نظم خدمات الزبائن Customer Service Systems

تتضمن القواعد الرئيسة في خدمة الزبون معرفة مدى إدراك أوضاع الزبون، والقدرة على التفاعل معه، والاستجابة على تساؤلاته المختلفة، وأخذ ملاحظاته ومقترحاته المختلفة عن السلعة بعين الاعتبار، بسرعة، وفاعلية، وكذلك العمل على السرعة في تقديم الخدمات المطلوبة.

6.7. أسئلة للمراجعة/ الفصل السادس.

أولا: أكمل الجمل التالية:

1. التسويق هو ....
....

2. الترويج هو ....
....

3. يمثل الإعلان ....
....

4. تلعب نظم المعلومات التسويقية دوراً في خدمة النشاط التسويقي من خلال المزيج التسويقي والذي يتمثل في:

أ. ....
ب. ....
ج. ....
د. ....

ثانيا: أجب عن الأسئلة التالية:

1. كيف يمكن بناء علاقات تسويقية جيدة من المستهلك؟

2. ما هي العوامل التي تؤثر في اختيار المزيج التسويقي؟

3. ما هي العوامل التي يعتمد عليها قرار اختيار وسيلة الإعلان؟

ثالثا: أكمل ما يلي:

1. هناك نوعين رئيسيين من قنوات الاتصال هما:
أ. ....
ب. ....

2. يمكن تقديم الاتصال التسويقي من خلال أدوات الترويج التالية:

أ. ....

ب. ....

ج. ....

د. ....

3. عند ترويج المبيعات لا بد من التركيز على:

أ. ....

ب. ....

4. يمكن تصنيف الإعلان من حيث الغاية والهدف إلى:

أ. ....

ب. ....

5. تملك نظم المعلومات التسويقية العديد من النظم الفرعية (Subsystems) والتي تقدم الخدمات المختلفة للمنظمة من خلالها مثل:

أ. ....

ب. ....

ج. ....

د. ....

7.6. مراجع الفصل السادس.

1. Kotler, Philip (1997). ***Marketing Management: Analysis, Planning, Implementation, and Control*** (9th ed.). Upper Saddle River, New Jeresy: Prentice Hall International, Inc. p.32.
2. Ibid., p. 49.
3. Ibid., p. 616.
4. بومباك، كليفود م. (1989). **أسس إدارة الأعمال التجارية الصغيرة**. تحرير وتدقيق: د. رائد السمرة. الأردن، عمان: مركز الكتب الأردني.ص.ص. 276-296.
5. Kotler, Philip. (1997). Op. Cit., p. 632.
6. Ibid., p. 56.
7. بومباك، كليفود م. (1989). **مرجع سابق**. ص.303-304.
8. Kotler, Philip. (1997). Op. Cit., p.192.
9. بومباك، كليفود م. (1989). **مرجع سابق**. ص.312.
10. **المرجع السابق**. ص.314.
11. **المرجع السابق**. ص.322.
12. بومباك، كليفود م. (1989). **مرجع سابق**. ص.305-307.
13. Kotler, Philip. (1997). Op. Cit., p. 648.
14. Ibid., p. 640.
15. Laudon, Kennth C., & Laudon, Jane P. (2004). ***Management Information Systems: Managing the Digital Firm*** (8th ed.). New Jersey: Prentice-Hall International, Inc., p. 47.
16. النجار، فايز جمعه (2005). **نظم المعلومات الإدارية**. الأردن، عمان: دار الحامد للنشر والتوزيع. ص. 82.
17. Alter, Steven. (1999). ***Information Systems: A Management Perspective*** (3rd ed.). Massachusetts: Addison-Wesley Educational Publishers Inc., pp. 11-14.

الفصل الثامن

تمويل الأعمال الصغيرة
Small Businesses Financing

الفصل الثامن
تمويل الأعمال الصغيرة
Small Business Financing

تمويل الأعمال الصغيرة
Small Business Financing

1.8. تقدير الاحتياجات الرأسمالية Capital Requirements Assessment

إن أولى خطوات النجاح في المشروع الصغير، هي في قدرة إدارته على تقدير الاحتياجات الرأسمالية المختلفة للمشروع وفي مراحله المختلفة، حيث لا بد من تحديد هذه الاحتياجات بواقعية بحيث لا يبالغ المشروع فيها فيبقى لديه أموالاً فائضة معطلة تشكل عبئاً ثقيلاً عليه بعد ذلك فلا يستطيع استثمارها، أو يكون التقدير أقل من الواقع الذي يحتاجه المشروع فيضع المشروع في صعوبات مالية طارئة قد لا يستطيع حلها عند ظهورها.

يساعد ويقوي التقدير السليم للاحتياجات الرأسمالية للمشروع من قدرة المشروع في الحصول على الأموال المطلوبة من مصادر التمويل المختلفة، وفي الوقت المناسب، لذا لا بد من التأكد على تقدير تلك الاحتياجات خلال مراحل تمويل المشروع المختلفة.

1.1.8. مراحل تمويل المشروع المختلفة خلال حياته الإنتاجية.

1.1.1.8. مرحلة الإنشاء: حيث إقامة المصنع وشراء الآلات والتجهيزات المختلفة ويغطيها راس المال والقروض.

2.1.1.8. مرحلة التشغيل: ويكون تمويلها عن طريق القروض.

3.1.1.8. مرحلة التوسع: وتبدأ عندما يزداد الطلب على المنتجات.

لذا يتوجب على إدارة المنشأة تقدير الأمور التالية [1]

مدى الحاجة الفعلية لهذه الأموال؟

ما هي كمية الأموال التي تحتاجها المنشأة في كل مرحلة؟

متى تحتاج المنشأة إلى الأموال المختلفة؟

كم المدة التي ستحتاج المنشأة الأموال خلالها؟

ما هو مصدر الأموال المناسب؟

كيف ستقوم المنشأة بتسديد الأموال في حالة الاقتراض؟

2.8. أشكال رأس المال Capital Forms

1.2.8. تصنيف رأس المال حسب المجال الذي يستخدم فيه.

1.1.2.8. رأس المال الثابت Fixed Capital

يتحكم مقدار رأس المال الثابت الذي يجب الاحتفاظ به في إنتاج المنشأة ومبيعاتها، إذ يكون ذا طبيعة ثابتة، ولا يتم تحويله إلى نقدية بسهولة، حيث يبقى ثابتاً ومستقراً أثناء سير الأعمال في المنشأة، وفي العادة يستخدم لتمويل الموجودات التي يتطلب الاحتفاظ بها مدة طويلة مثل: الأراضي، والمباني، والآلات، والتجهيزات، والأثاث.

2.1.2.8. رأس المال العامل (المتداول) Working Capital

يمثل رأس المال العامل جميع الموجودات التي يمكن تحويلها بسرعة إلى نقدية أثناء قيام المنشأة بنشاطاتها المختلفة، حيث يتغير رأس المال العامل في العادة من شكل إلى آخر خلال العمل، ويستخدم رأس المال العامل في العادة لتسديد الالتزامات الجارية، لذا لا بد أن يكون كافياً لتغطية مصروفات المنشأة خلال الدورة الإنتاجية. ومن الأمثلة على رأس المال العامل: النقدية، والمخزون، وأوراق القبض، والحسابات المدينة.

أما أهم العوامل المحددة لرأس المال العامل فهي:(2)

1. **الكلفة**: مثل شروط سداد قيمة المواد الخام، وشروط البيع المختلفة ومدى الائتمان الذي تمنحه المنشأة لزبائنها.
2. **الوقت**: يلعب وقت انتظار وصول المواد الخام دوراً مهماً في تحديد رأس المال العامل اللازم للمنشأة، وكذلك تلعب سياسات الشراء المختلفة دوراً في تحديد حجم رأس المال العامل المطلوب.
3. **الحجم**: تلعب التقلبات الموسمية، والمناسبات المختلفة مثل الأعياد دوراً في تحديد رأس المال العامل، خاصة عندما تضطر المنشأة إلى تخزين كميات كبيرة من الإنتاج لتباع في فترة موسمية قصيرة، لذا لا بد من توفر رأس مال عامل يكفي لمواجهة هذه الظروف.

2.2.8. تصنيف رأس المال حسب مصادر الحصول عليه.

1.2.2.8. أسهم رأس المال العادية Equity Capital

تمثل أسهم رأس المال العادية، رأس المال المستثمر في العمل دون أي التزام قانوني لإعادته، أو دفع فوائد عليه. ومن المناسب بشكل عام استخدام أسهم رأس المال العادية في تمويل الأصول الثابتة في المنشأة.

هذا ويمكن استخدام القروض من الأصدقاء، والأقارب في المشروعات الصغيرة أيضا لتمويل بعض الأصول الثابتة لأنه في الغالب لا يوجد وقت محدد لتسديدها، أو دفع فوائد عليها، رغم توفر الالتزام بتسديدها عند توفرها في المنشأة.

2.2.2.8. رأس المال المقترض Borrowed Capital

يمثل رأس المال المقترض، رأس المال الذي ينطوي على التزام بإعادته مع فوائده في وقت محدد، ولا بد من التأكيد أن سبل استخدام رأس المال المقترض يجب أن توفر سبل إعادته وفوائده، وقد يكون من المناسب تمويل الأصول المتداولة المختلفة من رأس المال المقترض[3].

3.8. تمويل رأس المال Capital Financing

1.3.8. اختيار مصادر التمويل.

إن من أهم القرارات المالية هو اختيار مصادر التمويل للمشروع من المصادر المختلفة المتاحة، وهناك العديد من الاعتبارات التي تؤثر على هذا القرار، وعادة ما يرغب المقترض في الحصول على القرض الذي يعتبر اقتصادياً من وجهة نظره، ولكن القرض الأقل كلفة قد ينطوي على قيود معينة أو أخطار مرتفعة، أو شروط معينة لا يستطيع تحقيقها، لذا لا بد من دراسة مصادر التمويل المختلفة لاختيار مصدر التمويل المناسب.

ومن المهم جداً أن تكون مصادر التمويل المستخدمة ملائمة لطبيعة الأصول التي ستقدم هذه الأموال لتمويلها بحيث تكون مصادر التمويل المختارة مناسبة ومتمشية مع طبيعة الأصول المستخدمة.

وبشكل عام يجب تمويل الأصول الدائمة عن طريق المصادر الدائمة، أما المصادر المؤقتة فيمكن تمويلها من المصادر المالية المؤقتة وقصيرة الأجل.

2.3.8. مصادر تمويل راس المال المختلفة.

1.2.3.8. مصادر التمويل الداخلية.

1. المدخرات الشخصية للمالكين.

هي التمويل المقدم من صاحب المشروع نفسه، سواء في بداية تكوين المشروع أو عند الحاجة إلى التوسع في المشروع أو لزيادة راس المال العامل حيث يعزز عندها صاحب المشروع الأموال المقدمة للمشروع بأموال إضافية جديدة لم تكن أصلاً داخلة في أصول المشروع بتحويل بعض أملاكه الخاصة لخدمة المشروع الذي يملكه. وتعتمد نسبة عالية من المشروعات الصغيرة على هذا النوع من التمويل، ولا بد من التنويه إلى أن دخول هذه المدخرات إلى العمل يحولها من مدخرات مجمدة إلى استثمارات منتجة.

2. القروض ذات الطابع الشخصي/ الاعتماد في التمويل على الأسرة والأقارب والأصدقاء Character Loan

يلجأ المشروع الصغير إلى الأسرة والأقارب والأصدقاء لطلب التمويل عند الحاجة، وغالباً ما يقدم هؤلاء التمويل دون طلب الضمانات الكبيرة بسبب العلاقة الشخصية مع المالك وغالباً ما تكون هذه القروض بدون بفوائد محددة سلفاً، وغير محددة المدة بشكل دقيق، ولكن يعاب عليها التدخل المحتمل في إدارة المشروع خاصة إذا كانت المبالغ المقدمة كبيرة. ويمكن أن يكون هذا التمويل مناسباً إذا كان هناك اتفاق داخلي مع المالك على تقديم نسبه معينة من الأرباح لهم مقابل هذه القروض بحيث لا يشعر هؤلاء المقرضون بالغبن.

3. المخزون Inventory

يعتبر المخزون أحد الموارد الداخلية للتمويل، والذي لا بد من تحليله بعناية ومراقبته إذ يمكن أن نجد فيه نسبة عالية من السلع والمواد الزائدة عن حاجة المشروع الفعلية، ورغم ذلك قد يطلب بعض المواد رغم وجودها في المخزون. لذا لا بد من مراقبة المخزون والتخلص من الفوائض التي يحويها، وتحويلها إلى نقدية لاستخدامها في

الأغراض الأخرى اللازمة للمشروع، وعندها يكون المشروع قد استخدم أموالا داخلية كانت معطلة دون فائدة.

4. الحسابات بطيئة التسديد والمشكوك فيها.

تنشأ الحسابات الدائنة، عندما يحاول المشروع تنشيط مبيعاته عن طريق فتح ائتمان تجاري لتجار التجزئة أو المستهلكين، ومع مرور الزمن يجد المشروع إن لديه العديد من الحسابات بطيئة الحركة والتسديد أو المشكوك فيها.

لذا لا بدمن التأكيد على مراقبة هذه الحسابات، وتصنيف العملاء المختلفين ووضع حد للسقوف الائتمانية الممنوحة للعملاء ضمن سياسة واضحة لرقابة التسهيلات الائتمانية. وفي نفس الوقت يمكن للمشروع من القيام بحملة جادة لتحصيل الحسابات بطيئة التسديد والمشكوك فيها بغرض الحصول على النقدية اللازمة له [4].

5. مراقبة الإيرادات والنفقات المختلفة.

يمكن توفير الأموال للمنشأة عن طريق مراقبة الإيرادات المختلفة، ومتابعة تحصيلها في أوقاتها المحددة حتى لا تتحول إلى حسابات بطيئة. ويمكن مراقبة النفقات المختلفة بهدف توفير الأموال المختلفة من خلال:

أ. مراجعة مصروفات صاحب المشروع والتي قد تكون مرتفعة.

ب. تحويل بعض النفقات من الخدمة الشخصية إلى الخدمة الذاتية للمشروع.

ج. مراقبة النفقات الرئيسة مثل الدعاية، والرواتب والإيجارات لضمان العوائد المناسبة من كل بند من بنود النفقات [5].

6. الاحتياطات والأرباح المحتجزة.

تعتبر الأرباح المحتجزة من أهم المصادر الداخلية للتمويل، حيث تقوم الشركات بتمويل جزء كبير من احتياجاتها المالية بواسطة الأرباح المحققة، فالأرباح التي تحققها الشركة يمكن الاحتفاظ بها لغرض إعادة استثمارها، أو توزيعها بين المساهمين، أو الاحتفاظ بجزء منها وتوزيع الباقي كأرباح على المساهمين [6].

7. إصدار أسهم جديدة.

يعتبر إصدار اسهم جديدة سواء عادية أو ممتازة أحد المصادر المهمة في التمويل الداخلي، ولكن يجب أن نلاحظ أن إصدار الأسهم الجديدة يمثل دخول ملاك جدد لهم حق التصويت والإدارة، خاصة عندما تكون الأسهم عادية، لذا على إدارة الشركة أن توازن أثر دخول هؤلاء الملاك الجدد إلى العمل نفسه مقابل استخدام هذا المصدر من مصادر الأموال الداخلية.

2.2.3.8. مصادر التمويل الخارجية.

1. الائتمان التجاري Trade Credit

عادة ما يستعمل الائتمان التجاري لتنشيط المبيعات، وهو في الأساس وسيلة للشراء مع تأجيل الدفع على فترات مختلفة مع أخذ فترة سماح معينة قبل أن يبدأ التسديد، حيث تقوم المنشأة في هذه الحالة باستخدام البضائع والمواد الخام دون أن تقوم بسداد قيمتها فوراً. وتنتشر هذه الطريقة بين المصانع والموردين عند شراء المواد الخام، وكذلك بين المصانع والتجار وبين التجار أنفسهم عند تبادل المشتريات فيما بينهم بهدف تنشيط المبيعات. فإذا استطاعت المشاريع الصغيرة على اختلاف أنشطتها الحصول على هذا النوع من الائتمان بشرط ألا يرتفع السعر عليها كثيراً فإنها تكون بذلك قد وفرت جزءاً كبيراً من احتياجاتها من رأس المال العامل في المشروع الصغير، ومن الواضح أن هذا الائتمان لا يحتاج إلى تقديم الضمانات التقليدية مثل الرهونات المختلفة، ولكنه يحتاج إلى السمعة التجارية الحسنة، ويتخذ هذا النوع من الائتمان عادة شكل الحسابات الدائنة، أو أوراق الدفع.

2. البنوك التجارية Commercial Banks

تقدم البنوك التجارية قروضاً بفوائد تجارية عادة ما تكون مرتفعة، وغالباً ما تسعى البنوك التجارية إلى التعامل مع المقترضين الكبار والقادرين على تسديد الالتزامات وتقديم الضمانات العقارية الكافية لقروضهم ولكن يلاحظ بداية اتجاه حديث لدى بعض البنوك التجارية في الاهتمام بتمويل المشروعات الصغيرة والوصول إلى أكبر عدد من العملاء في مواقعهم فعلى سبيل المثال نجد أن بنك الإسكان استحدث في عام (1990)

مشروع لتقديم قروض ميسرة للصناعات وتقديم التسهيلات الائتمانية لها، ولكن من الملاحظ أن هذه القروض أيضا تتطلب ضمانات أساسية لدى مالك المشروع، كما أن البنك الإسلامي الأردني ورغم أنه تأسس عام (1978) إلا أنه انشأ عام (1994) برنامجاً خاصاً لتمويل المشاريع المتعلقة بالحرفيين والمهنيين لتقديم التمويل اللازم لهم من خلال المشاركة أو المرابحة أو الاستثمار المباشر، كما أن عدداً من آخر من البنوك التجارية باستحداث مشاريع لتقديم القروض الميسرة للصناعات الصغيرة.

3. البنوك المتخصصة.
أ. بنك الإنماء الصناعي.

لقد تم إنشاء بنك الإنماء الصناعي عام (1965) بمشاركة حكومية ومصرفية تجارية خاصة كمؤسسة إقراضية في قطاعي الصناعة والسياحة وبهدف تشجيع الصناعة الأردنية بشكل عام وتطوير الصناعات الصغيرة بشكل خاص حيث يقدم التسهيلات الائتمانية بفوائد مخفضة خاصة للمشاريع الإنتاجية، وقد تعاظم دور البنك حين انشأ دائرة خاصة للصناعات الصغيرة والحرفية عام (1983) حيث بدأت تهتم بدراسة الجدوى الاقتصادية وتقديم التسهيلات اللازمة للصناعات الصغيرة، ويتراوح حجم القرض المقدم في المتوسط من (5-10) آلاف دينار أردني للمشروع الواحد.

ب. بنك تنمية المدن والقرى [7]

Cites and Villages Development Bank

لقد تم تأسيس البنك تحت اسم صندوق قروض البلديات عام (1966) ومن ثم تحول إلى بنك تحت اسم بنك تنمية المدن والقرى بموجب القانون المؤقت رقم (389) لعام (1979) إلى أن صدر بالقانون الدائم رقم (63) لعام (1985) حيث تودع أموال البلديات به وتدار من قبله، وهو الذي يقوم حصراً بتقديم القروض أو كفالتها بكافة أنواعها سواء كانت قروض خدمية أو تنموية أو استثمارية وأية قروض أخرى تخدم المشاريع الاجتماعية والبنية التحتية للبلديات، وقد بلغ رأسمال البنك (50) مليون دينار موزعة على أسهم مخصصة تساهم البلديات في جزء منها. كما يقدم البنك القروض للمشاريع الصغيرة الإنتاجية التابعة للبلديات المختلفة. ولكن من الملاحظ أن هذه القروض عموماً قد اتجهت

إلى النواحي الخدمية والبنية الأساسية في البلديات، ولم تحصل المشاريع الصغيرة الإنتاجية إلا على نصيب بسيط، علماً أن البنك يقدم قروضه للبلديات بأسعار فائدة منخفضة تتميز بالثبات، كما يمنح فائدة تفضيلية حسب نوع القرض المطلوب ومدى أهميته للتنمية وتطوير البنية التحتية للبلديات، حتى أنه يمنح بعض القروض بدون فوائد. ولا يتطلب البنك كغيره من البنوك التجارية الضمانات العديدة والرهونات المختلفة.

3.2.3.8. مؤسسات التمويل غير المصرفية.

لقد تعددت مصادر التمويل العامة غير المصرفية للمشاريع الصغيرة وانتشرت في محافظات المملكة المختلفة لتلبية الاحتياطات التمويلية للأفراد لمحاربة البطالة وخلق المزيد من فرص العمل، وتمتاز هذه المؤسسات بأنها تمنح قروضاً متوسطة وطويلة الأجل عكس البنوك التجارية والتي تركز على القروض قصيرة الأجل آخذة بعين الاعتبار الضمانات الكافية والربح والسيولة للمشروعات المختلفة. ومما يلاحظ على هذه المؤسسات أنها يمكن أن تكون حكومية، أو شبه حكومية، أو على شكل منظمات دولية غير حكومية.

أهم مؤسسات التمويل غير المصرفية هي:

أ. المؤسسات التمويلية غير المصرفية الحكومية والرسمية.

1- صندوق التنمية والتشغيل.

لقد تم إنشاء صندوق التنمية والتشغيل عام (1990) ويعتبر من أهم مؤسسات الإقراض الحكومية التي تهدف إلى تقديم القروض الميسرة للأفراد لإقامة وتشغيل المشاريع الصغيرة المدرة للدخل، إذ يقدم القروض لكافة الأنشطة الاقتصادية المختلفة. ويوجه اهتمامه للمناطق التي تتصف بمعدلات مرتفعة من البطالة والفقر، وبما يحقق تنمية المجتمعات المحلية في جميع محافظات المملكة، هذا ويقوم الصندوق أيضاً بإجراء البحوث والدراسات الميدانية للمشاريع لبحث قدرتها على تحقيق أهداف الصندوق، وتعطى الأولوية للمناطق النائية والأكثر فقراً والتي تعمل على تعظيم المردود الاجتماعي، ويمكن أن يقدم الصندوق القروض عن طريق أسعار الفائدة البسيطة (9%) أو عن طريق

المرابحة الإسلامية. ويبلغ سقف التمويل بحدود (10000) دينار أردني على فترة سداد تبلغ (6) سنوات.

ويقوم صندوق التنمية والتشغيل بتنفيذ العديد من برامج التمويل بصورة مباشرة أو غير مباشرة، حيث عقد الصندوق عدة اتفاقات مع المؤسسات الحكومية المختصة والجمعيات التعاونية ضمن برامج إقراضية متخصصة وموجهه نحو فئات اجتماعية مستهدفة حيث يقدم التمويل لهذه المؤسسات مع تحديد الشروط والمعايير دون التدخل في آلية الإقراض مع الأفراد مباشرة. ويعتمد الصندوق على سعر فائدة إضافية (2%) بينه وبين المؤسسات الوسيطة التي يقدم لها القروض.

ومن المؤسسات الوسيطة المعتمدة لدى الصندوق والتي تستفيد من هذه القروض:

- مؤسسة الإقراض الزراعي.
- صندوق قروض الحرفين.
- المؤسسة التعاونية الأردنية.
- الاتحاد العام للجمعيات الخيرية.
- الصندوق الهاشمي للتنمية البشرية.
- مؤسسة نور الحسين.

كما يلجأ الصندوق أحياناً إلى تمويل الجهات الرسمية غير الحكومية بدون فوائد مثل مؤسسة نور الحسين، والصندوق الهاشمي للتنمية البشرية باعتبارهما من المؤسسات الدولية.

2- مؤسسة الإقراض الزراعي.

تأسست عام (1959) كمؤسسة إقراضية متخصصة في دعم القطاع الزراعي بتوفير التمويل اللازم للاستثمارات الزراعية ولرفع الكفاءة الإنتاجية الزراعية وتحسين نوعيتها والعمل على رفع مستويات المعيشة للمزارعين، كما تعمل المؤسسة على تقديم النصح والإرشاد للمشاريع الزراعية الممولة وإعداد دراسات الجدوى المالية للمشاريع المنوي تمويلها. هذا ويصل القرض المقدم من المؤسسة للمشاريع إلى (10000) دينار أردني وحسب طبيعة المشروع.

3- صندوق الحرفيين.

قام بنك الإنماء الصناعي عام (1975) بإنشاء صندوق خاص يعني بالفئات الحرفية واليدوية الصغيرة مختص في تقديم القروض للقطاع الصناعي بهدف تشجيع المؤسسات الصناعية إذ يقدم ما قيمته (50-75%) من قيمة الأرض ورأس المال وبفائدة تصل إلى (11%) وعلى فترة سداد زمنية تمتد من (5-8) سنوات. هذا ويعتمد صندوق الحرفيين على منح الحكومة الأردنية، وبنك الإنماء الصناعي ومؤسسات التنمية الدولية. وتصل قيمة القرض المقدم في المتوسط إلى (10000) دينار أردني مما يؤكد على أن التسهيلات الإنمائية التي يقدمها البنك تسير نحو المشاريع الكبيرة نسبياً.

4- صندوق المعونة الوطنية.

وهي مؤسسة حكومية رسمية تأسست عام (1986) تقدم القروض الميسرة وبحد أعلى (350) دينار أردني تسدد على أقساط شهرية بسيطة، ويهدف الصندوق إلى المساعدة على إقامة صناعات صغيرة وحرفية من أجل توفير فرص العمل المناسبة وإقامة صناعات حرفية قادرة على تحقيق نوع من التوازن الاجتماعي والاقتصادي بين محافظات المملكة المختلفة.

5- المؤسسة العامة للإسكان والتطوير الحضري.

تقدم المؤسسة برنامج قروض المشروعات الإنتاجية والحرفية الصغيرة البالغ سقفها الأعلى (1000) دينار وبفائدة بسيطة وفترة سداد لمدة سنتين. ويهدف البرنامج إلى تشجيع الفقراء وذوي الدخل المتدني على إقامة مشاريع إنتاجية تساهم في تحسين أوضاعهم الاقتصادية والاجتماعية، إضافة إلى دعم المشروعات القائمة. هذا وتعطى الأولوية في الاستفادة من مشروعات البرنامج للمرأة التي تعيل أسرة، والأفراد العاطلين عن العمل وأصحاب المشاريع الصغيرة، وخريجو مراكز التدريب المهني الراغبين بإنشاء مشروعات إنتاجية خاصة بهم[(8)]

ب. المؤسسات التمويلية غير المصرفية وغير الحكومية.

1. مؤسسة نور الحسين.

لقد تم تأسيسها عام (1985) كمؤسسة تنموية غير حكومية وغير ربحية تهدف إلى تحقيق التنمية المحلية المستدامة، وتهدف إلى تشجيع الاتجاه الاستثماري الإنتاجي وتمكين العملاء من الاعتماد على الذات واستثمار الموارد المحلية ويبلغ متوسط القرض فيها (750) دينار وقد ركزت على مشاريع شراء ماكينات الخياطة والتريكو ومشاغل التصليح المختلفة وهي ممولة من صندوق التنمية والتشغيل.

2. الشركة الأردنية لتمويل المشاريع الصغيرة/ تمويلكم.

تأسست الشركة الأردنية لتمويل المشاريع الصغيرة/ تمويلكم عام (1999) وتتركز أهداف الشركة على:

أ. توفير فرص الاقتراض للمشاريع متناهية الصغر، ورفع معدل دخل أسرهم.

ب. توفير فرص الاقتراض للمشاريع الصغيرة والمتوسطة، خصوصاً لغير القادرين على الاقتراض من البنوك لعدم توفر الضمانات الكافية لديهم.

ج. المشاركة بالأبحاث مع العملاء عما يحتاجونه لمشاريعهم، وقد يكون ذلك عن طريق طرف ثالث.

علماً أن الشركة تركز على التقييم النوعي أكثر من تركيزها على الضمانات التقليدية عند الموافقة على القرض [9].

3. الشركة الأردنية لضمان القروض.

لقد تأسست الشركة عام (1994) وتعمل في مجال دعم وتنمية المشروعات الصغيرة في الأردن. وتهدف إلى تقديم الضمانات التي يحتاجها مجتمع الأعمال الصغير ومتوسط الحجم، ودعم المصدرين الأردنيين، مما يؤدي إلى زيادة الناتج القومي الإجمالي من خلال توفير فرص العمل، ودعم الصادرات الأردنية. وتقدم الشركة الضمان من خلال البنوك التجارية المشاركة ببرنامج ضمان القروض والمضمونة من قبل الشركة الأردنية لضمان القروض.

4. **مركز مشاريع المرأة/ ملتقى سيدات الأعمال الأردني.**

يقوم المركز بالرعاية المباشرة لصاحبات المشاريع الصغيرة بتوفير حزمة متكاملة من الخدمات المساندة للمشاريع الصغيرة مثل: تقديم البنية الأساسية من أثاث وأجهزة مختلفة، وإعداد دراسات الجدوى الاقتصادية للمشاريع، كما يقدم الدورات التدريبية لصاحبات المشاريع في المحاسبة والسكرتارية والتسويق من خلال وحدة حاضنة الأعمال الصغيرة.

5. **الجمعيات الخيرية.**

تنتشر الجمعيات الخيرية في مختلف المحافظات، وتقدم الدعم والمساندة للعديد من الأسر سواء على شكل هبات ومساعدات، أو على شكل قروض ميسرة للعائلات من أجل البدء بأعمال تدر عليهم دخلاً يساهم في الحد من ظاهرة الفقر والبطالة في المجتمع الأردني، ويبلغ عدد الجمعيات الخيرية حالياً في المملكة حوالي ثمانمائة جمعية خيرية.

ج. المؤسسات التمويلية غير المصرفية الدولية.

1. **الصندوق الأردني الهاشمي للتنمية البشرية.**

يعتبر من أهم المنظمات الدولية غير الحكومية وقد تأسس عام (1977) ويهدف إلى تطوير المجتمع الأردني، ويغطي العديد من قطاعات المجتمع، خاصة في المناطق النائية والأقل حظاً، ويهدف إلى توفير فرص العمل الذاتية والعائلية في محاولة للوصول إلى مرحلة الاكتفاء الذاتي بتأمين فرص العمل المختلفة، ويقوم أيضاً بتقديم القروض وتقديم التسهيلات لشراء الآلات والمواد الخام، كما يهدف إلى الحفاظ على بعض المهن والحرف التقليدية في الصناعات الصغيرة.

2. **برنامج المنح الصغيرة في برنامج الأمم المتحدة الإنمائي.**

لقد بدأ برنامج المنح الصغيرة في برنامج الأمم المتحدة الإنمائي عام (1992) بالعمل على دعم المشاريع التنموية التي تنفذها جمعيات غير حكومية في مناطق مختلفة من المملكة وذلك من خلال الجمعيات الخيرية المختلفة، وقد قدم الدعم منذ تأسيسه وحتى الآن إلى (116) مشروعاً نفذتها (70) جمعية غير حكومية في مناطق مختلفة من المملكة.

3. الشركة الأهلية لتنمية وتمويل المشاريع الصغيرة.

تعمل الشركة على تقديم القروض للمشاريع التي يعمل بها أقل من عشرة عمال لأغراض التشغيل والإنتاج، وهي شركة ممولة من برنامج أمير (AMIR) والوكالة الأمريكية للإنماء الدولي (United States Agency International Development (US AID وبالتعاون مع البنك الأهلي الأردني. وتبلغ قيمة القرض المقدم في المتوسط بين (700 - 7000) دينار على فترة سداد تمتد ما بين (8 – 16) شهراً وبمعدل الفائدة السائد.

كما ساهمت الوكالة الأمريكية للإنماء الدولي (US AID) بتمويل برنامج إنجاز الذي أكسب (27000) طالب وطالبة مهارات عملية لتأهيلهم لدخول سوق العمل. كما قامت بتدريب (2024) مواطناً على مهارات تكنولوجيا المعلومات، وقد شكلت النساء (70%) من المتدربين[10].

4. برنامج واعدات[11].

لقد تأسس برنامج واعدات عام (2004) لبناء قدرات المرأة في الأعمال بتمويل من الوكالة الأمريكية للتنمية (US AID) من خلال برنامج أمير (AMIR) والذي تموله الوكالة الأمريكية للتنمية.

ويهدف البرنامج إلى تحقيق الآتي:

أ. تمكين المرأة الأردنية لدخول قطاع الأعمال.

ب. تشجيع المرأة الأردنية لدخول سوق العمل.

ج. تقديم المساعدة لصاحبات الأعمال عن طريق التدريب، وتقديم الخدمة الفنية والمادية.

د. تقديم الاستشارات وخدمات النصح والإرشاد.

أما القطاعات المستهدفة في البرنامج فهي:

- الحرف اليدوية.
- مستحضرات التجميل.
- الرعاية الصحية، والتصنيع الغذائي.

● خدمات الأعمال كالتجارة الإلكترونية.

● الخدمات الاستشارية الأخرى.

علماً أن البرنامج قدم منذ تأسيسه وحتى الآن خدمات إلى (122) سيدة أعمال في مناطق المملكة المختلفة.

5. البنك الوطني للمشروعات الصغيرة.

لقد تم توقيع عقد تأسيس البنك الوطني للمشروعات الصغيرة في الأردن بالتعاون ما بين الحكومة الأردنية وبرنامج الخليج العربي لدعم منظمات المتحدة الإنمائية (أجفند) ويعتبر هذا البنك ثاني بنك على مستوى الوطن العربي بعد البنك اليمني.

ويهدف إنشاء البنك إلى توفير التمويل اللازم للمشاريع الصغيرة لزيادة الفرص الاقتصادية والاستثمارية لمساعدة الفقراء لكي يصبحوا منتجين ومعتمدين على ذاتهم، ولعل أكثر الفئات المستفيدة من المشروع هم النساء إذ أن لهن الأفضلية للحصول على القروض المصغرة، ويتم إعطاء القرض الذي لا يزيد عن (1000) دينار أردني من دون ضمانات أو تدخل الوسطاء ضمن معايير محددة.

6. المشروع الأوروبي الأردني لتحديث وتطوير المؤسسات الصغيرة والمتوسطة الحجم (EJADA).

مشروع ممول بقيمة (41.6) مليون يورو من قبل الاتحاد الأوروبي وحكومة المملكة الأردنية الهاشمية للتركيز على دعم المؤسسات الناشئة والصغيرة والمتوسطة الحجم والتي يتراوح عدد العاملين فيها ما بين (5 - 250) عاملاً.

وتتركز أهداف المشروع على:

● المساهمة في تعزيز وبناء قدرة القطاع الخاص وتحديداً المؤسسات الصغيرة والمتوسطة الحجم.

● تسهيل تنفيذ اتفاقية التجارة الحرة بين الاتحاد الأوروبي ودول حوض البحر الأبيض المتوسط.

ويركز المشروع الأوروبي الأردني لتحديث وتطوير المؤسسات الصغيرة والمتوسطة الحجم (EJADA) على أربعة محاور هي:

(1) الدعم المالي للمؤسسات الصغيرة والمتوسطة الحجم من خلال:

- صندوق ضمان القروض (Loan Guarantee Fund) ويتحمل هذا الصندوق (70%) من مخاطر القروض المضمونة (3-8) سنوات مع فترة سماح تستمر لسنتين.

- صندوق المؤسسات الناشئة (Seed Capital) ويوفر الفرص للتمويل الصناعي متوسط وطويل الأجل.

(2) مساندة السياسات والتقوية المؤسسية من خلال:

- المساهمة في تأمين بيئة ملائمة من السياسات لتطوير وتحديث أعمال المؤسسات الصغيرة والمتوسطة الحجم.

- دعم السياسة الصناعية.

- تعزيز القدرات المؤسسية لمديريات الصناعة والتجارة، المواصفات والمقاييس، مؤسسة تنمية الصادرات، .. .

- إجراء البحوث والدراسات على المستوى القطاعي.

(3) التدريب المهني وتنمية الموارد البشرية من خلال:

- دعم وتطوير الشراكة بين القطاعين العام والخاص.

- تقوية القدرات التدريبية والإدارية لمؤسسات التدريب المهني.

- دعم برامج تنمية الموارد البشرية في المؤسسات الصغيرة والمتوسطة.

- مساعدة الجامعات ومؤسسات التدريب المهني.

(4) الدعم الفني للمؤسسات الصغيرة والمتوسطة الحجم من خلال الخدمات الاستشارية.

7. المجلس التنفيذي لتمويل القروض الصغيرة لمنطقة الشرق الأوسط وشمال أفريقيا [12، 13]

شراكه عربية وإقليمية تؤمن بأن القروض الصغيرة هي الأداة التي لا يمكن الاستغناء عنها لمواجهة الفقر والبطالة في المنطقة لأنها تعمل على مساعدة الأسر الفقيرة والأفراد في المنطقة على إطلاق العنان لطموحاتهم للبدء بمشاريعهم الخاصة والتوفير السريع للفرص القادرة على بناء الموجودات.

وتعتبر المبادرة الأولى في العالم العربي التي تؤسس دفعاً جديداً للقروض الصغيرة في المنطقة، إذ أن المنطقة بحاجة إلى الإسراع في تبني السياسات الهادفة إلى توسيع خدماتها ونشرها إلى كافة شرائح المجتمعات المحلية، إذ تبين أن المطلوب من العالم العربي توفير (50) مليون فرصة عمل خلال الخمس سنوات القادمة.

وتتركز أهداف المجلس التنفيذي لتمويل القروض الصغيرة لمنطقة الشرق الأوسط وشمال أفريقيا على:

- نشر خدمات القروض الصغيرة لتصل خلال الخمسة سنوات القادمة إلى (3) مليون شخص في العالم العربي.

- تطوير استراتيجيات تساعد على توصيل القروض الصغيرة للأفراد المستحقين في الوطن العربي.

- تطوير سياسات لمساعدة الفقراء للحصول على الخدمات المصرفية من خلال تنسيق دعم المؤسسات المانحة.

- صياغة الأنظمة والقوانين الخاصة بالقروض الصغيرة، والمساعدة في بناء القدرات المؤسسية والتدريب للعاملين في هذا المجال.

- تجسير الفجوة بين المؤسسات الربحية وغير الربحية، وإقناع البنوك الكبرى باتباع نفس الأسلوب لبناء قطاع بنكي واسع للفقراء.

4.8. معدل الفائدة Interest Rate

يلعب معدل الفائدة السائد دوراً رئيساً في قرارات المنشأة لتحديد طريقة التمويل المناسبة بين الخيارات المختلفة من مصادر الاقتراض الخارجي حيث أن الاتجاه السائد في السنوات الأخيرة يسير نحو الاقتراض الخارجي إذا كان بشروط مقبولة ومرضية.

وعند اللجوء إلى الاقتراض الخارجي لا بد من الموازنة بين كلفة الأموال المقترضة، والعائد المتوقع من استخدام تلك الأموال حتى تصبح أكثر جاذبية للمنشأة لاتباعها. ونوضح ذلك بالمثال التالي:

إذا كانت إمكانيات الربح من استثمار (10000) دينار هي (2000) دينار سنوياً، فإذا استخدمت المنشاة كامل المبلغ من الداخل تكون قد حققت (20%) . أما إذا اقترضت المنشأة نصف المبلغ من الخارج بفائدة (8%) فتكون الفائدة عندها 2000-400=1600 دينار. وتكون المنشأة قد حققت 1600/ 10000= 32%

أما إذا اقترضت المنشأة (7500) دينار، واستثمرت من الداخل (2500) دينار فقط فيكون العائد على الاستثمار 2000-600=1400 دينار. وتكون المنشأة قد حققت معدل عائد 1400/ 2500= 56%

كما أن فاعلية العائد من الاقتراض تزداد في حالة التضخم حيث تتيح للشركة التسديد بقيمة نقدية منخفضة على عكس الحال في حالات الانكماش الاقتصادي[14]

ولكن هل تستطيع المنشأة السير فعلا حسب المعادلات السابقة من الناحية العملية؟ أي هل تستطيع المنشأة اللجوء إلى الاقتراض إلى مالا نهاية؟

إن الجواب بالتأكيد هنا أن هناك قيود على ذلك ومن أمثلة تلك القيود:

1. إن مركز الشركة المالي لا يسمح لها بالتمويل الكامل لعملياتها عن طريق الاقتراض، ولا بد من الحفاظ على ذلك المركز حيث يؤكد المتخصصون بأن نسبة حقوق الملكية إلى الموجودات في العمل التجاري يجب أن لا تقل عن (25%) بل ويجب أن تزيد عن ذلك في بعض الأعمال التجارية، وعموماً يجب أن لا تقل عن ربع أو ثلثي الاستثمار الرأسمالي للشركة.

2. لا بد أن نتذكر بأن القروض المختلفة لا بد من تسديدها في أوقاتها، وإن أي فشل في تحقيق ذلك سيؤدي إلى فرض رقابة على المنشأة من الدائنين، أو التصفية والإفلاس في حالات فشل التسديد، لذا لا بد من دراسة النسبة المقبولة للقروض بعناية فائقة.
3. إن زيادة نسبة القروض المستخدمة في المنشأة سيؤدي إلى خلق صعوبات مختلفة أمام المنشأة للحصول على قروض جديدة، وقد يرفع من نسب الفائدة المفروضة عليها، مما سيقلل بالتالي من فعالية العائد من استخدام القروض بشكل عام.

5.8. الدولة والمشاريع الصغيرة

The Government and Small Business

توفر الدولة للمهنيين بالمشاريع الصغيرة على اختلاف أنشطتها المساعدات المختلفة عن طريق متابعة القوانين المختلفة وإصدارها مثل: قوانين الملكية الفكرية والعمل، وعقد الاتفاقيات التجارية المختلفة بين الدول العربية، والاتفاقيات التجارية الخارجية مثل: اتفاقية التجارة الحرة مع أمريكا، والشراكة الأوربية المتوسطيه كما تقوم الدولة بتأمين العديد من برامج المساعدات الدولية مثل: مشروع الإنماء الأمريكي والياباني لتقديم القروض للمشاريع الصغيرة، كما تصدر الدولة نشرة منتظمة عن تعاملاتها الخارجية مع الدول والبضائع التي تصدر إليها إذ تعتبر مثل هذه النشرات مصدر مهم للمعلومات في المشاريع.

1.5.8. المساعدات الحكومية للمشاريع الصغيرة.

تقدم الدولة عموماً المساعدة للمشاريع الصغيرة بطرق مختلفة من خلال:

1. **دائرة الإحصاءات العامة**: حيث تقدم الدائرة ومن خلال إحصاءات المسح الصناعي ومسح الاستخدام إحصائية رسمية بعدد المنشآت المختلفة وحسب الأنشطة المختلفة ويستطيع الشخص الذي يريد دخول الأعمال الصغيرة الاستفادة من هذه المعلومات عند التخطيط لمشروعه.

2. وزارة الصناعة والتجارة: لقد أعدت وزارة الصناعة والتجارة قانون الشركات عـام (1997) وعدل بموجب القـانون المؤقت رقـم (40) عـام (2002) وذلك لمعالجـة أوضـاع تسجيل الشركات ومتابعتها.

كما تعمل وزارة الصناعة حالياً على تعديل القانون لإعادة صياغة ضوابط التسجيل، والعمل على إصدار الأنظمة التابعة للقانون مثل: نظام الشركات المعفاة، نظام الشركات المدنية غير الربحية، ونظام التصفية، حيث يهدف التعديل المقترح إلى الدفع باتجاه تسهيل سبل الاستثمار وتبسيط الإجراءات على المراجعين، وفرض بيئة استثمارية آمنة بحيث يشمل التعديل تجذيراً لمفهوم حوكمة الشركات.

كما تقدم وزارة الصناعة والتجارة وخصوصاً من خلال دائرة تشجيع الاستثمار المزايا العديدة للمشاريع، حيث تمنح هذه الدائرة المزايا للمشاريع إذا توفرت بها بعض الشروط وحسب خطة الـوزارة في تنميـة المنـاطق سواء مـن المنـاطق (أ، ب، ج) أو داخل المنـاطق الصناعية المؤهلة حيث تقدم الإعفاءات العديدة من جمركية وضريبية وغيرها.

وقد أطلقت أخيراً دائرة مراقبة الشركات بوزارة الصناعة والتجارة موقعها الإلكتروني الجديد علـى شـبكة الإنترنـت www.ccd.gov.jo والـذي يتيح لكافة زوارهـا الاطلاع علـى الأنشطة المختلفة التي تقدمها الدائرة لجمهور المتعاملين خاصة المستثمرين المحليين والعرب والأجانب وباللغتين العربية والإنجليزية إذ يستطيع المستثمر من خلاله تعبئة طلبات تسجيل الشركات، والاستعلام عن كافة بيانات الشركة المسجلة لـدى الـدائرة، والتعرف علـى حجـم الاستثمار والقوانين والأنظمة التي تحكم عمل الـدائرة. هـذا وقد دعت الـدائرة إلى تسجيل الشركات إلكترونياً من خلال الانضمام إلى عضوية الموقع الإلكتروني الجديد ضمن إجراءات معينة[15].

3. وزارة العمل: تقوم وزارة العمل ومن خلال مديريات العمل المنتشرة في المحافظات بعقد الدورات المختلفة حول طرق السلامة العمالية. كما تقوم بإصدار تصاريح العمل المختلفة للعمالة الأجنبية التي تدخل البلاد خاصة في المهن التي لا يتوفر فيهـا عمالة وطنيـة، مع مراعاة العمالة الزراعية حيث تكون رسوم الترخيص فيها بقيمة أقل.

4. **مؤسسة تنمية الصادرات:** تهتم مؤسسة تنمية الصادرات بنشر الوعي الثقافي على مستوى المهنيين من القطاع الصناعي والتجاري وفي المناسبات المختلفة. كما تقوم بتنظيم الاشتراك في المعارض الخارجية والإعلان لها، والتسهيل من خلال الاتفاقيات الثنائية المختلفة مع الدول الأخرى، كما تعمل المؤسسة على إقامة المعارض الدولية والأردنية خاصة التي تقام في الدول الخارجية.

5. **مديريات الصناعة في المحافظات المختلفة:** تقدم هذه المديريات التسهيلات المختلفة للتجار من حيث إجراءات إنشاء المشاريع الصغيرة الفردية داخل هذه المديريات، أما شركات التضامن والمساهمة فلا زالت بحاجة إلى بعض الإجراءات في وزارة الصناعة والتجارة.

6. **مراكز التدريب المهني المختلفة:** تنتشر مراكز التدريب المهني في مختلف المحافظات، وتقدم من خلال تلك المراكز التدريب على المهن المختلفة بأنواعها مدعومة بالشهادات المختلفة، وبرسوم تشجيعية للفئات المختلفة الراغبة في دخول سوق العمل. هذا وقد قامت تلك المراكز بتدريب الآلاف من الشباب الأردني مما ساهم ويساهم في الحد من ظاهرة البطالة في المجتمع الأردني.

7. **الاتفاقيات الثنائية والدولية** التي تعقدها الحكومة الأردنية مع الدول الأخرى، وتؤمن من خلالها العديد من المزايا للمشروعات الصغيرة.

8. **المؤتمرات الاقتصادية المختلفة** التي تستضيفها الحكومة وتشارك بها وتحقق من خلالها المزايا المختلفة للمشاريع الصغيرة.

2.5.8. الرقابة الحكومية للمشاريع الصغيرة.

تقوم الحكومة بالرقابة والمتابعة على المشاريع الصغيرة من خلال:

1. متابعة الترخيص اللازم لهذه المشاريع وتجديده لمزاولة العمل في كل عام من قبل البلديات المختلفة.

2. التأكد من الانضمام الإلزامي للضمان الاجتماعي في المنشآت التي تخضع لأحكام هذا القانون حيث تلزم الحكومة المشاريع التي يزيد عدد عمالها عن خمسة عمال بالانضمام الإجباري إلى الضمان الاجتماعي.

3. التفتيش الصحي: ويكون من قبل وزارة الصحة لتقديم الإرشادات المختلفة والتأكد من عدم مخالفة الشروط الصحية.

4. التأكد من اتباع المنشآت لإجراءات السلامة العامة وذلك من قبل الدفاع المدني والأمن الصناعي حيث تركز على السلامة العمالية، كما يقوم الدفاع المدني بعقد دورات السلامة المختلفة للعاملين في المصانع والشركات.

5. اعتماد الدفاتر المحاسبية المختلفة اللازمة في حالة اعتماد المشروع الصغير مسك دفاتر محاسبية منظمة من قبل مديرية الصناعة والتجارة في المحافظات المختلفة.

6. متابعة التسعيرة ووضعها على المبيعات في بعض السلع والتأكد من الالتزام بهذه التسعيرة.

7. الرقابة على الأسواق والعمل على حمايتها من الإغراق، وذلك بتطبيق قوانين الحماية من الإغراق في حالات المنافسة غير العادلة في الأسعار خاصة في حالات الصناعة.

8. متابعة قوانين الحد الأدنى للأجور لحماية مصالح العمال، وتنظيم قوانين ساعات العمل والعمل الإضافي.

9. تنظيم حملات المراقبة على التنزيلات المختلفة التي تقوم بها المصانع والشركات والمحلات، والتشديد على أن تكون هذه التنزيلات حقيقية، مع تحديد المناسبات المختلفة للتنزيلات.

10. توفير فرص التدريب المختلفة من خلال كليات المجتمع ومراكز التدريب المهني لتأمين العمالة المطلوبة للمشاريع المختلفة.

11. إصدار تصريح مزاولة المهنة (فحص المستوى) للمهنيين الراغبين في فتح أعمال ومشاريع خاصة بهم.

12. قوانين حماية الأطفال والنساء والتأكد من تطبيقها في المشاريع المختلفة.

3.5.8. المؤسسات العامة ذات العلاقة بالمشروعات الصغيرة.

1. **غرف الصناعة والتجارة المختلفة:** تقدم هذه الغرف لمنتسبيها والقطاع بشكل عام العديد من النشرات عن النشاط الاقتصادي، كما تقوم بإصدار مجلة دورية متخصصة حول ذلك. كما تقوم هذه الغرف بتقديم المعلومات حول عدد المصانع والعمالة والإنتاج والتصدير. وتساعد المنشآت المختلفة بالمساعدة في الحصول على شهادة (ISO) من خلال تقديم بعض المساعدات النقدية من كلفة هذه الشهادة.

2. **النقابات العمالية:** تعمل هذه النقابات على حماية مصالح أعضائها من العمال كما تعمل على تسوية الخلافات العمالية مع الشركات، حيث يوجد في الأردن العديد من النقابات العمالية، وكذلك الاتحاد العام للنقابات العمالية والذي يجمع العمال في نقابة واحدة.

3. **الجمعيات المختلفة مثل:**

أ. جمعية رجال الأعمال الأردنيون.
ب. جمعية رجال الأعمال الشباب.
ج. جمعية حماية المستهلك.
د. جمعية صاحبات الأعمال والمهن: هي جمعية تطوعية أردنية تهدف إلى حشد طاقة المرأة ومساهمتها في البناء الاقتصادي والاجتماعي على مستوى نوعي. حيث تقوم الجمعية بتدريب السيدات المتبدئات اللاتي يحتجن إلى خبرات لوضعهن على الطريق المهني الصحيح لغاية إنشاء المشاريع وإدارتها، وتسويق منتجاتها بصورة مهنية ناجحة. كما تهدف الجمعية إلى تطوير نشاط المرأة وتعظيم كفاءتها ودورها الاقتصادي والاجتماعي في التنمية الاقتصادية، وتعزيز استقلالها ومشاركتها في صنع القرار الاقتصادي الوطني على نهج ديمقراطي مسؤول.

6.8. أسئلة للمراجعة/ الفصل الثامن.

أولاً: أكمل الجمل التالية.

1. يمكن تصنيف رأس المال حسب المجال الذي يستخدم فيه إلى:

أ. ....

ب. ....

2. يمكن تصنيف رأس المال حسب مصادر الحصول عليه إلى:

أ. ....

ب. ....

3. من العوامل المحددة لرأس المال العامل:

أ. ....

ب. ....

ج. ....

4. لا يمكن للمنشأة اللجوء إلى الاقتراض إلى ما لا نهاية من الناحية العملية، وذلك للأسباب التالية:

أ. ....

ب. ....

ج. ....

ثانيا: ناقش العبارات التالية.

1. يختلف تقدير الاحتياجات الرأسمالية للمشروع خلال حياته الإنتاجية.

2. مصادر التمويل الداخلية للأعمال الصغيرة.

3. مصادر تمويل الأعمال غير المصرفية الحكومية والرسمية.

4. الطرق المختلفة التي تدعم الدولة بها الأعمال الصغيرة.

7.8. مراجع الفصل الثامن.

1. بومباك، كليفود م. (1989). **أسس إدارة الأعمال التجارية الصغيرة**. تحرير وتدقيق: د. رائد السمرة. الأردن، عمان: مركز الكتب الاردني. ص.347.

2. توفبق، جميل أحمد، وشريف، علي (1988). **الإدارة المالية**. لبنان، بيروت: الدار الجامعية للطباعة والنشر.

3. بومباك، كليفود م. (1989). **مرجع سابق**. ص. 349.

4. **المرجع السابق**. ص. 363.

5. **المرجع السابق**. ص. 314.

6. توفبق، جميل أحمد، وشريف، علي (1988). **مرجع سابق**. ص. 522.

7. بنك تنمية المدن والقرى (2003). **القرير السنوي الثاني والعشرون**، الأردن، عمان: دائرة الدراسات.

8. الجغيبر، بشير. مدير عام المؤسسة العامة للاسكان والتطوير الحضري (2002، 30 حزيران). **الرأي**، عمان، الأردن.
9. **الرأي** (2005، 6 حزيران). العدد رقم 12677.
10. **الرأي** (2005، 22 أيار). العدد رقم 12662.
11. أبو ليل، وجدان. منسقة برنامج واعدات (2005، 21 حزيران). **الرأي**، العدد 12692، ص. 5. عمان، الأردن.

12. **مرجع سابق**، الرأي، العدد رقم 12662.

13. **الرأي** (2005، 2 حزيران). العدد رقم 12673. عمان، الأردن.

14. بومباك، كليفود م. (1989). **مرجع سابق**. ص. 35.

15. عبابنه، محمود. مراقب عام الشركات (2005، 18 حزيران). **الرأي**، العدد رقم 12689. عمان، الأردن.

الفصل التاسع

المحاسبة والأعمال الصغيرة
Accounting and Small Business

الفصل التاسع
المحاسبة والأعمال الصغيرة
Accounting and Small Business

المحاسبة والأعمال الصغيرة
Accounting and Small Business

1.9. تطور النظام المحاسبي Accounting System Development

لقد تطورت المحاسبة والسجلات المحاسبية مع بدايات تطور العمل التجاري إلى أن وصلت لنظرية القيد غير المزدوج خلال القرن الرابع عشر الميلادي في الجمهوريات الإيطالية، إذ بدأت بطريقة بسيطة سميت الطريقة الإيطالية والتي اعتمدت على دفترين هما دفتر اليومية العامة والذي تفرغ به جميع القيود اليومية، ودفتر الأستاذ العام والذي يحتوي على الأرصدة الشهرية المرحلة من اليومية العامة حيث يحتل كل حساب صفحة الأستاذ العام، ولبساطة هذه الطريقة وسهولتها استمر استعمالها حتى الوقت الحاضر.

ومع حاجة المشروعات الصغيرة والمتوسطة إلى نظام محاسبي أكثر شمولاً من الطريقة الإيطالية بدأت بعض المشروعات العمل بالطريقة الأمريكية التي تستخدم دفتر واحد يودي وظيفتي دفتر اليومية والأستاذ في الطريقة الإيطالية حيث يحتوي دفتر اليومية على حركة وأرصدة الحسابات بالكامل وذلك بفتح عدة أعمدة في اليومية الأمريكية يمثل كل عمود حساب مستقل، وتحقق هذه الطريقة وفراً في الجهد والمال.

2.9. أهداف المحاسبة Accounting Objectives

تهدف المحاسبة إلى تحقيق الأغراض التالية:

1.2.9. إثبات العمليات المالية وتسجيلها بالدفاتر بمجرد حدوثها للرجوع إليها وقت الحاجة ويكون ذلك عن طريق دفاتر القيد.

2.2.9. توفير المعلومات المالية عن أصول وخصوم المنشأة.

3.2.9. معرفة النتيجة النهائية لنشاط المنشأة عن طريق تصوير حسابات النتيجة وهي حساب التشغيل والمتاجرة والأرباح والخسائر.

4.2.9. معرفة المركز المالي للمنشأة عن طريق تصوير الميزانية العمومية.

5.2.9. إمداد متخذ القرار بالمعلومات اللازمة للتخطيط واتخاذ القرارات السليمة.

6.2.9. توفير المعلومات المالية عـن التـدفقات النقديـة المترتبـة عـلى النشـاطات المختلفـة ومعرفة مدى قدرة الشركة على مواجهة التزاماتها في مواعيدها.

7.2.9. خدمة المجتمع من خلال بيان مدى كفـاءة إدارة الشركة، والـدور الـذي تؤديـه في خدمة المجتمع.

3.9. المحاسبة كنظام معلومات Accounting as Information System

يمكـن النظـر للمحاسـبة عـلى أنهـا نظـام معلومـات يعمـل عـلى تجميـع وتصـنيف ومعالجـة العمليـات الماليـة في المؤسسـة لتعطـي تقـارير وقـوائم ماليـة تلبـي احتياجـات المستخدمين المختلفين لنظام المحاسبة وذلك من أجل مساعدتهم عـلى اتخـاذ القـرار السـليم. ويبين الشكل (9/ 1) المحاسبة كنظام معلومات.

الشكل (9/ 1)
المحاسبة كنظام معلومات

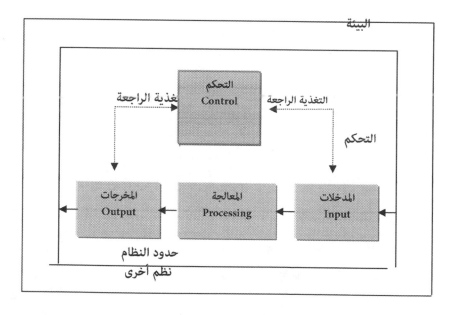

Source: O'Brien, James A. (2000). ***Introduction to Information Systems: Essentials for the Internet worked Enterprise*** (9th ed.). Irwin, Boston Burr Ridge: McGraw-Hill Companies, Inc., p. 22.

ونلاحظ من الشكل (9/ 1) أن المدخلات تتشكل من الأحداث المالية الخارجية والداخلية، والتي يتم معالجتها من خلال تسجيل، وترحيل، وترصيد التسويات المختلفة لتعطي المخرجات على شكل قوائم مالية مختلفة.

ونلاحظ في الوقت الحاضر انتشار نظم المعلومات المحاسبية على مستوى الجامعات كتخصص لتخدم الشركات.

4.9. السجلات المحاسبية Accounting Files

1.4.9. أهمية السجلات المحاسبية.

تلعب السجلات المحاسبية دوراً مهماً في نجاح المشروع وفي معرفة وضعه المالي في الأوقات المختلفة فتساعد على اتخاذ القرارات في الوقت المناسب، لذا فإن عدم وجود الأساليب والسجلات المحاسبية في المشروع التجاري يجعل من المستحيل على المديرين معرفة سير أعمال مشروعاتهم التجارية وقد يتسبب تأخير اكتشاف أي خطأ في فشل المشروع.

ورغم أن السجلات المحاسبية ضرورية وقانونية في المشروعات الكبيرة إلا أن وجود تلك السجلات بصورة واضحة ومتكاملة ومعتمدة على القيد المزدوج عامل مهم في نجاح المشروعات الصغيرة وضمن أولويات الإدارة الفعالة.

تلعب السجلات المحاسبية دوراً كبيراً فهي تبين لمدير المشروع الأمور التالية:

1. ما هو الدخل المتحقق من نشاطات المشروع؟ ومقارنته بالأنشطة الأخرى المشابهة.
2. مدى مناسبة المصروفات مع الدخل في المشروع وهل بالإمكان تخفيضها؟
3. بيان قيمه الموجودات المختلفة في المشروع.
4. بيان قيمة النقدية المتوفرة ومدى قدرتها على مواجهة الالتزامات المختلفة.
5. متابعة الذمم المختلفة في المشروع وطبيعتها.

2.4.9. السجلات المحاسبية الرئيسة[1]

يتوجب على المنشآت كبيرة كانت أم صغيرة الاحتفاظ بالسجلات المحاسبية لاثبات كل صفقة تجارية.

ويحتوي نظام المحاسبة في المنظمات الصغيرة على السجلات التالية:

1. **سجل يومية المقبوضات النقدية:** سجل مفصل لجميع المقبوضات النقدية المحصلة والداخلة إلى المشروع حيث تقوم الشركة بنهاية اليوم بترحيل مجموع الإيداعات النقدية إلى هذا السجل.

2. **سجل يومية المدفوعات النقدية:** سجل مفصل لجميع المدفوعات النقدية الخارجة من المشروع حيث تقوم الشركة بنهاية اليوم بترحيل مجموع المدفوعات النقدية إلى هذا السجل.

3. **سجل اليومية العامة:** سجل مفصل لجميع العمليات من قبض وصرف والمبيعات والمشتريات الآجلة على الحساب وقيود الأقفال المختلفة، حيث يتم إدخال مجموع الحسابات إلى دفتر اليومية العامة.

4. **سجل الأستاذ العام:** السجل الذي يتم الترحيل إليه شهرياً من السجلات السابقة، ويعتبر أساسا للبيانات المالية في المشروع، ويمكن الاحتفاظ بسجل أستاذ خاص مساعد للتفصيلات كالرواتب والأجور.

وقد اشترطت التشريعات الأردنية مسك الدفاتر المحاسبية التالية التي يجب استخدامها في المشروعات وهي [2]:

1. سجل اليومية.
2. سجل المراسلات الصادرة والواردة.
3. دفتر الجرد والميزانية.

وقد اشترط القانون لاعتبار هذه السجلات قانونية توفر الآتي [3]:

1. ترقيم صفحات الدفتر بأرقام متسلسلة والتوقيع عليها من قبل مديريات الصناعة والتجارة في المحافظات.
2. عدم ترك أي فراغ بين الأسطر، وعدم جواز المحو والكشط فيها.
3. الاحتفاظ بتلك السجلات لمدة عشر سنوات على الأقل.

5.9. المستندات الرئيسة في النظام المحاسبي.

يرتكز النظام المحاسبي على طريقة القيود المحاسبية والتي تعتمد على مجموعة من المستندات أهمها: سندات القبض، سندات الدفع، مستند قيد اليومية، إشعار قيد مدين، إشعار قيد دائن، والفاتورة.

1.5.9. مستند قبض: هو المستند المنظم حسب الأصول، والذي يتضمن قبض مبلغ محدد سواء نقداً أو بشيك، وجرت العادة أن يحمل رقماً متسلسلاً.

شركة ....

سند قبض نقدي/ شيكات

رقم........

فلس	دينار
.....	.....

التاريخ: / /2009

وصلني من السادة ....

مبلغ وقدره ....

شيك رقم .... البنك .... التاريخ ....

وذلك عن ....

المستلم

2.5.9. مستند صرف: هو المستند المنظم حسب الأصول والذي يثبت صرف مبلغ معين للمستفيد، مع بيان سبب الصرف والتاريخ واعتماد الصرف.

شركة ....

سند صرف نقدي/ شيكات

رقم.........

فلس	دينار
.....	.....

التاريخ: / /2009

يصرف للسادة ....

مبلغ وقدره ....

شيك رقم .... البنك .... التاريخ ....

وذلك عن ....

المستلم

3.5.9. مستند قيد يومية: هو المستند الذي يثبت به العمليات المالية بطرفيها المدين والدائن، والذي يفرغ في اليومية العامة.

مستند قيد يومية

شركة ....

العنوان ....

التاريخ: / / 2009 مستند قيد محاسبي رقم

القيد:

				الحساب المدين	الحساب المدين	رقم الحساب	صفحة الأستاذ	البيان
ف	د	ف	د					
				المجموع:				

المحاسب رئيس القسم المدير

4.5.9. إشعار قيد مدين: هو المستند الذي نشعر به أحد المتعاملين بتسجيل مبلغ معين على حسابه مع بيان سبب ذلك، ولم يحرر بالمبلغ مستند خاص به.

إشعار قيد على الحساب

التاريخ: / /2009

السادة ....

قيدنا على حسابكم ما يلي:

التفاصيل	فلس	دينار
فقط وقدره المجموع		

المحاسب يعتمد المدير

5.5.9. إشعار قيد دائن: هو المستند الذي نشعر به أحد المتعاملين بتسجيل مبلغ معين لحسابه مع بيان السبب، ولم يحرر به مستند خاص.

إشعار قيد لحساب

التاريخ: / /2009

السادة ....

قيدنا لحسابكم ما يلي:

التفاصيل	فلس	دينار
فقط وقدره المجموع		

المحاسب يعتمد المدير

6.5.9. الفاتورة: هو المستند الصادر عن المؤسسة والذي يحوي على الأصناف المباعة مع قياساتها أو أوزانها، وأسعارها مع بيان المبلغ الإجمالي لها.

فاتورة

التاريخ: / /2009 رقم 32514

المطلوب من السيد ....

المبلغ		بيان			
ف	د			ف	د

توقيع المستلم

والمثال التالي يوضح كيفية استخدام سجل اليومية العامة، وسجل الأستاذ العام للحسابات المختلفة، وكذلك ميزان المراجعة.

مثال توضيحي:

فيما يلي بعض العمليات التي قامت بها شركة التجهيزات الكهربائية خلال شهر نيسان من عام (2008) وهي بصدد مباشرة نشاطها التجاري.

2008/4/1 بدأت الشركة نشاطها التجاري بمبلغ (25000) دينار أودع منها مبلغ (20000) دينار في البنك واحتفظت بالباقي في الصندوق.

2008/4/1 قامت الشركة بشراء أدوات كهربائية على الحساب من الشركة العربية بقيمة (10000) دينار.

2008/4/3 قامت الشركة ببيع أدوات كهربائية نقداً بقيمة (4000) دينار.

2008/4/5 قامت الشركة ببيع أدوات كهربائية على الحساب بقيمة (3000) دينار لشركة النسر الذهبي.

2008/4/7 قامت الشركة بإيداع (8000) دينار في البنك من محصلات الصندوق.

2008/4/8 قامت الشركة بشراء أدوات كهربائية بشيك من الشركة المتحدة بقيمة(2000) دينار دفعت قيمتها بشيك مسحوب على البنك.

2008/4/10 تم تحصيل مبلغ (2500) دينار من ذمم العملاء (النسر ـ الذهبي) أودعت في البنك.

2008/4/15 قامت الشركة بإرجاع بعض الأجهزة الكهربائية إلى الشركة العربية بقيمة (700) دينار لعدم مطابقتها للمواصفات.

2008/4/20 تلقت الشركة أجهزة مرتجعه من العملاء (النسر الذهبي) بقيمة(200) دينار.

2008/4/25 قامت الشركة بتسديد مبلغ (3500) دينار إلى الموردين (الشركة العربية) بشيك مسحوب على البنك.

2008/4/30 قامت الشركة بدفع رواتب العاملين لديها بشيكات مسحوبة على البنك بلغت قيمتها (2700) دينار.

لقد بلغت الفوائد البنكية مبلغ (180) دينار.

لقد بلغ مخزون آخر المدة مبلغ (8000) دينار.

المطلوب.

1. إجراء القيود اللازمة لإثبات العمليات السابقة في دفتر اليومية العامة.
2. ترحيل القيود السابقة إلى الحسابات المختلفة بدفتر الأستاذ العام.
3. إعداد حساب المتاجرة.
4. إعداد حساب الأرباح والخسائر.
5. إعداد ميزان المراجعة في 2008/4/30 على أساس الأرصدة.
   القيود اللازمة لإثبات العمليات السابقة في دفتر اليومية العامة.

دفتر اليومية العامة

التاريخ	رقم صفحة الأستاذ	رقم القيد	البيان	له د	ف	منه د	ف
2008/4/1		1	من ح/البنك			20000	
			من ح/الصندوق			5000	
			إلى ح/ رأس المال	25000			
			(قيد التأسيس واثبات إيداع رأس المال في البنك والصندوق)				
2008/4/1		2	من ح/المشتريات			10000	
			إلى ح/الموردين				
			(الشركة العربية)	10000			
			(شراء مواد من الشركة العربية على الحساب بموجب الفاتورة رقم ... بتاريخ ...)				
2008/4/3		3	من ح/الصندوق			4000	
			إلى ح/المبيعات	4000			
			(إثبات مبيعات نقدية)				

	3000		3000	من ح/العملاء النسر الذهبي إلى ح/المبيعات (إثبات مبيعات آجلة)	4		2008/4/5
	8000		8000	من ح/البنك إلى ح/ الصندوق (إيداعات نقدية في البنك...)	5		2008/4/7
	2000		2000	من ح/المشتريات إلى ح/ البنك (شراء مواد بشيك من الشركة العربية بموجب الفاتورة رقم ... بتاريخ ...)	6		2008/4/8
	2500		2500	من ح/البنك إلى ح/العملاء (النسر الذهبي) (المحصل من النسر الذهبي قسيمة إيداع رقم... وتاريخ...)	7		2008/4/10
	700		700	من ح/الموردين (الشركة العربية) إلى ح/مردودات المشتريات (إثبات مردودات المشتريات إلى الشركة العربية)	8		2008/4/15
	200		200	من ح/مردودات المبيعات إلى ح/العملاء (النسر الذهبي) (إثبات مردودات المبيعات من العملاء النسر الذهبي)	9		2008/4/20
	3500			من ح/الموردين (الشركة العربية)	10		2008/4/25

			3500	إلى ح/البنك (إثبات تسديد إلى الشركة العربية بموجب شيك رقم. .)			
	2700		2700	من ح/مصروفات عمومية (رواتب وأجور) إلى ح/ بنوك (تسديد الرواتب بشيك رقم...)	11		2008/4/30
	180		180	من ح/البنك إلى ح/ فوائد بنكية (فوائد بنكية مستحقة للشركة)	12		2008/4/30

أما الحسابات المختلفة في دفتر الأستاذ العام فهي:

ح/ رأس المال

المبلغ		بيان	رقم القيد	التاريخ	المبلغ		بيان	رقم لقيد	التاريخ
ف	د				ف	د			
						20000	من ح/ البنك	1	
						5000	من ح/ الصندوق	1	
	25000	**رصيد دائن**							
	25000					25000			

ح/ البنك

المبلغ		بيان	رقم القيد	التاريخ	المبلغ		بيان	رقم لقيد	التاريخ
ف	د				ف	د			
	20000	إلى ح/ رأس المال	1			2000	من ح/ المشتريات	6	
	2500	إلى ح/ العملاء	7			3500	من ح/ الموردين	10	
	8000	إلى ح/ الصندوق	5			2700	من ح/ الرواتب والأجور	11	
	180	إلى ح/ فوائد بنكية	12						
						22480	**رصيد مدين**		
	30680					30680			

ح/ فوائد بنكية

المبلغ		بيان	رقم القيد	التاريخ	المبلغ		بيان	رقم لقيد	التاريخ
ف	د				ف	د			
						180	من ح/ بنك	12	
	180	رصيد دائن							
	180					180			

ح/ الصندوق

المبلغ		بيان	رقم القيد	التاريخ	المبلغ		بيان	رقم لقيد	التاريخ
ف	د				ف	د			
	5000	إلى ح/ رأس المال	1			8000	من ح/ بنوك	5	
	4000	إلى ح/ المبيعات	3						
						1000	رصيد مدين		
	9000					9000			

ح/ المشتريات

المبلغ		بيان	رقم القيد	التاريخ	المبلغ		بيان	رقم لقيد	التاريخ
ف	د				ف	د			
	10000	إلى ح/ الموردين	2						
	2000	إلى ح/ الصندوق	6						
						12000	رصيد مدين		
	12000	12000				9000			

ح/ المبيعات

المبلغ		بيان	رقم القيد	التاريخ	المبلغ		بيان	رقم لقيد	التاريخ
ف	د				ف	د			
						4000	من ح/ الصندوق	3	
						3000	من ح/ العملاء	4	
	7000	رصيد دائن							
	7000					7000			

ح/ الموردين (الشركة العربية)

المبلغ		بيان	رقم القيد	التاريخ	المبلغ		بيان	رقم لقيد	التاريخ
ف	د				ف	د			
	700	إلى ح/ مردودات المشتريات	8			10000	من ح/ المشتريات	2	
	3500	إلى ح/ البنك	10						
	5800	رصيد دائن							
	10000					10000			

ح/ العملاء (النسر الذهبي)

التاريخ	رقم لقيد	بيان	المبلغ		التاريخ	رقم القيد	بيان	المبلغ	
			د	ف				د	ف
	7	من ح/ الصندوق	2500			4	إلى ح/ المبيعات	3000	
	9	مــن ح/ مــردودات المبيعات	200						
		رصيد مدين	300						
			3000					3000	

ح/ رواتب وأجور

التاريخ	رقم لقيد	بيان	المبلغ		التاريخ	رقم القيد	بيان	المبلغ	
			د	ف				د	ف
						11	إلى ح/ البنك	2700	
		رصيد مدين	2700						
			2700					2700	

ح/ مردودات المشتريات

التاريخ	رقم لقيد	بيان	المبلغ		التاريخ	رقم القيد	بيان	المبلغ	
			د	ف				د	ف
	8	مــن ح/ المـوردين (الشركة العربية)	700						
							رصيد دائن	700	
			700					700	

ح/ مردودات المبيعات

التاريخ	رقم لقيد	بيان	المبلغ		التاريخ	رقم القيد	بيان	المبلغ	
			د	ف				د	ف
						9	إلى ح/ العملاء (النسر الذهبي)	200	
		رصيد مدين.	200						
			200					200	

ميزان المراجعة.

تتمثل أغراض ميزان المراجعة في الآتي:

1. التحقيق من القيود المحاسبية وحتمية ترحيلها إلى الحسابات الخاصة بها.
2. التحقق من صحة الأرصدة في الحسابات.
3. إعداد ملخص لحسابات الأستاذ تمهيداً لتصوير الحسابات الختامية.

ميزان المراجعة في 2008/4/30

بيان	دائن		مدين	
	د	ف	د	ف
ح/ رأس المال	25000			
ح/ البنك			22480	
ح/ الصندوق			1000	
ح/ المشتريات			12000	
ح/ المبيعات	7000			
ح/ الموردون	5800			
ح/ العملاء			300	
ح/ الرواتب والأجور			2700	
ح/ مردودات المشتريات	700			
ح/ مردودات المبيعات			200	
ح/ فوائد بنكية.	180			
المجموع	38680		38680	

سجل النقدية: هو السجل الذي يسجل به المقبوضات والمدفوعات النقدية، والتي يتوجب إيداع صافيها إلى البنك، وتظهر أهمية السجل النقدي في المنشات الصغيرة ومحلات التجزئة إذ تتم مطابقة المبالغ المترصدة مع المبالغ الفعلية.

سجل النقدية (سجل المقبوضات والمدفوعات النقدية)

التاريخ	صفحة الأستاذ	رقم المستند	البيان	المدفوعات	المقبوضات	الرصيد
2008/4/1			راس المال		5000	5000
2008/4/3			مبيعات نقداً		4000	9000
2008/4/7			إيداع نقدي	8000		1000

6.9. الحسابات الختامية والميزانية.

هي الحسابات التي تظهر في نهاية السنة المالية وفي تاريخ محدد نتيجة العمل من ربح أو خسارة.

وتعتبر الحسابات التالية من الحسابات الختامية:

1.6.9. حساب المتاجرة Trading Account: الحساب الذي يشمل على العناصر اللازمة لبيان نتيجة عمليات المنشأة التجارية خلال مدة معينة من عملية بيع البضاعة التي تشتريها بقصد بيعها خلال هذه المدة، دون النظر إلى المصروفات والإيرادات عن غير الاتجار في البضاعة، وغالباً ما يكون في المنشآت التجارية.

ويحتوي الجانب الدائن من حساب المتاجرة على العناصر التالية:

1. مخزون أول المدة.
2. صافي المشتريات (إجمالي المشتريات - مردودات المشتريات).
3. المصروفات المختلفة التي أنفقت على المشتريات حتى وصولها إلى المخازن وصلاحيتها للبيع مثل العمولات التأمين، النقل..).

أما الجانب المدين في حساب المتاجرة فيظهر:

1. صافي المبيعات (إجمالي المبيعات - مردود المبيعات)
2. مخزون آخر المدة.

والفرق بين الجانبين المدين والدائن بهذا الحساب يظهر مجمل الربح والخسارة.

حساب المتاجرة

المبلغ		البيان	المبلغ		البيان
ف	د		ف	د	
	12000	إجمالي المشتريات		7000	إجمالي المبيعات
	700	يطرح مردود المشتريات		200	يطرح مردود المبيعات
	11300	صافي المشتريات		6800	صافي المبيعات
				8000	بضاعة آخر المدة
	3500	**إجمالي الربح**			
	14800			14800	

2.6.9. حساب الأرباح والخسائر Income Statement

الحساب الذي تتجمع به الإيرادات والمصروفات ويظهر مجمل الربح والخسارة، ويسمى هذا الحساب أيضا بقائمة الربح والتي تحوي عناصر الإيرادات والمصروفات المختلفة اللازمة لتحديد صافي الربح.

ويهدف حساب الأرباح والخسائر إلى:[4]

1. معرفة صافي الربح والخسارة.
2. معرفة الأسباب التي أدت إلى تحقيق هذه النتيجة.

ويمكن تصوير حساب الأرباح والخسائر بالشكل التالي:

حساب الأرباح والخسائر

المبلغ		البيان	المبلغ		البيان
ف	د		ف	د	
	2700	رواتب وأجور		3500	إجمالي الربح المرحل من حساب المتاجرة
				180	فوائد بنكية
	980	**صافي الربح**			
	3680			3680	

3.6.9. الميزانية العمومية Balance Sheet: هي الكشف أو القائمة التي تستخرج من دفاتر المنشأة في نهاية السنة المالية لتبين أصول وخصوم المنشأة. ولا بد أن نؤكد على تساوي جانبي الميزانية من الأصول والخصوم، علماً أن بعض المنشآت تفضل عمل ميزانيات دورية منتظمة.

1.3.6.9. وتعد الحسابات الختامية والميزانية وفقا لمبادئ المحاسبة المتعارف عليها وهي:[5]

1. مبدأ استقلالية الوحدة الاقتصادية.
2. مبدأ استمرارية المشروع.

3. وحدة القياس أي ثبات القوة الشرائية لوحدة النقد، لذا يقوم مبدأ تحقيق الربح على أساس مقارنة الإيرادات بالمصروفات.
4. التجانس أو الثبات وهو استمرار استخدام نفس الإجراءات عام بعد آخر.
5. مبدأ الحيطة والحذر إذ يقوم مبدأ تقويم الأصول المتداولة على أساس سعر التكلفة أو السوق أيهما أقل.
6. الموضوعية وهو أن تستند العمليات إلى الدليل الموضوعي القابل للتحقق، لذا يقوم مبدأ تقويم الأصول الثابتة وفقا لمبدأ التكلفة التاريخية. بينما يقوم مبدأ تقويم الأصول المتداولة على أساس سعر التكلفة أو السوق أيهما أقل.

2.3.6.9. طرق ترتيب الأصول والخصوم في الميزانية:

1. ترتيب الأصول تبعا لصعوبة تحويلها إلى أموال نقدية، حيث ترتب الخصوم تبعاً لصعوبة الوفاء بقيمتها، وتتبع هذه الطريقة عادة في المنشات الصناعية لأن الموجودات الثابتة فيها تعطى أهمية أكبر.

2. ترتيب الأصول والخصوم تبعاً لسهولة تحويلها إلى نقدية، حيث تظهر الأصول المتداولة ثم الثابتة، حيث تبدأ الأصول المتداولة بالنقدية ثم الذمم ثم أوراق القبض ثم البضاعة. أما الأصول الثابتة فتبدأ بالأصول الثابتة المعنوية ثم الأصول الثابتة الملموسة وهكذا، وتتبع هذه الطريقة أحياناً في المنشآت التجارية والبنوك لأن الموجودات السائلة يكون لها أهمية أكبر في هذه المنشآت.

3. الميزانية في صورة تقرير مالي: يتم تشكيل الميزانية على صورة تقرير مالي حيث يظهر رأس المال العامل الذي يربط بين الأصول المتداولة والخصوم المتداولة (الأصول المتداولة - الخصوم المتداولة والمخصصات) ثم يضاف إليه بعد ذلك الأصول الثابتة، ويخصم من المجموع القروض والالتزامات طويلة الأجل ليكون الصافي عندئذ عبارة عن صافي الأصول أو صافي القيمة أو حقوق الملكية.

وتظهر هذه الصورة قدرة المنشأة على تسديد الالتزامات ومدى تناسب التمويل مع نوع الاستثمار.

الميزانية العمومية في 2008/12/31

المبلغ		البيان	المبلغ		البيان
ف	د		ف	د	
	22480	البنك.		5800	الموردين.
	10000	الصندوق.		25000	راس المال.
	300	العملاء.		980	**أرباح الفترة.**
	8000	بضاعة آخر المدة.		25980	حقوق المساهمين.
	31780			31780	

أما الميزانية في صورة تقرير مالي فيمكن أن تأخذ الشكل التالي:

قائمة المركز المالي في 2008/12/31

الأصول المتداولة.				
النقدية بالصندوق والبنوك والذمم				
نقدية بالبنوك	22480			
نقدية بالصندوق	1000			
ذمم على العملاء	300			
مجموع النقدية بالصندوق والبنوك والذمم		23780		
المخزون السلعي آخر العام		8000		
مجموع الأصول المتداولة			31780	
الخصوم المتداولة.				
دائنون	5800			
أوراق دفع	000			
مجموع الخصوم المتداولة			5800	
راس المال العامل				25980
راس المال		25000		
أرباح مدورة		980		
مجموع رأس المال وأرباح الفترة المدورة.				25980

7.9. تحليل القوائم المالية للمشروع

Financial Statement Analysis for Enterprise

يمكن قياس وتقييم الوضع المالي للمشروع وفعالية تشغيله من خلال النسب المالية المختلفة وتحليلها، والتي تستخدم للحكم على المركز المالي للشركة ومركزها التنافسيـ ولكنها لا تشير إلى أسباب القوة والضعف ويمكن الحصول عليها من السجلات المحاسبية المختلفة[6].

1.7.9. أهداف تحليل القوائم المالية

Objectives of Financial Statement Analysis

تعتمد القوائم المالية على المعلومات المحاسبية التاريخية، وتعكس الأحـداث التـي حصلت للشركة سابقاً. ولكن المديرين ومستخدمي القوائم تهتمون عادة بالمستقبل. ومن هنا فان أهداف تحليل القوائم المالية تتلخص بالآتي[7]

1. استخدام المعلومات المحاسبية التاريخية للتنبؤ في أداء الشركة مستقبلاً.
2. يهتم المديرون عادة بالقوة المالية للشركة ككل، وطاقة النمو، وقـدرة الشركة على سـداد القروض التي يمكن أن تأخذها في مواعيدها.
3. يهتم المستثمرون ليس فقط في قدرة الشركة على إعادة القرض في ميعاده، بـل في طاقـة الربح المستقبلية من القرض.
4. تهتم المستهلكون بقدرة الشركة على تنفيذ العمليات بكفاءة وقـدرة الشركة علـى مقابلـة طلباتهم وتقديمها في الوقت المناسب.

2.7.9. النسب المالية[8] Financial Ratios

1.2.7.9. نسب الربحية Profitability Ratios

هي مجموعة من النسب تظهر أثر السيولة، إدارة الأصول، إدارة الـدين علـى نتائج التشغيل، وبهذا تدلل نسب الربحية علـى مـدى الكفـاءة التـي تتخـذ بهـا المؤسسـة قراراتهـا الاستثمارية والمالية، كما تقيس مدى الكفاءة في تحقيق الربح على المبيعات والأصول وحقوق الملكية.

وتقسم نسب الربحية إلى الأنواع التالية:

أ. نسبة مجمل ربح العمليات Profit Margin On Sales

وتهدف إلى التعرف على العلاقة بين سعر المنتج وتكاليفه.

$$= \frac{\text{مجمل ربح العمليات}}{\text{صافي المبيعات}} - \frac{\text{صافي المبيعات - تكلفة المبيعات}}{\text{صافي المبيعات}}$$

ب. العائد على الأصول (القوة الإيرادية) Return On Total Assets/ ROA

وتعتبر مقياس لكفاءة الإدارة في إدارة الموجودات.

$$= \frac{\text{صافي ربح العمليات قبل الفائدة والضريبة والمصروفات والإيرادات الأخرى}}{\text{مجموع الموجودات}}$$

ج. العائد على حقوق الملكية Return On Common Equity/ ROE

تبين هذه النسبة مدى نجاح الإدارة في تعظيم عائد المستثمرين وتعبر عن مدى قدرة المؤسسة على جذب الاستثمارات.

$$= \frac{\text{صافي الربح بعد الضريبة}}{\text{صافي حقوق المساهمين}}$$

2.2.7.9. نسب السيولة Liquidity Ratios

وتهدف إلى تقييم القدرة المالية للمؤسسة في المدى القصير من خلال قدرة المؤسسة على مواجهة التزاماتها قصيرة الأجل عند استحقاقها.

أ. **رأس المال العامل Working Capital**

هو هامش الأمان المتاح لموا جهة الديون قصيرة الأجل.

= الأصول المتداولة - الخصوم المتداولة

ب. **نسبة التداول Current Ratios**

$$= \frac{\text{الأصول المتداولة}}{\text{الخصوم المتداولة}}$$

ج. نسبة التداول السريعة Acid - test Ratio

$$= \frac{\text{الأصول المتداولة السريعة}}{\text{الخصوم المتداولة}}$$

$$= \frac{\text{الأصول المتداولة - المخزون}}{\text{الخصوم المتداولة}}$$

3.2.7.9. نسب النشاط (الدوران) Turnover Ratios

تقيس هذه النسب مدى كفاءة إدارة المؤسسة في توزيع مواردها المالية توزيعاً مناسباً على أنواع الأصول المختلفة لإنتاج أكبر قدر ممكن من السلع والخدمات وتحقيق أكبر حجم من المبيعات وأكبر قدر من الأرباح.

أ. معدل دوران الحسابات المدينة

Accounts Receivable Turnover Ratio

تبين عدد الأيام اللازمة لتحصيل الرصيد المدين القائم في لحظة معينة.

$$= \frac{\text{صافي المبيعات الآجلة}}{\text{معدل رصيد الحسابات المدنية}}$$

ب. معدل دوران المخزون Inventory Turnover

تفيد هذه النسب في التعرف على مدى ملائمة حجم الاستثمار في المخزون السلعي، وتعبر عن مدى كفاءة الإدارة في إدارة مجوداتها من البضائع.

$$= \frac{\text{كلفة البضاعة المباعة}}{\text{معدل رصيد البضاعة (المخزون)}}$$

ج. معدل دوران مجموع الأصول Total Assets Turnover Ratio

تقيس مدى كفاءة الاستثمار في الموجودات على تحقيق المبيعات.

$$= \frac{\text{صافي المبيعات}}{\text{مجموع الأصول}}$$

4.2.7.9. نسب المديونية (الفعالية المالية) Leverage Ratios

تقيس هذه النسب المدى الذي وصلت إليه الإدارة في الاعتماد على أموال الغير في تمويل احتياجاتها.

أ. **نسبة المديونية** $= \frac{\text{إجمالي الديون (قصيرة وطويلة الأجل)}}{\text{إجمالي الأصول}}$

ب. **حقوق المالكين/ الأصول الثابتة** $= \frac{\text{حقوق المالكين}}{\text{صافي الموجودات الثابتة}}$

وتبين هذه النسب مدى كفاية حقوق المالكين لمواجهة الاستثمارات المطلوبة في الموجودات الثابتة، ويعتبر المؤشر النمطي لها (1:1) علماً أن هذا المؤشر يختلف من قطاع لآخر، ومن صناعة لأخرى.

ج. **عدد مرات تحقق الفائدة:** تقيس قدرة المؤسسة على تغطية النفقات المالية المرتبطة بالاقتراض وخدمة الدين، ويعتبر هذا مؤشر للمخاطر المالية.

$= \frac{\text{الدخل قبل الفائدة والضريبة}}{\text{الفوائد السنوية المدفوعة}}$

5.2.7.9. نسب السوق Market Value Ratios

هي مجموعة من النسب تبين تقييم السوق لأداء الشركة.

أ. العائد على السهم Earning Per Share

تقيس كمية الأرباح التي تتحقق لكل سهم في نهاية الفترة المالية، وتدلل على كفاءة الأداء المالي للشركة.

$= \frac{\text{الربح بعد الضريبة والفوائد وحقوق حملة الأسهم الممتازة}}{\text{عدد الأسهم العادية القائمة في نهاية الفترة}}$

ب. نسبة القيمة السوقية/ القيمة الدفترية Market/ Book Ratio

وتعتبر مؤشر للمستثمرين حيث يدفع المستثمر سعر أعلى من سعر القيمة الدفترية لأسهم الشركات ذات المردود المرتفع.

$$= \frac{\text{سعر السهم السوقي}}{\text{القيمة الدفترية للسهم}}$$

8.9. المحاسبة المحوسبة والأساليب الأخرى في حفظ السجلات.

Automated Accounting and Other Patterns of Save files

يستخدم الحاسب في الوقت الحاضر في شتى المجالات، ومنها المحاسبة إذ يمكن للحاسب أن يقوم بتوفير المعلومات الضرورية على شكل تقارير مختلفة عن طريق قبول البيانات وتخزينها وتصنيفها وإعادة ترتيبها ومعالجتها، ويمكن للحاسب أن يؤدي هذه العمليات بسرعة فائقة ودقة متناهية.

ويمكن للحاسب أيضاً أن يجري العمليات المحاسبية المختلفة من خلال برامج مختلفة معدة مسبقاً وأن تقدم أنواع عديدة من المعلومات قد تحتاج إلى عمليات معقدة، وتوسع في استخدام النماذج الكمية.

ويلاحظ أن استخدام الحاسب يؤدي إلى تغيير في طبيعة عناصر النظام المحاسبي من شكلها التقليدي إلى شكل آخر يتفق مع طبيعة الحاسب.

ويمكن للأعمال الصغيرة أن تستفيد من المحاسبة المحوسبة، إذ يتوفر العديد من البرامج الجاهزة التي يمكن أن تستخدمها دون الحاجة إلى دفع مبالغ كبيرة وبالمقابل تقدم لها معلومات ذات قيمة كبيرة.

9.9. نظم المعلومات المحاسبية Accounting Information Systems

إن نظم المعلومات المحاسبية من أقدم وأوسع النظم التي استخدمت نظم المعلومات في الأعمال، فهي تسجل وتتتبع التقارير حول مبادلات الأعمال والأحداث الاقتصادية الأخرى.

تسجل نظم المعلومات المحاسبية وتنتج التقارير حول تدفق النقد في المنظمة على قاعدة تاريخية، وإخراج الموازنات المختلفة مثل: ميزان المراجعة، والميزانية العامة، ويتوفر العديد من برمجيات تطبيقات المحاسبة لخدمة الأغراض المختلفة، ولمتابعة الأصول المالية للشركة والتدفق النقدي فيها.

1.9.9. نظم المعلومات المحاسبية الفرعية(9، 10)

Accounting Information Subsystems

تتحقق أغراض نظام المحاسبة المالية من خلال مجموعة من نظم معالجة المعاملات، والتي تشكل نظم فرعية في نظام المعلومات المحاسبية وهي:

1. نظم معالجة الأوامر Order Processing Systems

إن معالجة أوامر المبيعات من أهم نظم معالجة المعاملات حيث تتابع أوامر العملاء، بيانات الإنتاج التي تحتاجها للبيع، ومراقبة وتحليل المخزون. كما تتابع في العديد من الشركات أوامر العملاء حتى تسليم البضاعة، إن نظم معالجة أوامر العملاء المعتمدة على الحاسب تزود بسرعة، وبدقة، وبطريقة فعالة سجلات أوامر العملاء ومعالجة المبيعات، كما تزود نظم مراقبة المخزون بالمعلومات لقبول الأوامر التي يمكن تنفيذها بسرعة.

2. نظم مراقبة المخزون Inventory Control Systems

تعكس نظم مراقبة المخزون التغيرات في المخزون للوحدات المختلفة في المخزون، حيث يستقبل بيان أوامر العملاء من قبل نظام معالجة الأوامر واعتماداً على نظام مراقبة المخزون الذي يعطي مستوى المخزون ليحدد الوقت المناسب لتنفيذ الطلبية. مع الاحتفاظ بالحد الأدنى للمخزون وبأقل كلف تخزينية.

3. نظم الذمم المدينة Accounts Receivable Systems

تحتفظ نظم الذمم المدينة بسجلات مشتريات العملاء، ومدفوعاتهم، فتساعد المديرين في مراقبة عدد العملاء المدنيين، وحجم مديونيتهم، ويساعد في الاحتفاظ بأعلى ربحية ممكنة في المبيعات الآجلة مع الاحتفاظ بأقل مستوى للديون المعدومة.

4. نظم الذمم الدائنة Accounts Payable Systems

تساعد المدفوعات النقدية على تتبع المعلومات الخاصة بالمشتريات والمدفوعات، حيث تساعد على الحفاظ على علاقة جيدة مع الموردين، وتزويد الإدارة بالمعلومات التي تحتاجها لتحليل المدفوعات، تكاليف الشراء، حسابات العمال، والمطلوبات النقدية.

كما تساعد نظم المعلومات المحاسبية على التعامل مع النقد الإلكتروني، وهو نظام دفع آلي يحتوي على قيمة مالية مبرمجة، ومخزنة على بطاقة ذكية، يمكن استخدامها كورقة مالية، ويتم سحب قيمة الورقة المالية عند استخدامها، وتستخدم في تطبيقات متنوعة خاصة في المدفوعات البسيطة عند الحصول على معلومات من شبكة الاتصال الواسعة (WAN)، أو التبادلات التجارية البسيطة المعتمدة على نظام بطاقة الائتمان (Credit Card)، إنه ترحيل على الحساب عند المشتريات الصغيرة[11]

5. نظم جدول الرواتب Payroll Systems

تستقبل نظم جدول الرواتب، وتعمل على استدامة البيانات حول دوام العمال، سجلات الموظفين، إصدار الشيكات للعمال بمستحقاتهم، والمتطلبات الأخرى سواء للحكومة أو المؤسسات الأخرى بدقة.

6. نظم دفتر الأستاذ العام General Ledger Systems

تعمل نظم دفتر الأستاذ العام على تماسك البيانات المستقبلية من المدفوعات والمقبوضات النقدية، جدول الرواتب، نظم المعلومات المحاسبية الأخرى والتي تقفل في نهاية السنة لإخراج الميزانية العمومية، مما يؤدي إلى دقة أعلى وكلف أقل في تقدير كمية النقد المحتفظ بها.

10.9. أسئلة للمراجعة/ الفصل التاسع.

1. تلعب السجلات المحاسبية دوراً كبيراً إذ تبين لمدير المشروع العديد من الأمور منها:

   أ. ....

   ب. ....

   ج. ....

   د. ....

   هـ. ....

2. تتمثل أغراض ميزان المراجعة في الآتي:

   أ. ....

   ب. ....

   ج. ....

3. لقد اشترط القانون لاعتبار السجلات المحاسبية قانونية:

   أ. ....

   ب. ....

   ج. ....

4. تعد الحسابات الختامية والميزانية وفقا للمبادئ المحاسبية والمتعارف عليها وهي:

   أ. ....

   ب. ....

   ج. ....

   د. ....

   هـ. ....

5. يمكن ترتيب الأصول والخصوم في الميزانية بعدة طرق تشمل:

أ. ....

ب. ....

ج. ....

11.9. مراجع الفصل التاسع.

1. بومباك، كليفـود م. (1989). **أسس إدارة الأعمال التجارية الصغيرة.** تحـرير وتدقيـق: د. رائد السمرة. الأردن، عمان: مركز الكتب الاردني. ص.409.

2. **قانون ضريبة الدخل الأردني،** رقم 15، المادة الثانية، عام 1985. عمان، الأردن.

3. **قانون الشركات الاردني،** رقم 22، لسنة 1997. عمان، الأردن.

4. ضيف، خيرت؛ عبد العال، احمد رجب، وبشادي، محمد شوقي (1981). **المحاسبة المالية.** لبنان، بيروت: دار النهضة العربية للطباعة والنشر. ص.411.

5. **المرجع السابق،** ص. 8، ص. 432.

6. توفبق، جميل أحمد، وشريف، علي (1988). **الإدارة المالية.** لبنان، بيروت: الدار الجامعية للطباعة والنشر. ص 77.

7. Hilton, Ronald W. (1997). *Managerrial Accouting* (3rd ed.). New York: McGrow- Hill Companiese, Inc. p. 916.

8. Waston, J. Fred; Besley, Scott, and Brigham, Eugene F. (1966). *Essentials of Managerial Finance* (11th ed.). Forth Worth: Harcourt Brace College Publishers. pp. 94 - 106.

9. O'Brien, James A. .(2003) *Introduction to Management Information Systems: Essential for the E-Business Enterprise* (11th ed.). Irwin: McGraw-Hill Companies, Inc., p. 241.

10. Mrtin, E. Wainright; Brown, Carol V.; Dehayes, Daniel W.; Hoffer, Jeffrey A., & Perkins, William C. (2002). *Managing Information Technology* (4th ed.). Upper Saddle River, New Jersy: Pearson Education, Inc., p. 179.

11. Alter, Steven (1999). *Information Systems: A Management Perspective* (3rd ed.). Massachusetts: Addison-Wesley Educational Publishers Inc., p. 15.

الفصل العاشر

الائتمــان والتحصيــل
Credit and Collection

الفصل العاشر
الائتمان والتحصيل
Credit and Collection

الائتمان والتحصيل
Credit and Collection

1.10. الائتمان[1] Credit

يعتبر الائتمان من الأدوات الفعالة في تسهيل عمليات البيع، ويمثل منح قرض للمستهلك دون فائدة من قبل البائع.

1.1.10. مزايا الائتمان Credit Advantages

1. زيادة حجم المبيعات.
2. إقامة العلاقات الشخصية مع الزبائن.
3. الانتظام في التعامل مع المؤسسة.
4. زيادة الاهتمام في الجودة أكثر من الاهتمام في السعر.
5. إقامة حسن النية مع المستهلك.
6. إمكانية الموافقة على استبدال السلع، وإجراء التعديلات عليها بسهولة أكبر.

2.1.10. مساوئ الائتمان Credit Disadvantages

1. حجز جزء من رأس المال في السلع المباعة.
2. إضافة الفوائد المترتبة من الأموال على ثمن السلعة.
3. ظهور الديون الهالكة.
4. البطء في تسديد القروض؛ لمبالغة المستهلكين في قدرتهم على السداد.
5. سوء استخدام ميزات استبدال السلع.
6. زيادة المصروفات التشغيلية والتكاليف الإضافية نتيجة منح الائتمان.

إن الجانب التمويلي من أهم الاعتبارات في منح الائتمان، وهذا يخلق وضعاً يعتمد فيه الدائن على دائن آخر، والمدين على مدين آخر، وهذا الاعتماد المتبادل للتجار على بعضهم البعض أمر أساسي في العمل التجاري.

2.10. أشكال الائتمان Credit Forms

1. الائتمان للمستهلك: وهو الائتمان الممنوح للمستهلكين النهائيين من أجل تسهيل عمليات بيع السلع الاستهلاكية والخدمات.
2. الائتمان التجاري: هو الائتمان الذي تمنحه مؤسسة تجارية إلى مؤسسة تجارية أخرى من أجل تسهيل عمليات البيع.

1.2.10. الائتمان للمستهلك: Customer Credit

1.1.2.10. العوامل التي تحدد حجم الائتمان للمستهلك هي:

1. موقع المتجر، وسياسة المتاجر المجاورة المنافسة في سياسة منح الائتمان.
2. نوع التجارة المرغوب فيها، وما يتوقع الزبائن من تسهيلات ائتمانية.
3. الموارد المالية المتوفرة لتاجر التجزئة.

2.1.2.10. أشكال الائتمان للمستهلك Customer Credit Forms

تصنف أنواع الائتمان للمستهلك حسب خصائص الأدوات المستخدمة في منح الائتمان والأساليب المتبعة في التسديد وهي:

1. **الحسابات الجارية (Current Accounts)** وهي حسابات مدينة تفتح للمستهلك لمدة ثلاثين يوماً، حيث يستحق الحساب الدفع خلال ثلاثين يوماً من تاريخ كشف حساب العميل الشهري. وتسمى هذه بالمطالبات الدورية، وعادة لا تحسب أي فائدة على العميل إذا تم تسديد حسابه خلال الفترة المحددة، وتسمى هذه الحسابات أحياناً بالائتمان المغلق.
2. **تمويل البيع بالتقسيط (Installment Plan)** وتتبع هذه الطريقة في الغالب في بيع السلع مرتفعة الثمن، حيث يتم تسديد أثمانها بالتقسيط على دفعات متساوية بعد دفع دفعة نقدية مبدئية، وغالباً يضيف التاجر رسوم خدمات إلى ثمنها.

ويستخدم نوعان من الأدوات لحماية البائع في هذا النوع من التمويل وهما:

أ. عقود البيع المشروطة: حيث تبقى ملكية السلعة باسم البائع إلى حين انتهاء دفع ثمن السلعة.

ب. رهـن المتـاع (Chattel Mortgage) ويتم في هـذه الحـالـة نقـل ملكيـة السـلعة إلى المشتري، ولكن يكون من حق البائع إيقاع رهن على السلعة.

مثال على تمويل البيع بالتقسيط ورسوم التمويل.

قامـت السيدة رهـام خليل باستبـدال ثلاجـة قديمـة بـأخرى جديـدة بلغ سـعرها النقدي (500) دينار، واتفق عـلى مخصص مقايضـة بلغ (80) دينار، وأضاف التاجر أيضا (10%) من سعر البيع النقدي كتكاليف حمل، وقد قامت الزبونة بدفع دفعة مبدئية قيمتها (15%) من الثمن بعد خصم مخصص المقايضة، علماً أن الزبونة قد تعاقدت مع البائع على دفع المبلغ على دفعات متساوية خلال سنة.

مما سبق نستطيع أن نلخص الآتي:

تكاليف الحمل = السعر النقدي x الفائدة

= 500 x (10%) = 50 دينار.

باقي السعر بعد خصم مخصص المقايضة = السعر النقدي - مخصص المقايضة

= 500 - 80 = 420 دينار.

الدفعة المبدئية = 420 x (15%) = 63 دينار.

الرصيد غير المدفوع في تاريخ الشراء =

= السعر النقدي - مخصص المقايضة - الدفعة المبدئية + تكاليف الحمل 15% مـن السـعر النقدي

= 500 - 80 - 63 + 50 = 407 دينار

ويلاحظ مما سبق أن الزبونة قد قامت في حقيقة الأمر باقتراض (407) دنانير عندما اشترت الثلاجة بالتقسيط، ودفعت فائدة على هـذا القرض لمـدة عـام، رغم أنها لم تستخدم المبلغ بشكل كامل خلال العام لأنها تقوم بالتسديد شهرياً.

فما هي الفائدة الحقيقية التي دفعتها السيدة رهام خليل نتيجة التقسيط؟

القسط الشهري 407 \ 12 = 33.9 دينار

معدل المبلغ الذي كان تحت التصرف خلال العام

= (الرصيد المبدئي + رصيد آخر الشهر) \ 2

= (420 + 33.9) \ 2 = 226.9 دينار.

معدل الفائدة الحقيقي = تكاليف الحمل/ معدل المبلغ تحت التصرف خلال العام

$$= 50 \setminus 226.9 = 22\%$$

3. **الائتمان الدوار أو المفتوح (Revolving Credit/ Open End Credit)** يجمع الائتمان المفتوح مزايا الحسابات الجارية وتمويل البيع بالتقسيط معاً. إذ يتم تحديد سقوف ائتمانية ثابتة للزبائن، ويجب على الزبائن تسديد نسبة مئوية محددة من الرصيد الشهري غير المسدد، علماً أنه يتم تحديد فائدة معينة على الرصيد غير المدفوع في نهاية كل شهر.

ويمكن أن تحسب رسوم التمويل (Finance Charge) على حساب الائتمان الدوار المفتوح بناء على عدة أسس وهي:

1. الرصيد السابق.
2. الرصيد المعدل.
3. معدل الرصيد اليومي.

ويلاحظ أن رسوم التمويل ستختلف في كل طريقة عن الأخرى.

مثال على نسبة الفائدة على الائتمان الدوار/ المفتوح.

لقد ظهر الرصيد المدين في كشف شهر حزيران للعميل خالد حسن في محلات الاستقلال (210) دينار، وخلال الشهر قام العميل المذكور بالعمليات التالية:

شراء بضاعة يوم 6/5 بقيمة (26) دينار.

شراء بضاعة يوم 6/15 بقيمة (36) دينار.

تسديد دفعة من الذمم بتاريخ 6/20 قيمتها (100) دينار.

فإذا كانت نسبة الفائدة المستخدمة هي (1.5%) شهرياً أي ما يعادل (18%) سنوياً. فما هي رسوم التمويل المحتسبة؟

الحل:

أ. رسوم التمويل لشهر حزيران على أساس الرصيد السابق.

= (الرصيد السابق) x (1.5%)

= (210) x (1.5%) = 3.15 دينار.

ب. رسوم التمويل على أساس الرصيد المعدل.

= (الرصيد السابق – التسديد الذي تم خلال الشهر) x (1.5%)

= (210 – 100) x (1.5%) = 1.65 دينار.

ج. رسوم التمويل على أساس الرصيد اليومي المعدل.

معدل الرصيد اليومي للحساب خلال شهر أيلول

= (المبلغ) x (عدد الأيام المستغلة)

= (210) x (20 \ 30) = 139.99 دينار.

= (110) x (10 \ 30) = 36.67 دينار.

= (26) x (25 \ 30) = 21.67 دينار.

= (36) x (15 \ 30) = 18 دينار.

= 139.99 + 36.67 + 21.67 + 18 = 216.33 دينار.

رسوم التمويل على أساس الرصيد اليومي المعدل.

= (معدل الرصيد اليومي) x (سعر الفائدة الشهري)

= (216.33) x (1.5%) = 3.244 دينار.

2.2.10. الائتمان التجاري Trade Credit

هو الائتمان الذي يمنح عادة من المصنع إلى تاجر الجملة والموزع وتاجر التجزئة، أو من المصنع والموزع إلى المستهلك الصناعي، وهو أقرب إلى كونه وسيلة لتسهيل الدفع منه إلى أداة الاقتراض والتمويل.

ويعطي الائتمان التجاري الخصومات النقدية في حالة التسديد خلال فترة محددة من الزمن، وخلاف ذلك يجب تسديد القيمة بالكامل ويكتب هذا الشرط على الشكل التالي (2 /10 صافي 30)، ويعني بأنه سيحسم مبلغ قدرة (2%) إذا تم التسديد خلال عشرة أيام، وان لم يتم ذلك، فيجب تسديد قيمة الفاتورة كاملة خلال (30) يوماً.

ويربط التجار في بعض الأحيان شروط منح الائتمان التجاري بحجم طلبية الشراء، ومثل هذا الإجراء له هدف مزدوج، وهو تشجيع الزبائن على طلب كميات من السلع بحيث يكون التعامل فيها اقتصادياً ومنح الائتمان للزبون في نفس الوقت.

1.2.2.10. وضع سقف للائتمان.

لا بد من وضع سقف معقول للائتمان الممنوح للعملاء؛ حتى لا يقوم الزبائن بشراء ما يزيد عن قدرتهم المالية، وبالتالي يعجزون عن الدفع مما يسبب لهم وضع سيئ، ويوقع المحل التجاري بديون مشكوك فيها أو هالكة.

2.2.2.10. تحديد شروط الدفع.

يتوجب على التاجر أن يحدد شروط الدفع ويتفاهم مع الزبون عليها بشكل واضح، وكذلك مراعاة طريقة التسديد بما يتوائم مع رواتب الزبائن سواء كان ذلك شهرياً أو أسبوعياً ..، وعادة ما يكون التسديد لأرصدة الشهر السابق في العاشر من الشهر الحالي خاصة لأصحاب الحسابات المفتوحة.

3.2.2.10. مراقبة الحسابات.

يتوجب على التاجر الذي يمنح الائتمان أن يراقب قدرة الزبون في الالتزام بالدفع في المواعيد المتفق عليها، وتتطلب عملية الرقابة وجود سجلات محاسبية ملائمة وتحصيلات فورية من الزبون، وهنا لا بد من وجود سجل منفرد لكل زبون حتى يسهل متابعته.

ويمكن من خلال مراقبة الحسابات متابعة الحسابات متأخرة التسديد، وقد يكون التأخير في التسديد عائد إلى:

1. سهو الزبون.
2. ضائقة مالية مؤقتة يمر بها الزبون.
3. عدم الرغبة في التسديد.

ولذلك لا بد للتاجر من أن يحدد سبب التأخير؛ لاتخاذ الإجراءات المناسبة للحالة، فقد يكون التذكير مفيد في الحالة الأولى، وإعادة البرمجة للتسديد مناسب في الحالة الثانية. أما في الحالة الثالثة فقد تكون ناتجة عن عدم رضا الزبون، وهو أمر لا بد من تسويته بطريقة أو بأخرى.

3.10. التحصيل[2] Collection

إن عدم قدرة المشروع الصغير على تحصيل ذممه من أهم أسباب فشله الأساسية. لذلك لا بد أن يكون حريصاً على متابعة الحسابات التي تتجه نحو البطء بالتسديد.

وتوجد طريقتان لقياس الاتجاه نحو البطء في التسديد وهما:

1. مقارنه المبيعات التي تتم على أساس الائتمان بالتحصيل بين فترة وأخرى.
2. مقارنه المبيعات المذكورة بالمبالغ المطلوبة من الزبائن.

لذلك لا بد من تحديد أعمار الذمم المدينة من قبل صاحب المشروع التجاري مرة واحدة في الشهر على الأقل، مع التركيز على الحسابات التي أصبحت مستحقة من فترة، لأن التقديرات تدل على تدني إمكانية تحصيل الحسابات المدينة بنسبة (45%) بعد مرور عام على استحقاق الحساب. كما لا بد من متابعة التحصيلات الفورية للحسابات عند تاريخ استحقاقها من أجل المحافظة على حسن النية مع العملاء.

1.3.10. تكاليف التحصيل The Cost of Collection

تنعكس تكاليف التحصيل على رفع أسعار السلع، أو بشكل خسائر يتحملها التاجر، وإذا انعكست على رفع الأسعار فان الزبون الجيد الذي يسدد بشكل منتظم فأنه يتحمل جزء من هذه الأعباء.

2.3.10. تمويل البيع على أساس الائتمان.

تقوم البنوك وشركات تحصيل الدّين بمساعدة تجار التجزئة على تمويل مبيعاتهم التي تتم على أساس الائتمان، من خلال شراء عقود الدفع بالتقسيط والحسابات المفتوحة غير المسددة، إذ يقوم المدين بتوقيع اتفاق الضمانات المالية التي يتعهد بها بأن يدفع إلى شركة التحصيل دفعات صافية لحين تسديد الرصيد والرسوم الأخرى. وعادة ما تشتري البنوك هذه العقود مع حق الرجوع إلى تاجر التجزئة في حالة تخلف المدين عن التسديد.

ويلاحظ أن شركات تحصيل الديون تبدي استعداداً أكبر من البنوك لشراء الذمم المدينة من تجار التجزئة، علما بأن المبالغ المقدمة له من قبل البنك أو شركة تحصيل الديون تتراوح ما بين (75 - 90%) من القيمة الاسمية للذمم المدينة.

3.3.10. الاشتراك في خدمات البطاقات الائتمانية.

تعتبر بطاقة الائتمان وسيلة شائعة الانتشار لمنح الائتمان إلى المستهلك، إذ تقدم مزايا للبائع والمشتري على حد سواء. وتصدر هذه البطاقات عن مكاتب التسليف الدولية والمحلية لمجموعة من الأفراد الذين يتمتعون بسجلات ائتمانية جيدة، وعادة ما تقبل المتاجر والفنادق والصيدليات والمطاعم والعديد من المحلات المتعاونة التعامل مع هذه البطاقة كدليل موافقة على منح الائتمان، وتتقاضى الهيئة التي تصدر بطاقة الائتمان رسوم اشتراك من المؤسسات المشتركة فيها تبلغ (4 - 6%) من قيمة المبيعات التي تتم بواسطة هذه البطاقات.

وقد دخلت البنوك في السنوات الأخيرة أيضا السوق الائتماني للمستهلك وأخذت بإصدار العديد من البطاقات الائتمانية.

ومن الجدير بالذكر أن البطاقات الائتمانية تساعد صغار التجار على مواجهة المتاجر الكبرى في منح الائتمان لحجم متزايد من المبيعات دون الحاجة إلى التحري عن الوضع الائتماني للزبون موفرة على نفسها تكاليف التحصيل المختلفة.

4.10. تأمين الائتمان Credit Insurance

يمثل تأمين الائتمان ضمان الذمم المدينة كحماية إضافية للقروض التي تمنحها المؤسسات التجارية، ويقتصر هذا النوع من التأمين على المصنعين والوسطاء وتجار الجملة الذين يمنحون ائتماناً للشركات قوية السمعة، إذ يضمن هذا التأمين دفع جميع الحسابات المستحقة خلال (90) يوماً بعد موعد استحقاق دفعها. ويتحمل حامل عقد التأمين في العادة نسبة صغيرة من الخسارة المؤمن عليها.

5.10. أسئلة للمراجعة/ الفصل العاشر.

أولا: أكمل الفراغ في ما يلي.

1. العوامل التي تحدد حجم الائتمان للمستهلك هي:

أ. ....

ب. ....

ج. ....

2. تتمثل أنواع الائتمان للمستهلك في الأنواع التالية:

أ. ....

ب. ....

ج. ....

3. من الطرق التي تؤدي إلى معرفة الاتجاه السائد نحو البطء في التسديد:

أ. ....

ب. ....

ثانيا: ناقش ما يلي.

1. مزايا ومساوئ الائتمان للمستهلك؟

6.10. مراجع الفصل العاشر.

1. بومباك، كليفـود م. (1989). أسس إدارة الأعمال التجارية الصغيرة. تحرير وتدقيـق: د. رائد السمرة. الأردن، عمان: مركز الكتب الاردني. ص. 369.

2. المرجع السابق. ص. 390.

الفصل الحادي عشر

التأمين والأعمال الصغيرة
Insurance and Small Business

الفصل الحادي عشر
التأمين والأعمال الصغيرة
Insurance and Small Business

التأمين والأعمال الصغيرة
Insurance and Small Business

1.11. الخطر Risk

يعطي توضيح المفاهيم النظرية للخطر أثراً كبيراً في تحديد الإطار العام للتامين بطريقة سليمة، لذا لا بد من توضيح كيف ينشأ الخطر؟ إذ من السهل على الإنسان أن يبدأ الطريق ولكن من الصعوبة عليه أن يحدد نهاية الطريق حيث المستقبل المجهول وعدم إمكانية التحكم في المتغيرات المستقبلية بصورة كاملة، بالإضافة إلى ظهور المتغيرات الفجائية، كل ذلك يؤدي إلى صعوبة التنبؤ، ويجعل أسلوب اتخاذ القرار من المهام الصعبة والشاقة في العديد من المجالات الإدارية والاقتصادية ويجعلها محفوفة بالمخاطر.

يؤدي عنصر عدم التأكد إلى نشوء الخطر رغم تفاوته من حالة إلى أخرى فتوقع الخسارة يبقى قائم في ظل عدم التأكد، وهذه الخسارة المتوقعة والاحتمالية في الممتلكات من دخل وثروة هي المولدة والمنشأة للخطر.

ينشأ الخطر نتيجة وقوع الفرد تحت تأثير عنصر عدم التأكد والإحساس بعدم تحقق النتائج الكاملة، وتوقع وجود خسارة، وهكذا يبقى شبح الخطر قائماً طالما ان عنصر عدم التأكد موجود.

1.1.11. مفهوم الخطر Risk Concept

لقد تعددت التعاريف التي تناولت الخطر في أدبيات التأمين، لكن نرى أن أكثرها شمولاً هو: الخسارة المحتملة في الدخل والثروة نتيجة وقوع حادث معين.

ونلاحظ من التعريف السابق أن الخطر احتمالي يترتب على وقوعه خسارة احتمالية مادية تصيب الدخل أو الثروة يكون إطارها العام وقوع أخطار شخصية أو في الممتلكات أو في المسؤولية المدنية تجاه الغير، وينطبق ذلك على الأفراد والمنشآت على حد سواء.

2.1.11. الإطار العام للأخطار.

يمكن تقسيم الأخطار التي يتعرض لها الأفراد، ومن وجهة نظر الشيء الواقع عليه الخطر إلى ثلاث أقسام:

1.2.1.11. الأخطار الشخصية Personal Risks

هي الأخطار التي تصيب الفرد بشكل مباشر في حياته أو صحته أو سلامة أعضائه مثل الوفاة والحوادث الشخصية والمرض والبطالة والشيخوخة، وهي إضافة إلى تسببها بخسارة مادية فإنها تودي إلى انقطاع الشخص بصورة كاملة أو جزئية عن ممارسة أعماله وحياته.

2.2.1.11. أخطار الممتلكات Property Risks

هي الأخطار التي تصيب ممتلكات الإنسان سواء منقولة أو ثابتة عند تحققها مثل: الحريق والسرقة والضياع والعواصف والبراكين والكوارث الطبيعية.

3.2.1.11. أخطار المسؤولية المدنية Third Party Liability Risks

هي الأخطار التي لا تصيب الإنسان مباشرة عند تحققها، وإنما تتسبب في وقوع خسائر للغير في ممتلكاتهم، ويكون هذا الإنسان مسؤولاً عنها أمام القانون مثل: حوادث السيارات والطائرات، وكذلك الأخطار الناتجة عند ممارسة بعض المهن مثل: الطب والهندسة، إذ قد يترتب على ممارسة هذه المهن أخطار تصيب الغير.

3.1.11. وسائل مواجهة الأخطار Risks Prevention

عادة ما يلجأ الإنسان وبكل ما يملك من إمكانيات لتفادي وقوع هذه الأخطار محاولاً منعها، وحماية نفسه من خطورتها.

ويمكن مواجهة الأخطار بإحدى الطرق التالية[1]:

1. منع الخطر والوقاية منه Loss Prevention

يعتمد هذا الأسلوب على استخدام الوسائل المختلفة لمنع وقوع الخطر بكافة الطرق ومحاولة تفادي الخسائر المادية المحتملة مثل: استخدام الوسائل المختلفة لمقاومة الحريق والاحتفاظ بأدوات مقاومة الأخطار المختلفة جاهزة للاستعمال مثل: الإنذار المبكر

واستعمال مانعة الصواعق، وكذلك العمل على نشر الوعي الطبي بين المواطنين وتوفير المطاعم اللازمة للأطفال. والتأكيد على استخدام الخزائن الحديدية الحديثة في المنشآت المختلفة والعمل على استخدام إرشادات الأمن الصناعي في المنشآت الصناعية والتجارية.

ولكن كل ذلك يؤدي إلى التقليل من الأخطار ولا يعمل على منعها بالكامل، ويعتمد هذا الأسلوب على أن تكون تكلفة إجراءاته أقل من الخسارة المتوقعة.

2. الادخار وتكوين الاحتياطي Saving and Reserving

يعتمد هذا الأسلوب على قيام الأفراد أنفسهم بتكوين المدخرات احتياطياً لوقوع الخطر حيث تقوم المنشآت بحجز الاحتياطات المالية لهذا الغرض، وتسمى هذه الطريقة بالتامين الذاتي. ولنجاح هذه الطريقة لا بد أن تكون الخسارة الاحتمالية ضئيلة نسبياً.

ويؤخذ على هذا الأسلوب ضعفه إذا وقع الخطر قبل أن يتمكن الشخص أو المنشأة من تكوين الاحتياطات اللازمة لتغطية الخطر في الوقت المناسب، كما يعمل على حجز أموال يمكن للمنشأة إن تستثمرها وتستفيد منها.

3. التأمين التبادلي Mutual Insurance

غالباً ما ينتشر هذا النوع من مواجهة الخطر بين مجموعة من الأفراد تجمعهم في الغالب مهنة معينة حيث يساهم كل منهم بدفع مبلغ معين، يدفع عند تعرض أحدهم لخسارة مادية نتيجة وقوع الخطر.

ويعتبر التأمين التبادلي نوعاً من أنواع التأمين، إذ أن كل مشترك في هذا النوع من التأمين يحمل صفة المؤمن، والمؤمن له في آن واحد، فهو مؤمن في اشتراكه بالتعويض ومؤمن عليه لحصوله على التعويض عند وقوع الخطر المؤمن منه، ويجب أن يلاحظ أن دفع الاشتراك هنا لا يعني انتهاء التزام المشترك بل هو مسؤول عن دفع ما قد يطلب منه عند زيادة قيمة الخسارة المحققة عن مبلغ الاشتراكات المتجمعة. ولنجاح هذا النوع من التامين لا بد أن يشتمل على عدد كبير من المشتركين.

4. التأمين التجاري Commercial Insurance

يعتمد هذا النوع من التأمين على مبدأ تحويل الخطر، تعويض الخسارة الناتجة عـن الخطر (Risk Transfer) إلى شخص آخر.

وفي التأمين التجاري يتم تحويل الخطر إلى شركات التأمين التي تمثل الطرف الآخر ويطلق عليها (المؤمن).

ويتعهد المؤمن في هذا النظام بتعويض المؤمن له بـدفع مبلغ عـن الخسـائر الماديـة المختلفة نتيجة تحقق الخطر المؤمن منه مقابل دفع القسط المحدد لذلك.

ولا بد من التأكيد بان هناك فرق جوهري بـين التـأمين التبـادلي والتـأمين التجـاري حيث المؤمن والمؤمن له شخصان مختلفان في التأمين التجاري، بيـنما يكـون كـل فـرد مؤمنـاً ومؤمناً عليه في التأمين التبادلي.

ولا شك إن إقبال الأشخاص والمنشآت على مواجهة إخطارهم بالتـأمين سيهيئ لهـم الاستقرار، مقابل دفع مبلغ محدد سلفاً دون الخوف من المستقبل وأخطاره.

2.11. التأمين Insurance

للتأمين أهمية بالغة في المسيرة الاقتصادية والمالية في الـدول، إذ يمـنح القـدرة عـلى الاستمرار للسوق التجاري، وتعمل على ضمان توسيع قاعدة الاستثمار.

ومن الجدير بالذكر ان للتأمين أهمية بالغة للمؤسسات بغض النظر عـن مجالهـا أو أحجامها سواء كانت صغيرة أو كبيرة. حيث تعمل على مساعدة المؤسسات الصغيرة في القدرة على الاستمرار على عملها وزيادة قدرتها في مواجهة الأخطار المحتملة التـي يمكـن أن تتعـرض لها.

وقد يكون التأمين على الممتلكات الذي يشمل الأضرار، أو تأمين المسؤولية، كـما قـد تكون تأميناً على الحياة.

لا يهدف التأمين إلى منع أو تفادي الخطر بل إلى تحويل الخطر أي تعويض الخسارة الناتجة عن الخطر، وتخفيف الخسارة المحتملة وتوزيعها على عدد كبير من الأفراد.

1.2.11. مفهوم التأمين.

هو أسلوب ينطوي على اتفاق مسبق بين طرفين يتم من خلاله تحويل الخطر المعرض له الطرف الثاني (المؤمن له) إلى الطرف الأول (المؤمن) مقابل دفع مبلغ محسوب بالطرق الرياضية يمكن من تغطية الخسارة المحتملة والقابلة للقياس المادي كلياً أو جزئياً، وبمقتضاه ينتقل عبء الخطر المتوقع من خسارة مادية محتملة إلى المؤمن بطريقة تسمح بتوزيع الخطر على عدد كبير من المستفيدين والمعرضين لذات الخطر أو الإخطار المتشابهة، وذلك بهدف حماية الأفراد والمنشآت من الأخطار محتملة الوقوع بصورة غير متعمدة من جانب المؤمن له وبطريقة تحقق الصالح العام للمجتمع ودفع عملية التقدم[2].

2.2.11. الجوانب الإيجابية للتأمين.

تتعدد الجوانب الإيجابية لعملية التأمين سواءً من الناحية الاقتصادية أو الاجتماعية أو الفنية نعرضها فيما يلي:

1. دفع عجلة التنمية الاقتصادية والاجتماعية حيث تعمل شركات التأمين على تجميع المدخرات فهي قادرة على تجميع رؤوس أموال كبيرة من مبالغ صغيرة، وكذلك هي القادرة على تشكيل مخصصات مختلفة تعتبر من قبيل التكوينات الرأسمالية.

2. يعتبر التأمين أحد العوامل الهامة التي تستند إليها الدول في محاربة الفقر والبطالة والمرض والعجز والشيخوخة حيث يعمل على انتشار الطمأنينة بين الأفراد وتخفيف أثر الخوف من المستقبل، وذلك من خلال حماية الأفراد من الأخطار المحتملة والتي لا يستطيعون مواجهتها منفردين خاصة في حالة التأمينات الاجتماعية.

3. قيام شركات التأمين بعمل الدراسات والأبحاث المختلفة لتخفيف أثر وقوع الأخطار وأسبابها مما يعمل على تكوين اتجاهات وتوقعات عن ملابسات الأخطار وتقديم المعلومات المختلفة عن مسببات الخطر والعوامل المساعدة لوقوعه مما يساعد على التخفيف من درجة احتمال الخطر.

4. الاطمئنان من المخاطر المستقبلية إذ يعمل التأمين على مبدأ الأعداد الكبيرة حيث نجد أن قسطاً صغيراً يستخدم لمواجهة خطر كبير، أي تحويل الخسارة الكبيرة غير المتوقعة وغير المؤكدة إلى خسارة صغيرة مؤكدة.

5. مساعدة رجال الأعمال على التخطيط السليم لمنشآتهم مع تجنب تجميد جزء من رؤوس أموالهم لمواجهة الأخطار، فما عليهم إلا دفع جزء بسيط محدد مسبق كقسط للتأمين لتغطية الأخطار والخسائر المالية التي يمكن أن تصيبهم عند وقوع خطر معين.

3.2.11. الجوانب السلبية للتأمين.

1. قد يدفع المؤمن له عدداً من الأقساط دون تحقق الخطر فيشعر والحالة هذه كأنما الأقساط دفعت دون مقابل.

2. قد تغالي بعض الشركات في تحديد الأقساط بدرجة لا تتناسب مع درجة الخطر مما يؤدي بالتالي إلى ارتفاع أسعار السلع على المستهلك النهائي.

3. قد يودي التأمين أحياناً إلى الإهمال في جانب الاحتياط والطرق المساعدة في تقليل وقوع الخطر من قبل المؤمن له خاصة في حالات التأمين الشامل مما يؤدي إلى وقوع خسائر كبيرة لشركات التأمين وبالتالي خسارة على مستوى الوطن ككل.

4. قد ينظر بعض الناس إلى التأمين التجاري ببعض الريبة من الناحية الدينية والسير باتجاه التأمين التبادلي.

إن التأمين في وضعة الحالي وفي تطوره وانتشاره بأنواعه المتعددة ضرورة ملحة للفرد والمنشأة والدولة على حد سواء، مع العمل على تعظيم المزايا وتفادي السلبيات.

4.2.11. التقسيمات الأساسية للتأمين

Basic Classifications of Insurance

يوجد العديد من التقسيمات الأساسية للتأمين وسنتناول منها التقسيم من حيث موضوع التأمين والخطر المؤمن منه.

ويوجد ثلاثة أنواع من العمليات تدخل في إطار العمليات التأمينية ولكل خطر مما سبق شرحه شيء موضع التأمين ومرتبط بنوعية هذا الخطر.

يمكن تقسيم التأمين إلى ثلاثة أنواع:

1. **تأمينات الأشخاص:** وتشمل الأخطار التي يمكن أن يتعرض لها الإنسان مباشرة مثل تأمينات المرض والبطالة والشيخوخة والوفاة والحوادث الشخصية ونفقات الزواج والولادة وما يشابهها من المناسبات الاجتماعية.

2. **تأمينات الممتلكات:** ويشمل التأمين من الأخطار التي تصيب ممتلكات الأشخاص موضوع التأمين، ويدخل في هذا النوع تأمين الحريق والسيارات، والسرقة والسطو والبري والتأمين ضد الحرب والزلازل أو أي تغير طبيعي مفاجئ.

3. **تأمينات المسؤولية المدنية:** وتشمل أنواع التأمين ضد الأخطار التي يتعرض لها الفرد نتيجة التصرفات الخاطئة للغير، أو الأخطار التي قد يسأل عنها الفرد والمنشأة قبل الغير نتيجة تصرف خاطئ منها أو إهمال معين.

ومن أمثلة ذلك: تأمين المسؤولية المدنية لأصحاب السيارات والسفن والطائرات، وتأمين المسؤولية المدنية لأصحاب الأعمال من إصابات العمل، والأمراض المهنية التي قد تلحق بالغير، وتأمين المسؤولية المدنية لأصحاب المهن والمقاولين والمهندسين والأطباء.

5.2.11. العناصر الرئيسة لعقد العملية التأمينية[3].

هناك عدة عناصر رئيسة يعتمد عليها الكيان التعاقدي للعملية التأمينية ولا بد من وجودها بشكل أساسي وواضح لأي عملية تأمينية.

1.5.2.11. عقد التأمين Insurance Contract

هو اتفاق بين طرفين يتعهد بمقتضاه الطرف الأول (المؤمن) بتعويض الخسارة المحققة نتيجة وقوع الخطر المؤمن منه خلال مدة معلومة، وهو مبلغ لا يتعدى المبلغ المنصوص عليه في عقد التأمين، مقابل أن يقوم الطرف الثاني (المؤمن له) والذي يريد أن يحول الخطر عن نفسه بدفع مبلغ معين بصفة منتظمة (قسطاً)، على أن يستحق

التعويض عند تحقق الخطر المؤمن منه، وقد يكون المستفيد هو الشخص نفسه أو شخص آخر يشترط أن يكون التأمين لصالحه. وعقد التأمين رضائي يتم بالإيجاب والقبول من الطرفين حيث يتأكد هذا التعاقد بتحرير وثيقة التأمين (بوليصة التأمين).

2.5.2.11. بوليصة التأمين Insurance Policy

تصدر البوليصة لإثبات عقد التأمين والتراضي بين أطراف العملية التأمينية، وتختلف وثائق التأمين في نموذجها باختلاف وضع الشيء موضوع التأمين والغرض من العملية التأمينية وما يقوم العقد بحمايته وتغطيته من الأخطار.

3.5.2.11. هيئات التأمين المختلفة (المؤمن) Insurer

المؤمن هو الطرف الأول في عقد التأمين والذي يتعهد بدفع مبلغ التأمين أو قيمة التعويض عن الخسائر المادية المحققة مقابل حصوله على قسط التأمين، وقد يكون المؤمن فرداً أو مجموعة من الأفراد أو شركات مساهمة وقد تلعب الحكومة نفسها دور المؤمن في بعض الحالات الاجتماعية.

ويشترط القانون الأردني لممارسة أعمال التأمين قيام شركات مساهمة عامة فقط.

4.5.2.11. المؤمن له أو المستفيد Assured - Beneficiary

المؤمن له هو الطرف الثاني في عقد التأمين وهو صاحب الشيء موضوع التأمين، وهو الملتزم بدفع أقساط التأمين، ويستحق المؤمن له أو من يحل مكانه مبلغ التأمين المتفق عليه في عقد التأمين أو مقدار التعويض عند وقوع الخطر المؤمن ضده وتحقق الخسارة الاحتمالية.

5.5.2.11. القسط أو مقابل التأمين Premium

إنه المقدار النقدي الذي يلتزم المتعاقد بدفعه بصورة أو بأخرى إلى المؤمن وذلك مقابل العملية التأمينية، ولا يعتبر التأمين نافذ المفعول إلا بعد التوقيع على وثيقة التأمين ودفع القسط الأول.

6.5.2.11. الفترة الزمنية للتأمين أو مدته Term Insurance

هي الفترة الزمنية التي يسري خلالها التأمين وتحديد بدء سريان العقد وانتهاءه، وعادة ما تحدد باليوم والتاريخ والساعة، وغالباً ما تكون الفترة الزمنية سنة، ولكن يمكن أن تكون قصيرة جداً كتغطية رحلة جوية مثلاً، وقد تمتد في حالات أخرى لسنوات عديدة.

7.5.2.11. مبلغ التأمين Sum Insurance

هو المبلغ الذي يلتزم المؤمن بدفعة عند وقوع الخطر، وقد يكون هذا المبلغ محدداً بوضوح كما في تأمينات الحياة والحوادث طبقا لاتفاق الطرفين، أما في حالة الممتلكات فإن التزام التأمين يجب أن يكون في حدود مبلغ التأمين، ويتم التعويض بشرط أن لا يتعدى مبلغ التأمين في ضوء الخسارة الفعلية المحققة، وعموماً فإن تحديد التعويضات اللازمة في تأمين الممتلكات إنما يخضع أساساً لمبدأ التعويض مع تطبيق أو عدم تطبيق شرط النسبية.

6.2.11. المبادئ القانونية لعقد التأمين[4].

1. مبدأ منتهى حسن النية Utmost Good Faith

وهو أن لا يخفي المؤمن له أي بيانات جوهرية عند التعاقد، حتى تتوفر لدى المؤمن الحقائق التي يقرر بناء عليها قبول التأمين أو رفضه.

2. مبدأ المصلحة التأمينية Insurance Interest

وهو أن لا يقبل المؤمن التأمين على شخص أو شيء إلا إذا كان للمؤمن له مصلحة تأمينية في هذا الشخص أو الشيء؛ وذلك لمنع أن يصبح التأمين نوع من أنواع المقامرة.

3. مبدأ السبب القريب Proximate Cause

وهو أن يلزم المؤمن بدفع التعويض إذا كان الخطر المؤمن ضده هو السبب القريب لحدوث الخسارة.

4. التعويض Indemnity

وهو أن لا يكون المؤمن ملزماً إلا بتعويض المؤمن له عن قيمة الخسارة التي أصابته نتيجة تحقق الخطر المؤمن ضده مهما كان مبلغ التأمين؛ حتى لا يصبح التأمين وسيلة للإثراء غير المشروع. وينطبق هذا المبدأ على جميع أنواع التأمينات عدا تأمينات الأشخاص.

5. مبدأ الحلول Subrogation

ويعتبر هذا المبدأ قريباً من مبدأ التعويض، ولهذا لا يطبق إلا على التأمينات التي تخضع لمبدأ التعويض، ولا يطبق على التأمين على الحياة والتأمين ضد الحوادث الشخصية، ويقصد بهذا المبدأ أن للمؤمن الحق في أن يعود بما دفعه من تعويض وخسارة للمؤمن له على من سبب في وقوع الخطر والخسارة الناتجة.

6. مبدأ المشاركة Contribution

ويعتبر هذا المبدأ قريباً من مبدأي التعويض والحلول، ويهدف أن لا يحصل المؤمن له على قيمة التعويض الذي يستحقه نتيجة وقوع الخطر إلا مرة واحدة فقط؛ فلا يكون التأمين بذلك وسيلة للكسب غير المشروع. ولا ينطبق هذا المبدأ على التأمين على الحياة والتأمين ضد الحوادث الشخصية، إذ أن هذا النوع لا يخضع لمبدأ التعويض.

3.11. التأمين ضد أخطار السرقة والسطو.
Insurance Against Stolen and Robbery Risk

تمتد العمليات التأمينية لتغطية المخاطر التي تتعرض لها الممتلكات الشخصية والمنشآت من عمليات السرقة والسطو والأضرار الناتجة عن محاولة الشروع بهما حيث أن الأفراد والمنشآت غالباً ما يحتفظون بأشياء ثمينة ومستندات هامة وبعض النقود في بيوتهم ومنشآتهم.

1.3.11. مفهوم السرقة والسطو.

وفي البداية لا بد من التفريق بين مفهومي السرقة والسطو، فالسرقة في الغالب تتم بدون قوة أو تهديد بالسلاح من جانب مرتكبي هذه الأعمال، وغالباً لا يصاحبها كسر أو خلع في الأبواب.

بينما السطو يكون واقعا بالقوة والتهديد فوق إرادة المؤمن له كما لو حدث عن طريق اقتحام منزل أو محل، وكسر المنافذ المؤدية إلى الممتلكات فيه، وهي في الغالب أساليب يلجأ إليها المتمرسون في السطو والعصابات وأصحاب الخبرة السابقة في هذا المجال حيث تتم السرقة هنا بالقوة وعنوة عن الشخص.

ولا شك أن التأمين على الممتلكات من السرقة والسطو إنما يعطي أصحابها الراحة والاطمئنان في إقامتهم مقابل دفع قسط التأمين اللازم، ولا بد أن نتذكر أن الغاية الأساسية من هذا النوع من التأمين هو تعويض الأفراد والمنشآت عما قد يتعرضون له من خسائر مادية نتيجة حصول الآخرين على ممتلكاتهم نتيجة السرقة والسطو.

2.3.11. العوامل المحددة لقسط التأمين ضد أخطار السطو والسرقة.

1. النواحي الأخلاقية لطالب التأمين ومدى التزامه بالعمل.
2. قيمة الأشياء موضوع التأمين.
3. الموقع الجغرافي للمنشاة، والبلد الذي تقع فيها.
4. مدى توفر عوامل الأمان في المنشأة مثل: الإنذار المبكر أو الحراسة.

3.3.11. الوثائق التأمينية ضد السرقة والسطو.

تتنوع وثائق التأمين ضد هذا الخطر باختلاف المستفيدين سواء أصحاب منازل أو منشآت ومن الأمثلة عليها:

1. وثيقة تأمين الممتلكات الشخصية ضد السرقة والسطو.

تغطي هذه الوثيقة كافة الخسائر المادية الناتجة عن السرقة أو السطو أو الاثنين معاً، والواقعة على ممتلكات الفرد الشخصية والمحددة صراحة في عقد التأمين، ويشترط أن يكون التعويض في حدود مبلغ التأمين.

ويمكن للشخص أيضاً أن يأخذ بوليصة تأمين شاملة ضد الحريق والسرقة والسطو إذ أن امتلاك مثل هذه الوثيقة أفضل من امتلاك وثائق تأمين متفرقة لكل خطر على حدة.

2. وثيقة تأمين المحال التجارية ضد السرقة والسطو.

تغطي هذه الوثيقة مخاطر السرقة والسطو للأشياء الموجودة داخل المنشآت المختلفة من أثاث وأدوات مكتبية وأجهزة وماكينات وأوراق مالية، ويمكن أن تغطي هذه الوثيقة أيضاً السرقة والسطو على النقود الورقية والمعدنية. ويتأثر القسط المحدد في هذا النوع من التأمين بموقع المنشأة ومدى تجهيزها بعوامل الحراسة والأمان والإنذار المبكر.

ونذكر أخيراً أن هناك أنواع متعددة من وثائق التأمين مثل[5]:

أ. التأمين ضد خط الحريق.
ب. التأمين ضد خطر الزلازل.
ج. التأمين ضد خطر الإجرام.
د. التأمين ضد سوء ائتمان الموظفين.
هـ التأمين ضد خسائر الشيكات الباطلة.

ويمكن للمشروعات الصغيرة أن تختار ما يلزمها من هذه الأنواع لحماية أعمالها من وقوع الخطر.

4.11. أسئلة للمراجعة/ الفصل الحادي عشر.

أولا: أكمل ما يلي.

1. الخطر هو ....
....

2. التأمين هو ....
....

ثانياً: أملا الفراغ فيما يلي.

1. يمكن تقسيم الأخطار التي يتعرض لها الأفراد من وجهة نظر الشيء الواقع عليه الخطر إلى الأنواع التالية:

أ. ....

ب. ....

ج. ....

2. يمكن مواجهة الأخطار والحماية من عواقبها بإحدى الطرق التالية:

أ. ....

ب. ....

ج. ....

د. ....

3. تشمل التقسيمات الأساسية للتأمين ثلاثة أنواع هامة هي:

أ. ....

ب. ....

ج. ....

ثالثا: أجب عن الأسئلة التالية.

1. ما هي الجوانب الإيجابية والسلبية للتأمين؟

2. ما هي العناصر الرئيسة لعقد العملية التأمينية؟

3. ما هي العوامل المحددة لقسط التأمين ضد أخطار السرقة والسطو؟

4. ناقش مفهومي السرقة والسطو محاولاً التفريق بينهما.

4.11. مراجع الفصل الحادي عشر.

1. الهانسي، مختـار محمـود (1985). مبـادئ التـأمين بـين الجوانـب النظريـة والأسـس الرياضية. لبنان، بيروت: دار النهضة العربية للطباعة والنشر. ص.21.

2. المرجع السابق. ص. 11.

3. المرجع السابق. ص. 48.

4. هيكل، عبد العزيز فهمي (1985). مبادئ في التأمين. لبنـان، بـيروت: الـدار الجامعيـة. ص.36.

5. بومباك، كليفـود م. (1989). أسس إدارة الأعمال التجارية الصغيرة. تحريـر وتـدقيق: د. رائد السمرة. الأردن، عمان: مركز الكتب الأردني. ص. 514.

الفصل الثاني عشر

الطبيعة القانونية للمنظمات
Legal Environment for
Organizations

الفصل الثاني عشر
الطبيعة القانونية للمنظمات
Legal Environment for Organizations

الطبيعة القانونية للمنظمات
Legal Environment for Organizations

يمثل الكيان القانوني للمنشأة الوضع القانوني لملكية رأسمال المنشآت التي تهدف للربح، والذي يحدده قانون الشركات المعمول به لدى وزارة الصناعة والتجارة[1].

1.12. أشكال الملكية Ownership Forms

يعتبر اختيار الشكل القانوني للشركة من أوائل وأهم القرارات التي ينبغي اتخاذها في ميدان الأعمال، فهو الذي يحدد علاقة المنشأة بالغير، والمسؤولية القانونية في مختلف المعاملات سواء الداخلية والخارجية، كما يوضح مدى التدخل الحكومي في تلك المنشأة.

1.1.12. العوامل التي تؤخذ بعين الاعتبار عند اختيار الشكل التنظيمي.
Factors in Selecting Organizational Structure

1. الأهداف.

إن لكل شكل من الأشكال التنظيمية مزايا وعيوب، ولذلك يتحدد الشكل القانوني للمنشأة بالهدف الذي تسعى المنشأة لتحقيقه سواء تجارياً أو صناعياً أو خيرياً أو تطوعياً.

يلعب تحديد الهدف دوراً مهماً في اختيار الشكل التنظيمي المناسب للمنشأة فكلما اتجه الهدف إلى السرعة والتكوين أو تحقيق الربح السريع والانفراد به، والعمل على حفظ حقه في التصرف بأمواله كلما اتجه نحو المؤسسات الفردية وشركات الأشخاص. بينما نرى إن المشروعات التي تهدف تأسيس مشروعات كبرى تحتاج إلى إجراءات قانونية وإلى الحصول على ربح منتظم، والاحتفاظ بحرية حركة أموالهم، يلجأ ون إلى تشكيل شركات الأموال.

2. مدى الحاجة إلى الكفاءات والخبرات الإدارية.

حيث يتم الاتفاق مع شريك أو أكثر ممن يملكون الكفاءة الإدارية للاستفادة منها في إدارة المشروع، ولكن لا بد أن نعرف إن مثل هذه الشركة يمكن أن تؤدي إلى اقتسام السلطة داخل الشركة.

3. مدى القدرة على تأمين الأموال المطلوبة.

إذا لم يستطيع مؤسس المشروع في العادة تأمين الأموال المطلوبـة للمشروع سـواء الأساسية منها أو الإضافية، وليس من خلال الاقتراض، فإنه قد يلجأ إلى إضافة شركاء جـدد أو التحول إلى شكل آخر من الشركات مثل الشركات المساهمة. ولكن ذلك يعنـي بكـل بسـاطة المشاركة من قبل جميع الشركاء بالأرباح والمخاطرة والخسائر.

4. تحديد المسؤولية وتوزيع المخاطر.

تلعب المخاطرة دوراً كبيراً في تحديد الشكل القانوني فكلما ارتفعت درجـة المخـاطرة في النشاط الذي ستمارسه المنشاة تجد المؤسسون يتجهون إلى شركات الأموال. بينما إذا كانـت درجة المخاطرة قليلة يتجه المشروع نحو أشكال التنظيمات الشخصية. كما تلعب الخصـائص الشخصية للمؤسسـين دوراً رئيسـاً في تحديـد الشكل القانوني، فكلمـا كانـت درجـة تحمـل المسؤولية والمخاطرة ومواجهة التحديات عاليـة في أصحاب المشـروعات اتجهـوا إلى شركات الأشخاص.

5. المزايا الضريبية.

تفرض الدولة على كل شكل من الأشكال القانونية للتنظيمات ضرائب معينة وشرائح مختلفة على مجمل أرباحها. وغالباً ما تؤخذ هذه النقطة بعين الاعتبـار عند تحديـد الشكل القانوني للمنظمـة. إذ يلجـأ المنظمون في الغالب إلى الشكل الـذي يفرض عليـه ضرائب والتزامات مالية أقل، ويتمتع بمزايا وإعفاءات ضريبية وجمركية أكبر.

وتواجه عملية اتخاذ القرار الخاصـة بتحديد الشكل القانوني للمنشأة عـدداً مـن البدائل المتاحة لكل منها مزاياه وعيوبه لذا لا بد لمتخـذ القرار مـن دراسـة البـدائل واختيار أفضلها بما يناسب أهدافه.

2.1.12. وقد قسم المشرع الأردني الشركات إلى الأنواع التالية (2، 3)

1. المنشأة الفردية.
2. شركة التضامن (الشركة العامة).
3. شركة التوصية البسيطة (الشركة المحدودة).

4. الشركة ذات المسؤولية المحدودة.
5. شركة التوصية بالأسهم.
6. الشركة ذات المسؤولية المحدودة.
7. الشركات العامة المساهمة.

ونتناول الأشكال القانونية للمنظمات بشيء من التفصيل:

3.1.12. الأشكال القانونية للمنظمات Organizations Legal Forms

1.3.1.12. شركات الأشخاص.

يمتاز هذا النوع من الشركات ببساطة إجراءات تكوينه وغالباً ما يكون المدير مالكاً للمنشأة أو أحد ملاكها.

ومن أهم عيوبه هو المسؤولية غير المحدودة حيث تلحق الخسائر في حالة حدوثها أموال وممتلكات المالك الخاصة.

1. المنشأة الفردية Private Enterprise

هي المنشأة التي يمتلك رأسمالها شخص طبيعي واحد يديرها بنفسه (Owner/ Manager) ويحصل على جميع الأرباح ويتحمل كافة الأخطار، وهي من أبسط وأقدم الأشكال القانونية لمنظمات الأعمال.

ويشترط القانون تسجيل مثل هذه المنظمات في السجل التجاري حيث يدون عادة اسم المالك وقيمة راس المال وعنوانها ونوع النشاط الذي تزاوله. وفي حالة وجود اسم تجاري يشترط القانون أن يكون اسم المالك مقرونا بالاسم التجاري وتخضع منتجات هذه المنشات للتسعيرة القانونية في حالة فرضها من قبل الدولة رغم إن الاتجاه السائد الحالي هو التوسع في الحرية الاقتصادية والاعتماد على العرض والطلب.

هذا ولا تشترط الدولة على هذا النوع من المنشآت بأن تمسك دفاتر حسابية منظمة خاصة إذا كان عدد العمال بها أقل من خمسة عمال.

حسنات المنشآت الفردية.

1. سهولة إجراءات التكوين للمنشأة حيث لا تحتاج إلا إلى التسجيل في السجل التجاري.

2. حرية التصرف في المنشأة حيث تمكن صاحب المنشأة من ترك العمل حينما يشاء أو تحويل النشاط داخل منشأته ببساطة إلى ميدان آخر.

3. يكون الدافع إلى العمل شخصياً ومباشراً وذلك لانفراد صاحب المنشأة الفردية في الأرباح عند النجاح.

4. الاتصال المباشر بين المدير/المالك والعملاء مما يجعله على علم تام بالمتغيرات في احتياجاتهم مما يمكنه من مقابلتها بسرعة.

5. المعرفة المباشرة لجميع العاملين في المنشأة وذلك لقلة عددهم مما يخلق جواً من الألفة والمحبة بينهما وتسود بينهما ثقافة العائلة في العمل.

عيوب المنشآت الفردية.

1. صعوبة الحصول على الائتمان نظراً لقلة رأسمالها وغالباً ما تحجم البنوك عند التوسع في إقراضها، وغالباً ما تضع الشروط المختلفة لإتمام ذلك مثل: الرهونات العقارية وغيرها، حيث لا يوجد قانون في الأردن يجيز رهن الأموال غير المنقولة حتى تستفيد منه مثل هذه المنظمات. كما أنها لا تستطيع طرح أسهم في السوق لأنها غير مقسمة إلى أسهم، وأن اغلب الائتمان يكون شخصي ومن الأقارب والأصدقاء.

2. صعوبة الاستعانة بالفنيين والأخصائيين الذين على درجة عالية من الكفاءة لضعف الإمكانات المالية.

3. قصر عمر المشروع حيث يقتصر ـ عمر المشروع في الغالب على حياة مالكه، وعند توريث المشروع فإن نشاطه في الغالب قد يتغير نظراً لتغير الأجيال.

4. المسؤولية المالية غير محدودة حيث تلحق الخسارة في حالة حدوثها إلى ممتلكات المالك الخاصة، مما يؤدي إلى ضياع ممتلكاته الخاصة فضلاً عن المنشأة التي يملكها.

5. المنافسة الشديدة في الأسواق نظراً لتشابه المنتجات في المشروعات الصغيرة.

6. تعذر نموها إلى الحجم الكبير نتيجة الصعوبة التي تواجهها في الحصول على الائتمان حيث يتحتم عليها البقاء في الأعمال المحدودة.

2. شركات التضامن (الشركة العامة) Joint Partnership

تتألف شركة التضامن من عدد من الأشخاص الطبيعيين لا يقل عـن أثنـين ولا يزيد عن عشرين، إلا إذا طرأت الزيادة على ذلك نتيجة الإرث، يشتركون في الملكية وإدارة المشروع بقصد تحقيق الربح، وهي مسجلة بعقد رسمي، ويسمى كل شريك في هذه الشركة متضامن، أي ضامن لغيرة من الشركاء ومتضامن معهم حيث تقوم على الثقة المتبادلة بين الشركاء. وكل شريك من هؤلاء الشركاء مسؤول عـن التزامات الشركة المالية مسؤولية مطلقة إلى حـدود حصته في رأسمال الشركة بالإضافة إلى ممتلكاته الخاصة[4].

ويتطلب تسجيلها قدراً محدوداً من الإجراءات القانونية حيث كتابـه عقد الشركة وتسجيله في السجل التجاري والإعلان عن تكوينها في الصحف المحلية. ويلاحظ هنا انه لا بـد من إضافة أسم الشريك أو (شركاؤه) للاسم أو ما يفيد هذا المعنى أي أن يكون عنوان الشركة متفقاً مع هيئتها القانونية.

وتشبه هذه الشركة في مظهرها الأساسي المنشأة الفردية حيث ان كليهما ينص عـلى المسؤولية المالية غير المحدودة فهي بذلك تمثل توسعا عن المنشأة الفردية يجعلها تجمع بين المواهب والكفاءة والخبرة والثروة من قبل الشركاء المختلفين مما يمكنها من الحصول على قدر أكبر من الأموال للقيام بالأعمال على نطاق أوسع.

حسنات شركات التضامن.

1. سهولة التكوين حيث بساطة إجراءات تكوين الشركة مـن حيـث التسـجيل في السـجل التجاري وعقد الشركة والإعلان في الصحف المحلية.

2. حرية تصرف الشركاء المتضامنون في إدارة الشركة من حيـث التوسع وطبيعة النشاط أو إنهاء العمل.

3. توفر الدافع الشخصي للعمل لانفراد الشركاء المتضامنون بالأرباح في حالة تحقيقها.
4. تجميع الموارد الإدارية والمالية والفنية لإدارة الشركة حيث سترفد هذه القدرات بعضها بعضا لنجاح العمل مما سيحقق فرصا أكبر لنجاح الشركة. وكذلك توفر فرص أكبر لتوفير رأس المال أو إضافة كفاءات إدارية جديدة لها عن طريق إضافة شركاء متضامنين جدد.
5. الخبرات المتكاملة للشركات وتنظيم العمل بطريقة أكثر ملاءمة إذ أن الاتصال المباشر بين المالكين في شركات التضامن والعملاء يجعلهم قادرين على تطوير العمل مما يخدم مصلحة عملائهم، فضلاً عن استخدام علاقاتهم الشخصية المختلفة لدفع العمل إلى الأمام.
6. يقوم كل شريك بالعمل نيابة عن الشركاء الآخرين دون الحاجة إلى تفويض بذلك، مما يوفر للشركة السرعة في العمل واقتناص الفرص السانحة.
7. تشجع الدائنين على منح الشركة قدر أكبر من الائتمان يفوق قيمته مجموع ما قد يمنح لكل شريك على حدة، لذا فهي أقدر من المنشآت الفردية على توفير الائتمان.
8. تحقيق مزايا ضريبية حيث تربط الأرباح في شركات الأشخاص على نصيب كل شريك على حدة ويتمتع كل شريك بالإعفاء المقرر تبعا لحالته الاجتماعية، ويستفيد من تدرج الضريبة بخلاف شركات الأموال التي تربط الضريبة عليها بناء على أرباح الشركة وغالباً ما تكون مرتفعة. ويجب أن تتم المفاضلة بين المزايا الضريبية التي يمكن للشخص أن يحققها بناء على دراسة وافية قبل أن يتخذ قرار في استثمار أمواله في شركات تضامن أو شركة مساهمة.

عيوب شركات التضامن.

1. يغلب الطابع الشخصي على العلاقة بين الشركاء، فهي تعتمد على الثقة المتبادلة بينهم، مما يجعل التنظيم غير مستقر أحيانا وقد يودي إلى نهاية حياة المنظمة. فالمسؤولية في هذه الشركات غير قابلة للتجزئة، وان تصرف سيئ من أحد الشركاء قد يودي إلى ضياع الشركة والممتلكات الخاصة للشركاء جميعاً، لذا فإن ظهور مثل تلك الخلافات أو الحالات قد يودي إلى قصر عمر المنظمة.

2. الأجل المحدود لعمر الشركة حيث أن وفاة أحد الشركاء أو انسحابه قد يودي إلى نهاية عمر الشركة، وقد تلحق الخسارة ببقية الشركاء، كما أن انضمام شريك جديد للشركة يترتب عليه انقضاء الشركة القائمة وتكوين شركة جديدة .

3. المسؤولية المالية غير المحدودة للشركاء المتضامنين جميعاً في حالة الخسارة والإفلاس إذ تلاحقهم في أموالهم وممتلكاتهم الخاصة.

4. تقيد حرية التصرف للشركاء المتضامنين في حصصهم في الشركة إذ لا يجوز بيعها أو التصرف بها إلا بموافقة بقية الشركاء، وقد يودي مثل هذا التغيير إلى ظهور خلافات معينة بين الشركاء.

5. الملكية المشاعة للأصول والمشاركة في الأرباح حيث تعتبر أصول المنشأة مملوكة لجميع الشركاء على المشاع، وليس لأي شريك حق عيني على أصل معين بذاته حتى ولو كان هذا الأصل المعين قد سبق للشريك أن قدمه سداد لجزء من حصته.

6. الوكالة التبادلية إذ يعتبر كل شريك وكيل عن الشركة وعن كل الشركاء الآخرين وبالتالي فهو يستطيع أن يبرم تعاقدات ملزمة للشركة طالما يتصرف في حدود نطاق النشاط العادي للشركة.

هذا ويستطيع الشركاء في شركات التضامن (الشركة العامة) التخفيف من بعض عيوب تلك الشركات من خلال اتفاق مكتوب يمكن إجراؤه حتى بين الأقارب والأصدقاء رغم أنه لا يمثل مطلباً قانونياً ويحتوي على البنود التالية:

1. مدة الشركة.
2. قيمة مساهمة كل شريك.
3. المسؤوليات والسلطات لكل شريك.
4. الرواتب والمسحوبات المسموح لكل شريك.
5. أسس التحكيم حول الخلافات المحتملة.
6. أسس توزيع الأرباح والخسائر.
7. أسس التسويات في حالة حل الشركة أو وفاة أحد الشركاء.

ولا بد من الملاحظة أن مثل هذا الاتفاق يسري فقط بين الشركاء أنفسهم ولا يكون ملزما بمواجهة الآخرين خارج الشركة.

3. شركة التوصية البسيطة (الشركة المحدودة) Limited Partnership

تتألف شركة التوصية البسيطة من فئتين هما فئة الشركاء المتضامنون وفئة الشركاء الموصون، ويعامل الشركاء المتضامنون كما في شركات التضامن حيث المسؤولية المالية غير المحدودة والتي تطال أموالهم وممتلكاتهم الخاصة.

أما الشركاء الموصون فيشاركون في رأسمال الشركة بقدر محدد من رأس المال وتقتصر مسؤولية كل منهم عن ديون الشركة والالتزامات المترتبة عليها بمقدار حصته من رأسمال الشركة فقط ونظراً لمسئوليتهم المحدودة فلا يحق لهم المشاركة في إدارة الشركة أو ممارسة أعمالها أو التدخل فيها أو إظهار اسمه على المعاملات الرسمية بها، ولكن يحق لهم بموافقة بقية الشركاء الاطلاع على حسابات الشركة المختلفة.

وتمتاز إجراءات تكوين هذا النوع من الشركات بالبساطة أيضاً حيث التسجيل التجاري وعقد التأسيس والإعلان في الصحف المحلية. ولا تتدخل الحكومة بالرقابة على هذا النوع من الشركات نظراً لاعتماده على الثقة المتبادلة بين الشركاء.

حسنات شركة التوصية البسيطة.

1. سهولة إجراءات التكوين كما في المنشآت الفردية وشركات التضامن.
2. الحصول على قدر أكبر من الأموال عن طريق دخول شركاء موصين يرغبون في الاستثمار بقدر أموالهم فقط ولا يمكنهم أن يتحملوا الأخطار إلا بقدر ما يقدموه من أموال وهي بذلك تشجع على الاستثمار دون المجازفة بالأموال والممتلكات الخاصة.
3. تملك المرونة في الإدارة حيث يعمل الشركاء المتضامنون فيها دون تفويض رسمي بذلك مما يوفر عنصر السرعة في العمل.
4. القدرة على الحصول على الائتمان بشكل أكبر من المنشآت الفردية حيث تعدد الأشخاص بداخلها كما أن كبر رأسمالها يعطيها ميزة أكبر في الحصول على الائتمان.

5. توفير قيادات إدارية أكبر حيث يغلب طابع التشاور بين الشركاء المتضامنين مما يحقق فرص أكبر للنجاح.

6. توفر الدافع الشخصي للعمل ولو بقدر أقل من التضامنية.

ومن هنا نلاحظ أن هذا النوع من الشركات قد شمل جميع خصائص الشركات التضامنية أيضاً.

عيوب شركة التوصية البسيطة.

إن عيوب شركات التوصية البسيطة تشبه إلى حد كبير عيوب شركات التضامن بالنسبة للشركاء المتضامنين والتي سبق ذكرها ويضاف إليها:

1. اعتماد الشريك الموصي على الثقة المتبادلة بين الشركاء خاصة المتضامنين في إدارة الشركة، وقد يكون هذا مجالاً للاحتيال مما يوقع الضرر بالشركاء الموصين، فإذا تولى الإدارة شريك متضامن برأسمال قليل فقد يقامر بأموال الشركة والدائنين معاً، لذا ينبغي على الشركاء الموصين والدائنين التأكد من ملاءة الشركاء المتضامنين ومن سمعتهم في السوق قبل التعامل معهم.

2. إن انسحاب الشريك الموصي من الشركة أو بيع حصته يخضع لموافقة الشركاء المتضامنين.

4. شركة المحاصة.

وهي من شركات الأشخاص فهي شركة مؤقتة تنتهي بانتهاء العمل الذي أقيمت من أجله بغض النظر عن الفترة الزمنية له، وقد تنشأ هذه الشركة بدون عقد كتابي إذ يكفي الاتفاق الشفوي بين الشركاء، وقد تكون بعقد كتابي يحدد واجبات الشركاء تحت اسم (شركة محاصة) ولكن لا يكون هذا العقد رسمياً. وهي بذلك شركة مستترة ليس لها وجود ظاهر أمام الغير حيث لا يشترط بها الإشهار والإعلان في الصحف. وهو الاختلاف الأهم بينها وبين الأنواع الأخرى من الشركات، لذا لا يمكن إشهار إفلاسها لأنها لا تملك شخصية اعتبارية.

ومن الأمثلة على شركات المحاصة اتفاق شخص وآخر على أن يقوم أحدهما بشراء بضاعة ما وبيعها واقتسام الأرباح بينهما، وهنا يقوم بالعملية شخص واحد وإنما يقتسم نتيجتها مع شخص آخر مختف وهو الذي يمده بالمال.

حسنات شركة المحاصة.

1. لا يستلزم تكوينها أي إجراءات قانونية حيث يقوم بأعمالها أحد الشركاء باسمه، لذا فالمسؤولية المالية لا تصيب إلا الشريك الذي يقوم بالعمل مباشرة بصفته الشخصية إذ لا يعلم الجمهور ببقية الشركاء لأنها غير معلنة وليس لها أي شخصية اعتبارية.
2. الاستفادة من الإمكانية المادية والشخصية للشركاء للقيام بالأعمال المختلفة حيث الاستفادة من المواسم المختلفة والفرص الاستثمارية الطارئة والمؤقتة.
3. سهولة حل الشركة، إذ أن حل الشركة وتصفيتها لا يستلزم تعيين مصفي ولا تخضع لنظام التصفية وإنما تسوية حقوق الشركاء فيما بينهم.

عيوب شركة المحاصة.

1. قصر حياة الشركة من ناحية وحدة الغرض، أي أن غرضها لا يتعدى عملا، أو أعمال معينة تؤدى في مدة قصيرة.
2. ارتفاع درجة الخطر في شركات المحاصة.
3. قد يسيء الشركاء التصرف تجاه الغير ولا يستطيع المتعاملون معها الرجوع إلى باقي الشركاء حيث يكون الشركاء مجهولين من قبل الجمهور.

2.3.1.12. شركات الأموال.

يوجد لشركات الأموال شخصية اعتبارية مستقلة عن مالكيها تستطيع من خلالها أن تقاضي وتتقاضى بها، فالمسؤولية المالية هنا محدودة بما يملك من الأسهم في الشركة ولا تطال أمواله الخاصة وممتلكاته.

وتقسم شركات الأموال الى الأنواع التالية:

1. شركة التوصية بالأسهم Join stock Partnership

تتألف شركة التوصية بالأسهم من فئتين من الشركاء، الأولى شركاء متضامنون لا يقل عددهم عن اثنين، ويكون الشريك المتضامن مسؤولاً مع بقية الشركاء المتضامنين عن ديون الشركة والالتزامات المترتبة عليها بأمواله وممتلكاته الخاصة وهي بذلك تشبه شركة التوصية البسيطة.

أما الفئة الثانية من الشركاء فهم شركاء مساهمون لا يقل عددهم عن أثنين يملكون أسهما في رأسمال الشركة بمقدار مشاركتهم، ويكون الشريك الموصي مسؤولاً عن ديون الشركة والتزاماتها بمقدار ما يملك من أسهم فيها فقط، ولا يجوز له الاشتراك في إدارة الشركة أو التدخل فيها. ويحق للشريك الموصي أن يتنازل عن أسهمه في الشركة لآخر دون الحاجة إلى موافقة الشركاء المتضامنين.

ويشترط القانون الأردني أن لا يقل رأسمال شركة التوصية بالأسهم عن مائة ألف دينار، بشرط أن لا يزيد ما يطرح للاكتتاب على ضعفي مجموع ما ساهم به الشركاء المتضامنون، مع ضرورة إضافة عبارة شركة توصية بالأسهم إلى اسم الشركة.

حسنات شركة التوصية بالأسهم.

تشمل حسنات هذه الشركة جميع حسنات شركات التوصية البسيطة من حيث سهولة إجراءات التكوين وبساطتها بالإضافة إلى:

1. يمكن أن تجمع مقدار أكبر من رأس المال الذي تجمعه المنشات الفردية والشركات التضامنية والتوصية البسيطة نظراً لسهولة تحرك الأسهم فيها بالبيع والشراء.
2. الحرية التي يتمتع بها الشريك الموصي والتي تشبه الشريك المساهم في الشركات المساهمة من حيث التصرف بأسهمه في رأسمال الشركة بدون تعريضها للحل.

عيوب شركة التوصية بالأسهم.

تشبه عيوب شركة التوصية بالأسهم عيوب شركات التوصية البسيطة بخلاف إن الشريك الموصي بالأسهم له الحق في البيع والتنازل عن أسهمه في رأس المال بحرية كاملة.

وتجدر الإشارة هنا أن على المساهمين الموصين التأكد من شخصية المتضامنين وسمعتهم في السوق قبل المساهمة في أسهم هذه الشركات.

2. الشركة ذات المسؤولية المحدودة (المساهمة الخصوصية).
Limited Liability Company

هي نوع من شركات الأموال وتتألف من عدد من الشركاء لا يقل عن اثنين ولا يزيد عن خمسين شخصاً، وتكون مسئولية الشريك فيها عن ديونها والتزاماتها المترتبة عليها وخسائرها بمقدار حصته في رأسمال الشركة. حيث يكون رأس المال في العادة مقسم إلى حصص متساوية لا يقل عن مبلغ معين يحدده القانون. ويقوم بالعادة بإدارة الشركات ذات المسؤولية المحدودة مدير أو هيئة إدارة من بين الشركاء، كما يمكن اعتماد شخص من خارج الشركاء لإدارة هذه الشركات. وقد تم تحديد الحد الأدنى لرأسمال الشركة ذات المسؤولية المحدودة في القانون الأردني بحد أدنى (30000) دينار أردني.

حسنات الشركة ذات المسؤولية المحدودة.

1. تساعد هذه الشركات أصحاب المشروعات الصغيرة والمتوسطة على الاستمرار بمشروعاتهم خاصة عندما يظهر طارئ لصاحب العمل يمنعه من الاستمرار في إدارة شركته ولا يجد من ينوب عنه في تولي قيادتها حيث يتحول إلى هذا النوع من الشركات والذي يفي بالغرض.

2. لا يرتبط عمر الشركة بعمر مؤسسيها حيث لا يؤثر عليها انسحاب أو وفاة أحد أعضائها بل تستمر بالعمل.

3. حرية التصرف في حصص الشركاء بالتداول بين الشركاء أنفسهم.

4. المسؤولية المحدودة للشركاء في ما يملكون من حصص فقط مما يشجع على زيادة فرص الاستثمار في هذا النوع من الشركات.

5. تمتلك فرصة أكبر في توفير الائتمان والتوسع نظراً لزيادة عدد الشركاء في هذا النوع من الشركات.

عيوب الشركة ذات المسؤولية المحدودة.

1. القيود المفروضة على قدرتها في زيادة رأس المال حيث لا يجوز لها زيادة رأسمالها أو إصدار اسهم أو سندات قابلة للتداول.
2. القيود المفروضة على بعض الأنشطة عليها حيث هي ممنوعة من القيام بأعمال البنوك أو أعمال التأمين أو الادخار أو تلقي الودائع أو استثمار الأموال لحساب الغير.
3. تقتصر عضوية هذه الشركة على الأشخاص الطبيعيين إذ لا يجوز أن يكون بين الشركاء شركة أو هيئة ذات شخصية معنوية مما يحد بعض الشيء من قدرتها على التوسع.
4. تحديد مدة حياة الشركة في عقد التأسيس، رغم إمكانية تمديد هذه الفترة لمرة واحدة فقط.

3. الشركات المساهمة العامة Public Limited Company

هي الشركة التي يتكون رأسمالها من قيمة الأسهم التي تطرح للاكتتاب العام وتكون مسؤولية المساهمين فيها محدودة بمقدار الأسهم التي اكتتبوا فيها في رأسمال الشركة. حيث يتم تقسيم رأسمال الشركة إلى حصص صغيرة متساوية وكل حصة منها تسمى سهماً.

وقد اشترط القانون الأردني أن لا يقل رأسمال الشركة المساهمة عن نصف مليون دينار أردني، وأن لا يقل عدد المساهمين فيها عن اثنين.

وهي من أكبر شركات الأموال وتتمتع بشخصية اعتبارية مستقلة عن المساهمين فيها، فهي وحدة قانونية قائمة بذاتها، ولها أن تقاضي وتتقاضى مع كافة الأفراد سواء من حملة أسهمها أو من المتعاملين معها من الخارج، ويمكن للهيئات العامة الأخرى والشخصيات الاعتبارية اقتناء أسهمها.

وتتميز الشركات المساهمة بمقدرتها على مواجهة رغبات المستثمرين المتباينة نظراً لما تتيحه من فرص الاستثمار المختلفة حيث نراها تصدر أنواع مختلفة من الأوراق المالية تمثل أسهم عادية وأسهم ممتازة وسندات، والأسهم هنا تمثل الملكية بينما السندات تشكل مديونية على كاهل الشركة. وبالتالي فإن المستثمر يواجه تشكيلة متنوعة من الأوراق المالية يختار منها ما يوافق غرضه وقدرته على المخاطرة.

حسنات الشركات المساهمة العامة(5)

1. تتمتع بدرجة عالية من الاستقرار نظراً لطول حياة الشركة والتي لا ترتبط بمؤسسيها ولا تتأثر بانتقال ملكية أسهمها.
2. القدرة على تركيز راس المال من خلال طرح الأسهم والسندات والمرونة في قدرتها على التوسع والحصول على الائتمان واجتذاب المستثمرين، وفي الأغراض المختلفة.
3. استقلال الإدارة عن الملكية حيث تتمتع الإدارة بدرجة عالية من الحرية في التخطيط لنجاح الشركة، حيث نجد نظام متكامل للمحاسبة والرقابة الداخلية فضلاً عن وجود مدقق خارجي مستقل عن الإدارة.
4. قدرتها على الاستعانة بالإداريين وبالفنيين المتخصصين، لذا يمكنها الاستفادة من مزايا التخصص إلى أقصى درجة وكذلك الاستفادة من فرص التقدم التقني المختلفة.
5. المسؤولية المالية محصورة بالأسهم المملوكة فقط ولا تتعدى إلى الممتلكات الخاصة.
6. سيولة الاستثمار إذ يتمتع المساهم فيها بحرية التصرف بالأسهم بالبيع أو الشراء أو الرهن دون قيود، وبذلك فهو يستطيع استرداد جزء أو كل من استثماراته بسهولة، ولا شك بأن السيولة المرتفعة للاستثمار تعتبر أحد العوامل الهامة لرواج الاستثمارات في الشركات المساهمة.
7. الاستمرارية حيث يكون للشركة شخصية اعتبارية مستقلة ومنفصلة عن مالكيها، كما ان حياتها غير محدودة ولا ترتبط بحياة مالكيها وهذا يؤدي إلى طول حياة الشركة واستمراريتها.

عيوب الشركات المساهمة العامة.

1. الإجراءات العديدة اللازمة لإنشائها والتي قد تتطلب نفقات باهظة، لـذا لا تستطيع المشروعات الصغيرة وحتى المتوسطة أن تتبع هذا الشكل من الشركات.

2. قد تفقد الإدارة الخارجية حماسها واندفاعها للعمل أحيانا، وهي الصفات التي يتمتع بها المدير/المالك في الغالب.

3. رغم أن الطريقة المتبعة هي انتخاب مجلس الإدارة إلا إن ذلك قـد يتعرض إلى سيطرة جماعات المصالح المختلفة مما يسهل لهم استغلال الشركة لمصالحهم الخاصة.

4. تعتبر الشركة شخصاً اعتبارياً معنوياً وبالتالي فهي تخضع لقوانين الدولة المحلية وتتعرض لقوانين خارجية في حالة تحركها لدولة أخرى.

5. تتعرض لتدخل حكومي أكبر نظراً لأهمية الدور الذي تلعبه في الحيـاة الاقتصادية حيث تخضع الشركات المساهمة لإشراف الحكومة ورقابتها في كل مراحلها وذلك حفاظاً علـى حقوقها وحقوق المساهمين فيها والمتعاملين معها.

6. ارتفاع نسبة الضرائب المفروضة عليها في الغالب.

3.3.1.12. أشكال أخرى من الملكية Other Forms of Ownership

1. **الجمعيات التعاونية:** هي جمعيات محددة أو متعددة الأغراض تسجل وترخص بموجـب الأنظمة المتبعة في المؤسسة التعاونية الأردنيـة بهدف ممارسـة الأعمال التعاونيـة، وذلك وفقا لقانون المشاريع التعاونية.

2. **هيئات لا تهدف إلى الربح:** تتكون عادة من المنشآت التي تقدم خدمات للمجتمع وقد تكون تلك الخدمات مختلفة أو مماثلة للخدمات المقدمـة مـن المنشـات التـي تهـدف للربح، ولكن بدون مقابل أو بسعر رمزي قريب مـن التكلفـة ومثال ذلك: الجمعيـات الخيرية والاجتماعية، الأندية الرياضية، والنقابات والاتحادات.

أ. **الجمعيات الخيرية والاجتماعية**: هـي المشاريع المسجلة لممارسة الأعمال الخيريـة وذلـك وفقاً لمـا يحـدده قانون المشاريع التعاونية وجمعيـات العمـل الاجتماعـي التطوعي.

ب. **الأندية الرياضية**: وهي المؤسسات التي تهدف إلى خدمة شرائح مـن المـواطنين، ولا تهدف إلى تحقيق الربح.

ج. **النقابات والاتحادات**: وهي المؤسسات التي تهدف بالأساس إلى خدمة أعضاءها

وتتميز الهيئات التي لا تهدف إلى الربح بمجموعه من الخصائص تميزها عـن غيرهـا من أشكال المنظمات مثل:

● خصوصية الهدف لكل مشروع من المشاريع المذكورة.

● يتكون رأس المال من مساهمات الأعضاء فيها والهبات المقدمة.

● لا تهدف إلى الربح التجاري، وإنما إلى خدمـة الأعضـاء بتقديم سلعة بسـعر يحمـل هامش ربح تقديم الخدمة.

3. **المشاريع العامة**: هي المشاريع التي تملك الدولة فيها (51%) فأكثر من رأسمالها، لذا نرى سيطرة الدولة على قرارات تلك المشاريع، وينشأ المشروع العام في العـادة لممارسـة بعـض الأنشطة الاستراتيجية الهامة، أو المشاريع الضرورية التي يحجم القطاع الخاص عـلى ممارستها. وتمتاز المشاريع العامة بأنها تدعم الاقتصاد الوطني لأنها عـادة مـا تختار أنشطة استراتيجية تكون ضرورية للوطن. أما أهم العيوب التي تصاحب هـذه المشاريع فهي خضوع إدارة هذه المشاريع لسيطرة الدولة مما يـؤدي إلى انعـدام حافز الربح في هذه المشاريع واحتمالية وقوعها تحت مساوئ الإدارة البيروقراطيـة. مع ملاحظة أن الاتجاه العالمي الحالي والذي يسير نحو عولمة الاقتصاد يهدف إلى التخلي عن المشروعات العامة وخصخصتها للقطاع الخاص.

4. **فروع شركة أجنبية**: هي منشأة غير أردنية مسجلة في الخارج وتمارس جزء مـن نشاطها داخل الأردن، وتسجل لدى وزارة الصناعة والتجارة كفرع لشركة أجنبية، ويعامـل الفـرع نفس معاملة الكيان القانوني للمركز الرئيسي.

5. **حكومية:** تتألف من الوزارات والدوائر والمؤسسات العامة المملوكة بالكامل للدولة، ولا تخضع لقانون الشركات الأردني المعمول به في وزارة الصناعة والتجارة والذي يقضي بعدم ممارسة أي نشاط اقتصادي قبل عمل إجراءات الترخيص والتسجيل.
6. **المنظمات والهيئات الدولية:** المنشآت التي لا ينطبق عليها ما سبق ذكره.

2.12. الانقضاء والتصفية Finishing and Liquidations

1.2.12. انقضاء وتصفية شركات الأشخاص.

تعتمد شركات الأشخاص على العلاقة الشخصية بين الشركاء، وقد تستمر الشركة قائمة لمدة التعاقد، وقد تجدد برضاء الشركاء جميعاً، وقد يتفقون على حلها عند انتهاء مدتها.

فإذا قرر الشركاء انقضاء شركتهم اختيارياً، أو واجهوا سبباً من أسباب الانقضاء المختلفة، فإن الشركة تدخل في مرحلة التصفية بإجراءاتها القانونية المختلفة حتى تباع ممتلكاتها وتسدد المبالغ التي عليها للغير، ثم ينال الشركاء حصصهم. ولا بد من التأكيد أن الشخصية المعنوية للشركة تبقى قائمة حتى تنتهي عملية التصفية، وبانتهاء التصفية تحل الشركة. فانقضاء الشركة وتصفيتها عمليتين مكملتين لبعضهما البعض.

2.2.12. انقضاء شركات الأشخاص.

إن مالك المشروع الفردي يستطيع انقضاء وتصفية مشروعه في أي وقت يشاء.

أما شركات الأشخاص فإنها تنقضي بتوفر أي من الأسباب آلاتية:

1. انقضاء المدة المحددة للشركة في عقد التأسيس، فإذا انقضت المدة المتفق عليها بدون أن يتفق الشركاء على مد أجل الشركة تنقضي ويجب تصفيتها.
2. انتهاء العمل الذي من أجله انعقدت الشركة: حيث تتكون بعض الشركات لتحقيق غرض معين، وهنا تنقضي الشركة بانقضاء ذلك الغرض. وإذا تضارب الميعاد المحدد لنهاية الشركة في العقد مع الغرض المكونة أصلاً من أجله الشركة تمتد الشركة إلى أن ينتهي الغرض بالرغم من انتهاء المدة التي حددها العقد.
3. إرادة جميع الشركاء على حل الشركة، أو دمجها في شركة أخرى، رغم أن هناك مدة محددة في العقد، وذلك إذا أجمع الشركاء جميعاً على حلها.

4. اجتماع حقوق الشركة في يد واحدة: فإذا اجتمعت جميع أموال الشركة في يد شريك واحد فإن ذلك يوجب انقضاء الشركة، لان الشركة تتطلب وجود شريكين على الأقل.
5. انسحاب أحد الشركاء، أو موته، أو الحجر عليه، أو إفلاسه، إلا إذا نص عقد الشركة على خلاف ذلك.
6. إفلاس الشركة: تنتهي الشركة إذا هلكت جميع أموالها لسبب ما، أو نتيجة توالي الخسارة، وفي هذه الحالة فإن إفلاس الشركة يترتب عليه إفلاس جميع الشركاء المتضامنين.
7. هلاك حصة الشريك في الشركة قبل تقديمها: تنقضي الشركة إذا اتفق الشركاء على أن يقدم شريك ما شيئاً معيناً بالذات كحصة في رأس المال، وهلك هذا الشيء قبل تقديمه.
8. تغيير الشكل القانوني للشركة: إن أي تغير للشكل القانوني للشركة هو انقضاء لها، وإن إنشاء شركة جديدة خلفاً للقديمة يعتبر بمثابة شركة جديدة.
9. قرار مراقب الشركات بشطب الشركة من السجل التجاري.
10. فسخ الشركة بحكم القضاء: حيث يجوز للقضاء أن يفسخ عقد الشركة بطلب من أحد الشركاء لعدم وفاء بعض الشركاء بما تعهدوا به، أو نتيجة منازعات بين الشركاء تمنع سريان العمل، أو أي سبب قوي آخر.

هذا ويجب إشهار حل الشركة باتباع إجراءات النشر التي ينص عليها القانون، مهما كان سبب الانقضاء، وإذا لم يشهر انقضاء الشركة، فان دائني الشركة ودائني الشركاء الشخصيين يستطيعوا أن ينكروا الحل إذا كان في ذلك مصلحة لهم، فعدم الإشهار يبطل الانقضاء بالنسبة لهم.

3.2.12. تصفية الشركة Company Liquidation

يترتب على تصفية الشركة قسمة أموالها بين الشركاء ولكن قبل ذلك لا بد من تحصيل ما للشركة من ديون لدى الغير، وتسديد ما عليها من ديون للغير، وتحويل ما لدى الشركة من ممتلكات مختلفة إلى نقود، وهذا ما يعرف بالتصفية.

ويمكن أن تستغرق التصفية وقتاً قصيراً إذا تمكن المصفي من أن يبيع موجودات الشركة دفعة واحدة، أو على دفعات في وقت قصير، وهو ما يعرف بالتصفية السريعة.

أما إذا لم يتمكن المصفي من ذلك، فإنه سيضطر إلى إبقاء حسابات الأصول المختلفة مفتوحة حتى يتمكن من بيعها تدريجياً، وهو ما يسمى بالتصفية التدريجية. علما بأن الشخصية المعنوية للشركة تبقى قائمة أثناء فترة التصفية لأن في ذلك ضمان أكبر لدائنها.

1.3.2.12. واجبات المصفي Liquidator Duties

1. القيام بإجراءات النشر والإعلان عن حل الشركة وتصفيتها.
2. إنجاز العقود التي بدأت قبل التصفية ولم يتم تنفيذها، ولكن المصفي لا يستطيع الارتباط بعقود جديدة.
3. بيع ممتلكات الشركة سواء دفعة واحدة، أو على دفعات طبقا لمصالح الشركة.
4. متابعة ديون الشركة وتحصيلها.
5. تسديد ديون الشركة للغير، أما الديون التي لم يحن ميعاد استحقاقها، فإن العرف جرى على أن التصفية حدث قهري يترتب علية استحقاق الديون الآجلة.
6. تمثيل الشركة في المنازعات القضائية على اعتبار أنه وكيلاً عنها.
7. توزيع أموال الشركة المحصلة من التصفية على الشركاء طبقا لحقوقهم.

2.3.2.12. أتعاب التصفية Liquidation Fees

يتقاضى المصفي عن قيامة بأعباء التصفية أجراً من أموال التصفية، علماً بأن كل ما يصرفه المصفي على نفقات التصفية يعتبر ديناً ممتازاً على سائر الدائنين، ويجب أن يراعي المصفي مصلحة الشركاء باستمرار أثناء تأديته لعمله.

وأخيراً يقوم المصفي بتقديم حساب تفصيلي عن نتيجة التصفية حتى تتحدد حقوق وواجبات الشركاء المختلفون.

3.3.2.12. أموال الشركة المصفاة وتوزيعها.

عند توزيع الأموال المحصلة من بيع الأصول، يتبع المصفي القواعد القانونية الآتية:

1. أتعاب المصفي ومصاريف التصفية: فهي ممتازة بالنسبة لباقي الدائنين.
2. الديون الممتازة: حيث تدفع قبل أي نوع آخر من الديون.
3. الديون العادية: تسدد الديون العادية المثبتة بأوراق تجارية قبل توزيع أي أموال على الشركاء، وإذا لم تكف الموجودات لسداد الديون فيرجع لسداد العجز على الشركاء المتضامنين من أموالهم الخاصة.
4. سداد قرض الشريك: إذا تبقى شيء بعد أتعاب المصفي، والديون الممتازة والعادية، يسدد أي قرض مثبت للشركاء، لان الشريك المقرض لا يزاحم الدائنين في أموال الشركة، لأنه شريك متضامن في الشركة قبل أن يكون مقرضاً لها.
5. تقسيم ما تبقى من أموال الشركة على الشركاء كل حسب حقوقه في رأس المال، ونسبته في توزيع الأرباح.

4.3.2.12. نتيجة التصفية Liquidation Results

قد تكون نتيجة التصفية أحد الحالات التالية:

1. أن تحقق التصفية ربحاً وذلك في حالة زيادة صافي الأموال المحصلة بعد تسديد الدائنين على مجموع حصص الشركاء في رأس المال حيث يوزع الفائض على الشركاء بنسبة توزيع الأرباح.
2. أن تحقق التصفية خسارة حيث تكون صافي الأموال المحصلة بعد تسديد الدائنين أقل من مجموع حصص الشركاء، حيث أن الأموال المحصلة لا تكفي لسداد جميع حقوق الدائنين، وهنا يكون الشركاء مسؤولون عن تسديد هذه الديون من أموالهم الخاصة، كل حسب نسبته في خسائر الشركة، ويعد باطلاً كل اتفاق يعفي أحد الشركاء عن مسئوليته تجاه ديون الشركة، وإذا أعسر أحد الشركاء، وزعت نسبته على الباقي من الشركاء.

أما الشريك الموصي فإنه يعامل معاملة المتضامن في حالة أن تكون نتيجـة التصـفية ربحاً، أما في حالة الخسارة فان الشريك الموصي لا يتحمل في الخسارة إلا بمقدار حصته في رأس المال.

3.12. أسئلة للمراجعة/ الفصل الثاني عشر.

أولاً: أكمل العبارات التالية.

1. تؤخذ العوامل التالية بعين الاعتبار عند اختيار الشكل التنظيمي:

أ. ....

ب. ....

ج. ....

د. ....

هـ. ....

2. تتميز الهيئات التي لا تهدف إلى الربح بمجموعـة مـن الخصـائص تميزهـا عـن غيرهـا مـن المنظمات هي:

أ. ....

ب. ....

ج. ....

3. قد تكون نتيجة التصفية أحد الحالات التالية:

أ. ....

ب. ....

ثانياً: ناقش ما يلي.

1. الانقضاء في شركات الأشخاص.

4.12. مراجع الفصل الثاني عشر.

1. التعداد العام للمنشآت الاقتصادية (1999). ص 8. عمان، الأردن.

2. قانون الشركات الأردني (1997). رقم 22. عمان، الأردن.

3. القانون المعدل لقانون الشركات الأردني (2002). قانون مؤقت رقم 40. عمان، الأردن.

4. دائرة الإحصاءات العامة. التعداد العام للمنشآت الاقتصادية (1999). ص 80. عمان، الأردن.

5. شحاده، بسيوني أحمد (1984). المحاسبة المالية: شركات الأشخاص والأموال. لبنان، بيروت: دار النهضة العربية للطباعة والنشر. ص 263.

الفصل الثالث عشر

خطة العمل في الأعمال الصغيرة والريادية
**Business Plan in
Entreprenurship and Small
Business**

الفصل الثالث عشر
خطة العمل في الأعمال الصغيرة والريادية
Business Plan in Entreprenurship and Small Business

الفصل الثالث عشر
خطة العمل في الأعمال الصغيرة والريادية
Business Plan in Entreprenurship and Small Business

1.13. مفهوم ومكونات خطة العمل
Concept and Components of Business Plan

تعتبر خطة العمل (Business Plan) أو ما يطلق عليها أحيانا بخطة الفعاليات واحدة من أهم المراحل توثيقاً للأعمال في المنظمات الصغيرة والريادية حالها بذلك حال المنظمات المتوسطة والكبيرة، حيث تمثل هذه الخطة توظيف كامل للفعاليات ذات العلاقة بمستقبل المنظمة، ويمكن تعريف خطة العمل على أنها الوثيقة التي تصف ماذا خطط من الأعمال المراد تنفيذها ضمن المرحلة القادمة.

تساعد خطة العمل على أداء العديد من الوظائف التي تم توظيفها ضمن هذه الخطة، حيث تستخدم على سبيل المثال من قبل الرياديين في البحث عن مصادر تمويل مشروعاتهم وتوضيح الرؤيا والمهمة لهذه المشروعات أمام المستثمرين، كما يمكن أن تستخدم أيضاً من قبل المنظمات التي تحاول الحصول على العاملين من ذوي المهارات القيادية الحرجة وتطلعاتهم في تنفيذ الأعمال الجديدة بالإضافة إلى كيفية التعامل مع الموردين ... وبمعنى آخر فإن خطة العمل تساعد على الفهم الكامل للطريقة الأفضل في حسن إدارة المنظمة.

وتعكس خطة العمل أهداف المنظمة الصغيرة والريادية وكذلك الاستراتيجيات التي سوف تستخدم في تحقيق هذه الأهداف بالإضافة إلى الطريقة التي يمكن استخدامها في التصدي إلى المشاكل التي يمكن أن تظهر وتعيق سير تنفيذ الأعمال وأساليب حلها، كما تعكس أيضا الهيكل التنظيمي للمنظمة بما في ذلك العناوين والمسؤوليات للوظائف، وأخيراً مقدار رأس المال الضروري لتمويل المشروع الصغير أو الريادي الذي يقوم بتحويل فعاليات المنظمة لحين تحقيق نقطة التعادل.

2.13. الأجزاء الرئيسة في خطة العمل Major Parts in Business Plan

1.2.13. مفهوم العمل أو المشروع Business Concept

يتركز هذا القسم على مناقشة وتعريف نمط المشروع (أو القطاع) المراد تأسيسه وهيكلية العمل (أو المشروع) بالإضافة إلى نمط المنتج أو الخدمة المراد إنتاجها والآلية التي سوف تتبع في إنجاح العمل أو المشروع.

2.2.13. الحصة السوقية Market Share

وتشمل توصيف وتحليل الطاقة الاستيعابية للسوق وقدرات المستهلكين وأماكن تمركزهم، وما هي العوامل التي تجعلهم يشترون المنتج وغيرها من الأمور مثل: حالة المنافسة ومن هم المنافسون (أو المنافس) الحرج القوي الذي ستتم مواجهته في البداية.

3.2.13. الموازنة أو القسم المالي.

يحتوي على الواردات والتدفقات النقدية وكشف الموازنة (Balance Sheet) وغيرها من المعايير المالية مثل: تحليل نقطة التعادل، وقد تحتاج المنظمة الصغيرة أو الريادية إلى مساعدة المختصين في إنجاز هذا القسم.

وعند تجزئة هذه الأقسام الرئيسة إلى مكوناتها... فان خطة العمل تحتوي أيضا على سبعة عناصر أساسية هي:

- الخلاصة الرئيسية.
- توصيف العمل.
- الاستراتيجيات التسويقية.
- تحليل المنافسة.
- خطة التصميم والتطوير.
- خطة العمليات والإدارة.
- العوامل المالية.

وبالإضافة إلى هذه العناصر والأقسام فإن خطة العمل تحتوي أيضا على صفحة العنوان، وجدول المحتويات، بالإضافة إلى الغلاف.

أما بالنسبة لحجم خطة العمل .. فإنه يختلف باختلاف الحاجات والأهداف التي تسعى المنظمة إلى تحقيقها، حيث من الممكن أن يكون حجم خطة العمل متبايناً من صفحة واحدة ولغاية مائة صفحة، أما الحجم الاعتيادي لخطة العمل فإنه يتراوح ما بين(15-20) صفحة ويعتمد هذا بدرجة كبيرة على طبيعة الأعمال أو (المشروع) وكما ان الحاجة إلى إعداد خطة العمل ليست بالضرورة واحدة لكل فرد ينوي تأسيس مشروع صغير أو مشروع ريادي.

وبمعنى آخر ليس بالضرورة أن يبدأ المستثمر أولاً بوضع خطة العمل إلا أن إعداد مثل هذه الخطة يساعد كثيراً على تسهيل مهمة التأسيس وإطلاق المشروع.

أما الأمور المؤدية إلى نجاح خطة العمل فهي:

أ. وضوح الأفكار وجعلها سهلة الفهم وواضحة الأهداف.

ب. تكتب بعبارات واضحة ذات محتوى واضح.

ج. تحتوي خطة العمل على هيكلية واضحة ومنطقية.

د. إظهار قدرات الإدارة في نجاح العمل أو المشروع.

هـ إبراز العوائد وخاصة الربحية المستهدفة.

3.13. تصميم خطة العمل Design of Business Plan

توضح خطة العمل الحالة المستقبلية التي يمكن أن يكون فيها المشروع الصغير أو الريادي بالإضافة إلى تخصيص الموارد والتركيز على الأمور الحيوية وكذلك التهيئة لمواجهة المشاكل والفرص التي من الممكن أن تواجهها المنظمة. إن خطة العمل هي تأكيد النتائج بحيث تكون مطابقة للأهداف المخططة والموضوعة في الخطة.

ويعتقد الكثير من الأشخاص بأن خطة العمل هي عبارة عن خطة للبدء بالعمل أو المشروع الجديد، أو أنها وسيلة للحصول على التمويل من الجهات الداعمة كالمصارف والمؤسسات الحكومية وغير الحكومية مثل حاضنات الأعمال، إلا أن خطة العمل في الواقع تتمتع بالأهمية القصوى في كيفية تشغيل المشروع وأدائه بغض النظر ما إذا كان المشروع بحاجة إلى قرض جديد، أو استثمارات جديدة؛ لان المشروع الصغير والريادي

حاله بذلك حال أية منظمة أخرى مهما كان حجمها، بحاجة إلى الخطط التي تحقق النمو الأفضل والتطور المستهدف وفقاً لأولويات المنظمة.

وفي ضوء ذلك فان أفضل بداية للخطة هي المقدمة وصياغة المهمة وكذلك عوامل النجاح الحرجة بالإضافة إلى تحليل السوق ونقطة التعادل لأن مثل هذا النوع من الخطط مفيدة في إعداد الخطة للمشروع أو إلغاءها.

وقد يسود الاعتقاد بأن هناك نموذج معين وموحد لخطة العمل يتوجب اتباعه، وفقاً لإرشادات خبراء الأعمال بما في ذلك وجود طقم نمطي موحد من عناصر خطة العمل إلا أنه في حقيقة الأمر فان شكل ومكونات خطة العمل ممكن أن تختلف من حالة لأخرى إلا أنه في العموم نجد أن خطة العمل سوف تحتوي على مكونات (أو عناصر) نمطية واحدة مثل توصيف المشروع (أو المنظمة) والمنتج أو الخدمة المراد إنتاجها وكذلك توصيف السوق والتنبؤات والفريق الإداري الذي سوف ينفذ المشروع بالإضافة إلى التحليل المالي.

وتعتمد خطة العمل على خصائص بيئة المنظمة أو المشروع الريادي فعلى سبيل المثال، إذا كنت ترغب في تطوير خطة العمل بالاستخدام داخل المنظمة فقط (أي ليست هناك الحاجة إلى إرسالها إلى جهة خارجية مثل المصارف لغرض التمويل) ففي هذه الحالة لا تحتاج إلى إضافة قسم تفصيلي للخلفية أو البيئة التي هي معروفة لك بالكامل، كما وان توصيف الفريق الإداري لتنفيذ المشروع مهم جداً بالنسبة للمستثمرين في حين ان الخلفية المالية التاريخية تعتبر ذات أهمية قصوى بالنسبة للمصارف.

أما القسم الأكثر أهمية في خطة العمل فإنه يعتمد بطبيعة الحال على تحليل التدفقات النقدية بالإضافة إلى تفاصيل معينة من عملية تنفيذ المشروع الصغير أو الريادي.

كما تعتبر التدفقات النقدية (Cash Flow) من الأولويات بالغة الأهمية بالنسبة للمنظمة من جهة وصعوبة تحقيقها من جهة أخرى، إن التدفقات النقدية لا تعني بالضرورة الأرباح حيث إن المفهومين مختلفين، كما أن الربح لا يعني بالضرورة السيولة

النقدية في البنك، لذا نرى الكثير من المنظمات الربحية تنتهي بسبب المشاكل التي تواجهها في السيولة النقدية.

تمثل تفاصيل التنفيذ الآلية التي سيتم بموجبها حدوث الأشياء لان الاستراتيجيات الذكية وصياغتها بصورة جميلة ورائعة ما هي إلا حبر على ورق، أي ما هي إلا أمور نظرية بحاجة إلى التنفيذ، والتنفيذ يعني تحديد المسؤوليات مع مواقيت العمل والموازنة التي تصاحب هذه المسئوليات وتعطي النتائج في نهاية المطاف؛ لان خطة الأعمال ما هي بالحقيقة سوى النتائج التي يتم الحصول عليها المؤدية إلى تحسين أداء المنظمة.

1.3.13. أولويات ترتيب مكونات الخطة.

1.1.3.13. الخلاصة التنفيذية (Executive Summary) وتكتب في نهاية الخطة حيث تحتوي على أهم النقاط في الخطة.

2.1.3.13. توصيف المنظمة (Company Description) وتحتوي على قانونية التأسيس مع نبذة تاريخية وخطط البدء بالعمل وغيرها.

3.1.3.13. نمط المنتج أو الخدمة (Product or Service) وتوصف ماذا نريد أن ننتج بالتركيز على حاجات ومنافع الزبون.

4.1.3.13. تحليل السوق (Market Analysis) حيث يتوجب معرفة السوق المستهدف وحاجات المستهلكين وأماكن تمركزهم، وكيف يمكن الوصول إليهم.

5.1.3.13. الاستراتيجية والتنفيذ (Strategy and Implementation) حيث يتطلب أن تكون الاستراتيجية محددة المعالم، وتحتوي على المسؤوليات الإدارية مع تحديد مواقيت التنفيذ والموازنة لها.

6.1.3.13. الفريق الإداري (Management Team) ويشمل أعضاء الفريق واستراتيجية الأفراد وتفاصيلها.

7.1.3.13. الخطة المالية (Financial Plan) وتشمل على الربح والخسارة والتدفقات النقدية وكشف الموازنة وتحليل نقطة التعادل والتقديرات المالية ومعايير قياس الأداء المالي وغيرها.

2.3.13. الأسئلة الواجب إيجاد الإجابات لها عند إعداد خطة العمل.

1.2.3.13. مدى التوافق مع الاهتمامات المستثمر أو الريادي.

1. لماذا يتوجب علي أن أبدأ بهذا المشروع؟ فإذا كان الهدف المال، لماذا؟ وما مقداره؟
2. ما هي الحاجات التي سوف يلبيها هذا المشروع؟ الرضى الحرية، السلطة، تحقيق الذات، الأمان، أم خدمة الآخرين.
3. إذا كنت بحاجة إلى الشريك (أو الشركاء)، وما هي الحاجة الحقيقية لرغبتهم؟
4. هل أنت متفق مع الشركاء على الأهداف أم النموذج؟
5. ما هو نمط المشروع الذي ترغب في البداية؟ ولماذا؟
6. ما هي المعلومات التي لديك؟ والتي من الممكن أن تكون ذات تأثير كبير على المشروع الجديد.

2.2.3.13. فرص الزبون.

1. هل مشروعك يستند على الحاجة الحقيقية للسوق؟ ولم يأتي نتيجة فكرة حصلت عليها من أفراد عائلتك أو أصدقائك.
2. ماذا تعرف حقيقة عن السوق؟ (ليس فقط اعتقاد وإنما وقائع حقيقية).
3. ماذا يلبي السوق من هذه الحاجات؟ وماذا يجري في عملية التطوير؟
4. ما هي المعطيات المحددة التي تمتلكها؟ والتي تؤكد وجود مثل هذه الحاجة (الحاجات).
5. لأي مدى سوف تبقى "الفرصة" موجودة؟ وبالاستناد على أية معلومات؟

3.2.3.13. الزبائن.

1. من هم زبائنك المحتملين؟ وما هو عدد الموجودين فعلياً؟
2. كيف حصلت (أو تحصل) على المعلومات المتعلقة بزبائنك؟
3. هل تنتج إلى منظمات الأعمال؟ أم إلى المستفيدين؟ أم إلى الوسطاء؟
4. هل تنتج مباشرة أم غير مباشرة لزبائنك؟
5. هل تعاملت مع الزبون المحتمل (أو الزبائن المحتملين) بخصوص حاجاتهم؟ وما هي أفضل الطرق لتلبيتها؟

6. ما هي مشاهداتك لحاجات السوق؟ وما هي طرق معالجتها؟
7. صنف قنوات التوزيع للسوق التي سوف تستخدمها؟ وما هي أفضل الطرق للوصول إليها؟
8. هل لديك اتصال مباشرة مع زبائنك؟

4.2.3.13. نموذج (نماذج) تحويل الفكرة إلى مشروع ناجح.

1. إدراج جميع المفاهيم الممكنة للزبون المراد تلبية حاجاته من المنتج.
2. هل تستطيع عمل هذا عن طريق البحث والتطوير؟ أم بواسطة حقوق الملكية؟ التوزيع؟ البيع بالمفرق؟ أو نماذج شركة جديدة؟
3. إعمل الوصف الذهني وإدراج كل المفاهيم التي يتم الحصول عليها.
4. بعد إدراج وتوضيح جميع المفاهيم اختر أفضل ثلاثة من التي يمكن أن تخدم حاجات زبائنك.
5. بعد ذلك أسال نفسك، هل هذه فرادة؟ وهل يمكن تحقيقها؟ وكيف يمكن أن تستخدمها في تحقيق الميزة التنافسية؟
6. هل هناك منافسون حاليين؟ وكيف يمكن أن أتغلب تنافسيا عليهم؟
7. ما مقدار الزمن الضروري للبدء بالمغامرة؟ وكيف تؤثر على الفرصة المتاحة؟
8. كيف يمكن حفظ الزمن للبداية؟ أو تحديد فرصة السوق؟ وما هي العوامل المسيطرة على التحديات الزمنية؟ وكيف تتأثر وتؤثر بالعوامل المحيطة؟
9. كيف يمكن أن تسيطر على المخاطرة؟ وهل بمقدرك التعامل مع عملية البيع؟
10. هل هناك شخص آخر بدأ بمثل هذه المغامرة؟ وهل تعرف خبراتهم والنتائج التي توصلوا إليها؟ وما هي المدة الزمنية الضرورية لبدء بالعمل؟
11. ما هو نمط المغامرة؟ هل حياتية؟ أم عالية الربح؟ أم عالية النمو؟
12. قارن الإجابات للنماذج الثلاثة وقيم نتائجها.

5.2.3.13. الموارد المالية المطلوبة: الأصل تحقيق تدفقات مالية إيجابية.

1. استخدام نموذج الحاسب في أحد المجالات التالية:
   - البحث والتطوير.
   - التصنيع.
   - البيع بالجملة.
   - التوزيع.
   - البيع بالمفرق.
   - الخدمات.
   - البرمجيات.
   - العقارات.
   - الاستشارات.

   ويختلف كل مجال من المجالات السابقة بعضه عن البعض الآخر.

2. اعمل ثلاثة نماذج (أو سيناريوهات) لفرضياتك، وهي المتفائلة (أكيدة)، والأكثر قبولاً، والحالة المتردية، بالإضافة إلى حملها في الوصول إلى المتطلبات المالية.

3. طور مصفوفة القرار التي تقارن الربح ومتطلبات النقد (Cash Requirements) والمعدلات المالية (المعايير المالية) ونتائج نقطة التعادل بهدف إيجاد معدل العائد على الاستثمار وبأقل رأسمال ممكن.

4. ما مقدار الأموال الضرورية في الوصول إلى بداية المشروع، وفي التشغيل الأولى للسنة الأولى، وكذلك مقدار الأموال اللازمة، وزمن الحاجة لها؟

5. هل تمتلك هذه الأموال؟ وما هي مصادر التمويل؟

6. هل هي مستردة أم قرض؟ وما هي قيمة الأموال المستردة للحصول على التمويل؟

6.2.3.13. تقديرات الريادة، وهل تمتلك التقديرات المطلوبة.

1. ماذا يعني النجاح لك؟
2. ما هي الطريقة البسيطة للوصول إلى النجاح؟
3. ما هي المهارات الحرجة المطلوبة منك لتحقيق هذا النجاح؟
4. هل لديك هذه المهارات؟ فإذا كان لا، كيف ستحصل عليها؟
5. هل تمتلك الخبرة المباشرة ذات العلاقة بالمغامرة (أو المشروع المقترح)؟
6. ما هو عدد الأفراد المستخدمين للعمل الدائم في تحقيق المشروع؟
7. ما هي الخصائص الأساسية للاتصالات مثل: مهارات التعليم التي سوف تساعدك على تنفيذ المشروع؟
8. هل لديك اتصالات مع الآخرين للمساعدة في تقييم المشروع؟
9. هل لديك اتصالات مع الآخرين يساعدوك في تمويل المشروع؟
10. هل لديك اتصالات مع الآخرين يساعدوك في الفهم الأفضل لزبائنك؟
11. ما هي الفوائد الشخصية التي تجنيها من هذا المشروع؟
12. قارن جميع الإجابات على الأسئلة أعلاه مع النماذج الثلاثة (المتفائل، الأكثر قبولاً، والمتشائم) أو السيناريوهات الثلاثة، وكذلك قيّم نتائجها.

7.2.3.13. التقييم العام للمغامرة (المشروع).

1. قارن النماذج الثلاثة للمشروع باستخدام أساليب تحليل الحاجات ومتطلبات الموارد المالية وتقديرات الريادة للوصول إلى معيار عام لكافة الأبعاد والنماذج.

2. لا توجد معادلة سحرية للنجاح، ولكن عملية تخطيط المغامرة (أو المشروع) تعطيك القيم ذات العلاقة من دراسة الجدوى لأفكارك.

3. إجراء مراجعة وتدقيق شامل لما جاء في الفقرات السابقة جميعهاً.

4. أنواع الخطط.

الأنواع الرئيسة لخطة العمل.
تنقسم خطة العمل إلى أربعة أنواع رئيسة وهي:

أ. **خطط قصيرة أو تسمى خطط مصغرة (Mini-Plans)** حيث من المحتمل أن تحتوي على (10) صفحات بالإضافة إلى أنها يجب أن تشمل أيضاً على تركيز الاهتمام على الأمور الأساسية مثل: مفهوم العمل والاحتياجات المالية وخطة التسويق والكشوفات المالية، وخاصة كشف التدفقات النقدية والعائد المستهدف وكشف الموازنة، وهنا لا بد من الحذر في الإساءة لاستخدام الخطة الصغيرة لأنها ليست البديل عن الخطة التفصيلية المطولة والكاملة للمشروع.

ب. **خطط العمل (Working Plans)** وهي عبارة عن الأداة المستخدمة في تشغيل وإدارة المشروع العائد للريادي، ويتوجب أن تكون هذه الخطة طويلة وتحتوي على جميع التفاصيل، كما يمكن أن تكون في بعض الأحيان قصيرة في عرض المشروع.

ج. **خطط التقديم (Presentation Plans)** وهي خطة العمل من دون الرتوش والانطباعات، وتستخدم هذه الخطط عادة في التقديم للبنوك أو المستثمرين وغيرهم من خارج الشركة لغرض الحصول على التمويل المالي. وتذهب جميع المعلومات الموجودة في خطة التقديم تقريباً إلى خطة العمل مع بعض الاختلافات المحددة.

د. **الخطط الإلكترونية (Electronic Plans)** تجري معظم خطط وبرامج الأعمال بواسطة الحاسب بشكل أو بآخر، ومن ثم يتم طبعها على نسخ ورقية متعددة. كما يجري من وقت لآخر إرسال الكثير من الوثائق الحاملة للمعلومات بواسطة الحاسب ما بين الأطراف المختلفة للأعمال. ومن الممكن هنا أن يجد الريادي أكثر ملائمة له الاحتفاظ بطبعه (نسخة) إلكترونية من خطته. ويستخدم العرض المستند على الحاسب في تقديم الخطة الإلكترونية.

وتحتاج كل خطة من الخطط الأربعة إلى مقدار مختلف من حجم القوى العاملة، ولا يؤثر هذا الحجم على حجم المخرجات من المشروع؛ لأن حجم المخرجات يتأثر بنمط المنتج، أو الخدمة المراد تقديمها.

تجميع معلومات الخطة.

يواجهه الكثير من الأفراد عند إعداد خططهم مشكلة إيجاد المعلومات المتعلقة بالمجال الذي يمارسون أعمالهم فيه، خاصة المعلومات ذات الصلة بالمنافسين. ومن حسن الحظ فقد اتسعت استخدامات الإنترنت (الشبكة الإلكترونية) في السنوات الأخيرة حيث جعلت جميع المعلومات عملية سهلة وبسيطة إلا أنه في بعض الأحيان تكون أفضل المعلومات قريبة من الشخص (أو الريادي) ومن الأفضل البدء بأعمال تجارية جديدة من التي لديه معرفة ودراية أولية بها.

ولغرض تجميع المعلومات الضرورية عند إعداد الخطة يتطلب العمل بالآتي:

1. النظر إلى مشاريع الأعمال المماثلة والتي أقيمت في المنطقة، والتعرف على أنشطتها التجارية والمدة الزمنية التي قضتها في السوق ومقدار مبيعاتها وغيرها من المعلومات المفيدة.
2. محاولة إيجاد مشاريع الأعمال المماثلة في مناطق أخرى لنفس الغرض.
3. البحث في الصحف المحلية عن المشاريع المماثلة المعروضة للبيع والاتصال بالوسطاء للحصول على معلومات أكثر دقة.
4. الاطّلاع على أحوال المنافسين، وحالة المنافسة في السوق ولو مرة واحدة بالشهر من خلال الزيارات لتلك المشاريع المماثلة.

الأخطاء المحتملة في خطة الأعمال وكيفية معالجتها.

تحتوي خطة الأعمال على المفردات الضرورية والبالغة الأهمية، حيث يحاول الريادي التأكد من خلو الخطة من الأخطاء الممكنة، والتي تكون عادة من الأخطاء الشائعة مثل:

1. ليس بالضرورة إعداد الخطة وقت ظهور الحاجة إليها، ولا بد إعداد الخطة مسبقاً وإعطاءها الوقت الكافي لكي لا تكتب الخطة على عجالة من الأمر مما يجعلها تبدو ركيكة وناقصة.

2. الاهتمام بالتدفقات النقدية بدلاً من الاهتمام بحجم الأرباح المتوقع من تطبيق خطة الأعمال؛ لأن مقدار التدفقات المالية يعتبر العنصر الأهم في مفردات الخطة.
3. الخطط عادة لا تسوق الأفكار الجديدة للمشاريع إلى المستثمرين بالرغم من أن الأفراد يفعلون ذلك في أغلب الأحيان. وهنا لا بد من التفكير بأن الخطة ما هي إلا عبارة عن الطريقة التي يتم بها تقديم المعلومات لأن المستثمرين يوظفون أموالهم عادة بالأفراد وليس بالأفكار. وهنا لا بد من التأكيد على عدم المبالغة في إظهار أهمية الفكرة (أو الأفكار) وخاصة الغزارة التي تتميّز بها الفكرة لان الريادي لا يحتاج إلى فكرة عظيمة لكي يبدأ مشروعه، وإنما يحتاج إلى الوقت الكافي والأموال والخدمات الأولية وغيرها.

4. جعل خطة العمل سهلة وبسيطة التركيب، ويوجد في الأسواق الكثير من الكتب والمصادر المساعدة في كيفية كتابة خطة الأعمال.

5. عدم استخدام العبارات المبالغ بها مثل: "سيكون المنتج أفضل المنتجات" وغيرها لأن مثل هذه العبارات ببساطة لا تفعل شيء في واقع الحال، وعلى الريادي أن يتذكر دوماً بأن الهدف من الخطة هو تحقيق النتائج، وللوصول إلى النتائج يحتاج الريادي إلى اتباع مسار واضح للوصول.

6. على الريادي أن يجعل خطة الأعمال مرنة مطابقة لجميع المقاسات، أي أن تطابق جميع الأهداف الحقيقية للمشروع.

7. تحديد الأولويات، إذ يتوجب على الريادي أن يتذكر دوماً بأن مفهوم الاستراتيجية يعني التركيز على شيء أو هدف مهم محدد، وليس بالضرورة سرد المفردات من الأهداف التي تؤدي إلى ضعف الأهمية لها.

وأخيراً نذكر أن خطة العمل ليست بالوثيقة التي تكتب مرة واحدة، أو على الأقل يتوجب أن لا تكون كذلك؛ لأن معظم المشاريع تضع خطة العمل خلال مرحلة الانطلاق أو البدء بالتنظيم في محاولة لإغراء الشركاء أو المساهمين والعاملين في آن واحد، وفي الكثير من الحالات تهمل خطة العمل حالما تبدأ مرحلة تنفيذ (أو إطلاق) المشروع.

الحصول على خطة العمل الفعالة.

يمكن الحصول على خطة العمل الفعالة باتباع الآتي:

- ترتيب الأولويات بصورة كفؤة.
- تتبع الخطة بدلاً من النتائج الفعلية، والقيام بالتعديلات المستمرة.
- خطط كيف يمكن إدارة النقاط الحرجة، وليس فقط الربح والخسارة، وإنما العلاقة مع التدفقات النقدية وكشف الموازنة والمعايير المالية.
- شكيل العلاقة ما بين خطة العمل والآخرين مثل الشركاء والعاملين والمستثمرين.

ويتركز الهدف من إدامة خطة العمل في استخدام النتائج كدليل إلى القرارات المستقبلية، لأن مثل هذه الخطة ليست لها أية قيمة ما لم تساعد الريادي في تحسين إدارة مشروعه. كما على الريادي إجراء التغيرات في خطة العمل طالما هناك الحاجة إلى مثل هذه التعديلات، ومقارنتها مع ما يمكن حدوثه في الواقع العملي.

لذا على الريادي أن يجد الإجابات على التساؤلات التالية:

- ما هو الخطأ؟ وكيف يمكن معالجته؟
- ما هو الصحيح؟ وكيف يمكن الاستفادة منه؟
- ما هي التغيرات في سوق المنافسة التي يمكن تحديث الخطة بها؟
- ما هي التغيرات اللازمة المؤثرة في السوق و كيف يمكن تحديث الخطة بها؟
- ما هي التغيرات الواجب إجراءها؟ والتي تؤثر على البيئة الداخلية للمشروع (المنظمة) حيث يمكن تحديث الخطة بها.

وبعد إجراء الإجابات على هذه الأسئلة، يتوجب على الريادي القيام بتحديث خطة العمل، وتعديل الموازنة، وكذلك الفقرات الحرجة فيها، وتعديل الفقرات المالية، ويجب تكرار هذه المحاولات شهرياً أو ربع سنوياً، أو كلما سنحت الفرصة لذلك.

8.2.3.13. خطة التسويق.

يتوجب في خطة التسويق (أي كانت) أن تطابق حاجات السوق، لذلك لا بد من إجراء عملية تحليل الحالة أي حالة السوق (Situation Analysis) وكذلك الاستراتيجية التسويقية وتنبؤات المبيعات والموازنة.

أ. **تحليل الحالة**: وتشمل على تحليل السوق والتحليل البيئي (SWOT)، أي تحديد نقاط القوة والضعف والفرص والتهديدات بالإضافة إلى تحليل المنافسة، ويستخدم في تحليل السوق أساليب التنبؤات مثل: تنبؤات السوق والحصص السوقية والمعلومات المتعلقة بالمستهلكين، وأخيراً تحليل حاجات السوق.

ب. **الاستراتيجية التسويقية**: وتعني على الأقل تحديد مهمة المشروع والأهداف (Mission and Objectives) بالإضافة إلى التركيز على الحصة السوقية والمنتج.

ج. **تنبؤات المبيعات**: وتشمل على التفاصيل الكافية للمبيعات المتوقعة شهرياً ومتابعة المبيعات المخططة مع المحصلة وتحليل النتائج، وقد جرت العادة بأن تحوي الخطة على المبيعات المحددة حسب المنتج وحسب الحصة السوقية من خلال منافذ التوزيع والمستويات الإدارية وغيرها.

د. **موازنة النفقات**: إن الخطة غير قادرة على تقديم جميع التفاصيل للنفقات الشهرية ومتابعة النتائج المتحققة فعلياً من الخطة وتحليلها، لذا جرت العادة أن تحتوي الخطة الأساليب المرحلية المستخدمة في المبيعات والبرامج والمسؤوليات الإدارية بالإضافة إلى الترويج والعناصر الأخرى المختلفة.

ولا بد لخطة التسويق الفعالة من أن تحتوي أساساً على أهداف التسويق المحددة والواضحة مثل: المبيعات والحصة السوقية والموقف التسويقي والرؤيا وغيرها من الأهداف، كما يجب أن تكون الأهداف واضحة وقابلة للقياس والتحليل بالإضافة إلى سهولة التنفيذ.

إضافة إلى ذلك فمن الأمور البالغة الأهمية والتي يتوجب دراستها وتحليلها في بحث السوق هي المعرفة الكاملة من المستهلكين لمخرجات المشروع الريادي أو الصغير،

وهذا يحتم على الريادي محاولة الوصول إلى القاعدة (الزبون) لأن الزبائن الأولى هي السوق الأكثر أهمية له، ويتطلب ذلك من الريادي معرفة من هم زبائنه الحاليين؟ وكيف يمكن الوصول إليهم؟ وما هي الصفات التي تثير إعجابهم به (أي الريادي)؟ وما هي الصفات التي لا تعجبهم؟ لان الزبائن الحاليين يقودون دوماً إلى زبائن مستقبليين جدد.

وهذا يعني البدء بتصنيف الزبائن إلى مجموعات جزئية لان تجزئة السوق يمكن أن تقود إلى الطريقة الأفضل للتسويق، كما تساعد تجزئة السوق الريادي على الفهم الأفضل لحاجات الزبائن ومنافذ التوزيع.

ويمكن تقسيم الزبائن إلى مجموعات (أو حصص) مثل:

- التصنيف بحسب العمر والدخل والجنس.
- التصنيف بحسب المهنة والمستوى التعليمي.
- التصنيف بحسب القدرات الشرائية.

وبعد التجميع المنتظم للبيانات المتوقعة والمستهدفة يقوم الريادي بدراسة المعلومات التالية لغرض تصميم المسح الكلي (Quantitative Survey)

1. الحصول على الاتفاق الداخلي بخصوص أغراض المسح.
2. المحافظة على جعل المسح قصير بما فيه الكفاية.
3. إرسال المسح إلى أكثر من جهة ممكنة.
4. لا بد من المحافظة على سرية المستجيبين.
5. استخدام الميزان المناسب للقياس للحصول على البيانات الضرورية.

استخدام التحليل البيئي (القوة والضعف، الفرص والتهديدات)

SWOT Analysis

إن أسلوب التحليل البيئي نقاط القوة والضعف (Strength, Weakness) في البيئة الداخلية وكذلك الفرص والتهديدات (Opportunities, Threats) في البيئة الخارجية يعتبر جزءاً من أية خطة تسويقية لأي مشروع تجاري.

والآتي مثال على لوحة أسلوب التحليل البيئي (SWOT) في وضع الخطة التسويق لأحد المشاريع الريادية في مجال الحاسبات والبرمجيات.

4.13. دراسة حالة Case Study

نقاط القوة Strength

1. معرفة المنافسون للمشروع الريادي، وهم باعة التجزئة.

2. نحن نعرف النظام (أو الأنظمة) والشبكات والعلاقات والبرمجة وإدارة البيانات.

3. علاقة المبيعات، نحن ندرك حق المعرفة من هم الزبائن، أي كل فرد منهم إذ أن القوة في المبيعات المباشرة، وإدامة العلاقات مع هولاء الزبائن.

نقاط الضعف Weakness

1. الكلف حيث المتاجر المنافسة التي تعمل في سلسة التوزيع أفضل منا اقتصادياً، ويمتازوا بانخفاض تكلفة الوحدة، كما وان المتاجر المنافسة لا تعرض بالطريقة التي نعرض بها السلع..) أي بمفهوم البيع المبني على المعرفة (Knowledgeable Selling) إلا أن تكلفة الوحدة المباعة لديهم أقل.

2. السعر والكمية: تستطيع معظم متاجر المنافسين عرض بضاعتهم بأسعار أقل من أسعارها؛ لأن كلفهم أقل، كما وأنهم يسوقون كميات مختلفة مباشرة من الموزع (المورد).

3. السمعة التجارية: تقدم المتاجر المنافسة الإعلان عن نفسها على صفحة كاملة من الجريدة المحلية وبالألوان، في حين ليس باستطاعتنا القيام بذلك حالياً لأننا لا نزال حديثين العهد وليس لدينا اسماً تجارياً.

الفرص Opportunities

1. شبكة المناطق المحلية (Local Area Network) حيث أصبحت شائعة في الأعمال الصغيرة، بما في ذلك داخل المنازل والمكاتب أيضا إذ أن الأعمال في يومنا هذا تفترض بأن الشبكات المحلية هي جزءاً من عمل المكاتب الاعتيادي وهذه تعتبر فرصة مناسبة لنا أيضا.

2. الربط بالشبكة الدولية (Internet) إن الزيادة الكبيرة بفرص استخدام الشبكة الدولية تقدم مجالات إضافية للقوة في مفهوم المقارنة والمفاضلة مع المتاجر الأخرى، وان الزبائن يرغبون في الحصول على المساعدة بواسطة الشبكة الدولية، وإن المشروع الريادي المعني خير من يقدم ذلك.

3. التدريب: لا تقدم معظم المتاجر خدمات التدريب للزبائن في الوقت الذي أصبح النظام أكثر تعقيداً يوماً بعد آخر باستخدام الشبكة المحلية، مما جعل الطلب على التدريب يزداد أيضا، وهذه الحقيقة تمتاز بها أسواقنا المستهدفة.

التهديدات Threats

يعتبر جهاز الحاسب بمثابة جهاز منزلي مما جعل تسويقه مثل بقية المنتجات فأصبح يباع في صناديق، إذ لا يحتاج إلى الدعم والتدريب والخدمات المتصلة وغيرها، وبما أن الزبائن يشعرون بهذا الشعور، فان طلبهم على التدريب يقل من يوم إلى آخر.

5.13. أسئلة للمراجعة/ الفصل الثالث عشر.

أكمل العبارات التالية:

1. من الأمور المؤدية إلى نجاح خطة العمل:

أ. ....

ب. ....

ج. ....

د. ....

هـ ....

2. تقسم خطة الأعمال إلى أربعة أنواع مستقلة هي:

أ. ....

ب. ....

ج. ....

د. ....

3. يمكن اتباع الآتي للحصول على خطة العمل الفعالة:

أ. ....

ب. ....

ج. ....

د. ....

4. يمكن تقسيم الزبائن إلى مجموعات (حصص) مثل:

أ. ....

ب. ....

ج. ....

المراجـــع
References

المراجع
References

1. Alter, Steven (1999). *Information Systems: A Management Perspective* (3rd ed.). Massachusetts: Addison-Wesley Educational Publishers Inc.

2. Anderson, Robert. L., & Dunkelberg, Joh S. (1993). *Managing Small Businesses*. Minneapolis: West Publishing company.

3. Chen, Wen- Hussein (1999). Manufacturing Strategies of Network-Based Small Firm: Observation the Textile Industry in Jordan. *Journal of Small Business Management*.

4. Chittenden, Francis; Poutziouris, Panikkos, & Mukhtar, Sayeda-Masooda (1998). Small Firms and the ISO 9000 Approach to Quality Management. *International Small Business Journal*, 17(65).

5. Coulter, Mary (2001). *Entrepreneursship in Action*. Upper Saddle River, New Jersey: Prentice- Hall, Inc.

6. Danileis, John D., and Radeebaugh, lee H. (2001). *International Business: Environment and Operations* (11th ed.). Upper Saddle River, New Jersey: Prentice – Hall, Inc.

7. Devin's, David (1999). Research Note: Supporting Established Micro Businesses: Policy Issues Emerging From an Evaluation. *International Small Business Journal*, 18(69).

8. Gaedeke, Ralaph M. and Hootelian , Dennish (1980). *Small Business Management*. New York: Good Year Publishing Co.

9. Gunasekaran, A.; Forker, L., and Kobu, B. (2000). *Improving Operation Performance in A small Company: A Case Study. International Journal of Operations and Production Management*, 20(3). ISSN 0144-3577.

10. Hilton, Ronald W. (1997). *Managerrial Accouting* (3rd ed.). New York: McGrow- Hill Companiese, Inc.

11. Hisrich, Robert D., and   Peters, Michael P. (2002). *Entrepreneursship* (5th ed.). Irwin: McGraw- Hill Companies, Inc.

12. Kotler, Philip (1997). *Marketing Management: Analysis, Planning, Implementation, and Control* (9th ed.). Upper Saddle River, New Jeresy: Prentice Hall International, Inc.

13. Kuratko, Danald F.; Hodgetts, Richard M. (2001). *Entrepreneurship A contemporary Approach* (5th ed.). Forth Worth: Harcourt College Publishers.

14. Laudon, Kennth C., & Laudon, Jane P. (2004). *Management Information Systems: Managing the Digital Firm* (8th ed.). New Jersey: Prentice-Hall International, Inc.

15. Longenecker, Justin G.; Moore, Carlos. W., & Petty, J. William (2000). *Small Business Management an Entrepreneurial Emphasis*. South – Western College: Publishing an International Thomson Publishing company.

16. *Manual of the American Psychological Association* (5th ed.). (2003). Washington, DC: American Psychological Association.

17. Moen, Qystein (1999). The Relationship Between Firm Size, Competitive Advantages and Export Performance Revisited. *International Small Business Journal*, 18(69).

18. Mrtin, E. Wainright; Brown, Carol V.; Dehayes, Daniel W.; Hoffer, Jeffrey A., & Perkins, William C. (2002). *Managing Information Technology* (4th ed.). Upper Saddle River, New Jersy: Pearson Education, Inc.

19. O'Brien, James A. .(2003). *Introduction to Management Information Systems: Essential for the E-Business Enterprise* (11th ed.). Irwin: McGraw-Hill Companies, Inc.

20. Pickle Hal B., & Abrahamson, Roycy L. (1990). *Small Business Management* (5th ed.). New York: John Wiley and Sons.

21. Rugman, Alan M., & Hodgetts, Richard M. (1995). *International Business: A Strategic Management Approach*. New York: McGraw – Hill, Inc.

22. Waston, J. Fred; Besley, Scott, and Brigham, Eugene F. (1966). *Essentials of Managerial Finance* (11th ed.). Forth Worth: Harcourt Brace College Publishers.

23. Whleen, Thomas L., and Hunger, J. David (2004). ***Strategic Management Business Policy*** (9th ed.). Upper Saddle River, New Jersey: Pearson Education, Inc.

24. Wickham, Philip A. (2001). ***Strategic Entrepreneursship: A Decision - Making Approuch to New Venture Creation and Management*** (2nd ed.). Harlow: Pearson Education Limited.

25. أيوب ،ناديا حبيب (1997). ممارسة الإدارة الاستراتيجية في المنشآت الصناعية السعودية وعلاقتها بقدرة المنشأة. **مجلة الإدارة العامة**، 37(3).

26. بنك تنمية المدن والقرى (2003). **القرير السنوي الثاني والعشرون**. دائرة الدراسات، عمان، الأردن.

27. بومباك، كليفود م. (1989). **أسس إدارة الأعمال التجارية الصغيرة**. تحرير وتدقيق: د. رائد السمرة. الأردن، عمان: مركز الكتب الاردني.

28. تاركنتون، فران (1998). ترجمة: هيئة الترجمة شعاع، ماذا علمني الفشل عن النجاح دليل جديد لإدارة المشروعات الصغيرة. **خلاصات كتب المدير ورجل الأعمال**، السنة السادسة، العدد الثاني، يناير، الشركة العربية للإعلام العربي (شعاع)، جمهورية مصر العربية، القاهرة.

29. توفبق، جميل أحمد، وشريف، علي (1988). **الإدارة المالية**. لبنان، بيروت: الدار الجامعية للطباعة والنشر.

30. الجغيبر، بشير. مديرعام المؤسسة العامة للاسكان والتطوير الحضري (2002، 30 أيلول). **الرأي**، عمان، الأردن.

31. خطاطبه، جميل محمد سليمان (1992). **التمويل اللاربوي للمؤسسات الصغيرة في الأردن**. رسالة ماجستير غير منشورة، جامعة اليرموك، كلية الشريعة والدراسات الإسلامية - قسم الاقتصاد الإسلامي، اربد، الأردن.

32. خميس، موسى (1989). المشاريع الإنتاجية الصغرى في الأردن، أهميتها والتوجهات التنموية بشأنها. **مجلة العمل**، 46.

33. دائرة الإحصاءات العامة (1999). **التعداد العام للمنشآت الاقتصادية**. عمان، الأردن.

34. دائرة الإحصاءات العامة (2002). **مسح الاستخدام**. عمان، الأردن.

35. **الرأي** (2005، 22 أيار). العدد رقم 12662، عمان، الأردن.

36. **الرأي** (2005، 2 حزيران). العدد رقم 12673، عمان، الأردن.

37. **الرأي** (2005، 6 حزيران). العدد رقم 12677، عمان، الأردن.

38. زهير، مصطفى (1986). **إدارة المشتريات والمخازن**. لبنان، بيروت: دار النهضة العربية للطباعة والنشر.

39. السالم، مؤيد سعيد (2000، 18-20 تموز). **التكامل بين التخطيط الإستراتيجي والممارسات الخاصة بإدارة الموارد البشرية في منظمات الأعمال العربية**. ورقة بحثية مقدمة إلى مؤتمر إدارة الموارد البشرية وتحديات القرن الجديد، جامعة اليرموك، اربد، الأردن.

40. شحاده، بسيوني أحمد (1984). **المحاسبة المالية: شركات الاشخاص والأموال**. لبنان، بيروت: دار النهضة العربية للطباعة والنشر.

41. الصعوب، محمد هاني، وعميش، سمير (1993). المشاريع الصناعية الصغيرة. **مجلة العمل**، 62. عمان، الأردن.

42. صيام، وليد زكريا، وسلمان، طلال جيجان (1999). **محاسبة الشركات الصغيرة وأثرها في تنمية الريف والبادية الأردنية**. ورقة بحثية مقدمة إلى مؤتمر آفاق التنمية الاقتصادية والاجتماعية في الريف والبادية الأردنية، جامعة آل البيت، المفرق، الأردن.

43. ضيف، خيرت؛ عبد العال، احمد رجب، وبشادي، محمد شوقي (1981). **المحاسبة المالية**. لبنان، بيروت: دار النهضة العربية للطباعة والنشر.

44. عبابنه، محمود. مراقب عام الشركات (2005، 18 حزيران). **الرأي**، العدد رقم 12689، عمان، الأردن.

45. عبد الفتاح، محمد سعيد (1984). **إدارة المشتريات والمخازن**. لبنان، بيروت: الدار الجامعية للطباعة والنشر.

46. عبد السلام، عبد الغفور؛ الجلبي، رياض؛ شحادة، حازم، والجيوسي، محمد (2001). إدارة المشروعات الصغيرة. الأردن، عمان: دار صفاء للنشر والتوزيع.

47. العطية، ماجدة (2004) إدارة المشروعات الصغيرة. الأردن، عمان: دار المسيرة للنشر والتوزيع والطباعة.

48. العلي، عبد الستار محمد (2000). إدارة الإنتاج والعمليات. الأردن، عمان: دار وائل للطباعة والنشر.

49. علي، عبد المنعم السيد (1999). التمويل المصرفي للمشاريع الصناعية الصغيرة في الأردن: مع إشارة خاصة إلى محافظة المفرق. ورقة بحثية مقدمة إلى مؤتمر آفاق التنمية الاقتصادية والاجتماعية في الريف والبادية الأردنية، جامعة آل البيت، المفرق، الأردن.

50. عبيد، عاطف محمد، والشريف، علي (1988) نظريات في التنظيم والإدارة. لبنان، بيروت: الدار الجامعية.

51. غرفة صناعة اربد (2001). قانون ونظام الغرف الصناعية وتعديلاته المختلفة. رقم (59)، عام 1961، الأردن.

52. قاقيش، محمود، وسلمان، صفاء (1999). التقارير المالية للمشاريع الصغيرة. ورقة بحثية مقدمة إلى مؤتمر آفاق التنمية الاقتصادية والاجتماعية في الريف والبادية الأردنية، جامعة آل البيت، المفرق، الأردن.

53. قانون ضريبة الدخل (1985). رقم 15، المادة الثانية، عمان، الأردن.

54. قانون الشركات الاردني (1997). رقم 22، عمان، الأردن.

55. القانون المعدل لقانون الشركات الاردني (2002). قانون مؤقت رقم 40، عمان، الأردن.

56. المناصرة ، اكسمري عامر محمد (1997). المشكلات التي تواجه المؤسسات الصناعية الصغيرة وأثرها على أدائها. رسالة ماجستير غير منشورة، الجامعة الأردنية، كلية الدراسات العليا – قسم إدارة الأعمال، عمان، الأردن.

57.‏ مؤسسة الضمان الاجتماعي (2001). **قرار مجلس إدارة الضمان الاجتماعي وتعديلاته المختلفة للأعوام 1978, 2001**، عمان، الأردن.

58.‏ نبثام، ووليامز (1969). **اقتصاديات التنظيم الصناعي**. ترجمة: نازي سليم، دار الفكر.

59.‏ النجار، فايز جمعه (2001). **التخطيط. الاستراتيجي في المنظمات الصناعية الصغيرة - دراسة ميدانية في محافظة اربد**. رسالة ماجستير غير منشورة، جامعة اليرموك، كلية الاقتصاد والعلوم الادارية، قسم إدارة الأعمال، اربد، الأردن.

60.‏ النجار، فايز جمعه (2005). **نظم المعلومات الادارية**. الأردن، عمان: دار الحامد للنشر والتوزيع.

61.‏ النسور، أياد عبد الفتاح علي (1999). **دور المؤسسات التمويلية الحكومية في تنمية المشروعات الصغيرة في الأردن**. رسالة ماجستير غير منشورة، الجامعة الأردنية، كلية الدراسات العليا - قسم الاقتصاد، عمان، الأردن.

62.‏ أبو ليل، وجدان. منسقة برنامج واعدات (2005، 21 حزيران) **الرأي**، العدد 12692. الأردن، عمان.

63.‏ الهانسي، مختار محمود (1985). **مباديء التأمين بين الجوانب النظرية والأسس الرياضية**. لبنان، بيروت: دار النهضة العربية للطباعة والنشر.

64.‏ هيكل، عبد العزيز فهمي (1985). **مباديء في التأمين**. لبنان، بيروت: الدار الجامعية.

65.‏ وزارة الصناعة والتجارة (2000). مديرية التنمية الصناعية وحماية الإنتاج الوطني، دليل الإرشادات والأهلية. **برنامج جائزة الملك عبد الله الثاني للتميز**. عمان، الأردن.

66.‏ **وزارة التخطيط الدولي** (2005). الأردن، زيارة موقع الانترنت بتاريخ
www.mop.gov.jo/project_detouts_ar.php?.2005/5/30

بسم الله الرحمن الرحيم

جامعة الإسراء الخاصة
عمان - الأردن
عمادة البحث العلمي والدراسات العليا

AL-ISRA PRIVATE UNIVERSITY
AMMAN - JORDAN

الرقم: ع ب س/٤٢ - ١٠١ — Ref.:
التاريخ: ٢٢/١/٢٠٠٦ — Date:

- أ.د. عبد الستار العلي المحترم - عميد كلية العلوم الإدارية والمالية
- د. فايز جمعة النجار المحترم - كلية العلوم الإدارية والمالية

م/ تقييم كتاب منهجي

تحية طيبة وبعد،

يسرنا إبلاغكم بأن نتيجة تحكيم كتابكم الموسوم "الريادة وإدارة الأعمال الصغيرة" قد جاءت إيجابية وبتقدير جيد جداً من الناحية العلمية والمنهجية، وعليه يتم اعتماده كتاباً منهجياً لمادة إدارة المشروعات الصغيرة "الريادة والأعمال الصغيرة".

وتفضلوا بقبول وافر الاحترام والتقدير،

أ.د. محمود أبو شعاده
عميد البحث العلمي
والدراسات العليا

م.ش/س.س

جامعة الإسراء الأهلية
AL - ISRA PRIV. UNIV.
1991 - ١٩٩١
عمادة البحث العلمي
Deanship of Scientific Research

ص.ب ٢٢ و ٣٣ مكتب بريد جامعة الإسراء ١١٦٢٢
هاتف: ٤٧١١٧١٠ - ٤٧١١٨٣٠ - ٤٧١١٥٨١
فاكس: ٤٧١١٥٠٥

P.O.Box 22 , 33 AL-ISRA, UNIVERSITY P.O. 11622
TEL. 4711710 - 4711830 - 4711581
FAX. 4711505

e-mail : info@isra.edu.jo
www.isra.edu.jo

Printed in the United States
By Bookmasters